U0945248

## 本书编委会


**主　编：**郑凌燕　王海斌　钟以流

**副主编：**卢小珍　郭明净　颜隆忠　刘恒秀

**编　委**（按照姓氏笔画排序）：

丁　力　王钰超　尹会方　叶江华　刘芳芳

严建彬　严荷花　杨信琨　张映斌　张楠烨

陈永洋　陈江南　陈红英　陈洪博　范克伟

郑新添　官毓钊　钟亮梅　耿银行　徐前杰

郭晓云　黄亚羡　黄桂珍　温东荣　谢秀琴

雷卫星　樊昌华

# 创新创业案例

主　编：郑凌燕　王海斌　钟以流

厦门大学出版社
XIAMEN UNIVERSITY PRESS
国家一级出版社
全国百佳图书出版单位

图书在版编目（CIP）数据

创新创业案例 / 郑凌燕，王海斌，钟以流主编. --厦门：厦门大学出版社，2022.12
ISBN 978-7-5615-8872-7

Ⅰ. ①创… Ⅱ. ①郑… ②王… ③钟… Ⅲ. ①大学生—创业—案例—中国 Ⅳ. ①G647.38

中国版本图书馆CIP数据核字(2022)第223896号

**出 版 人** 郑文礼
**责任编辑** 李峰伟
**封面设计** 蒋卓群

**出版发行** 厦门大学出版社
**社　　址** 厦门市软件园二期望海路 39 号
**邮政编码** 361008
**总 编 办** 0592-2182177　0592-2181253(传真)
**营销中心** 0592-2184458　0592-2181365
**网　　址** http://www.xmupress.com
**邮　　箱** xmupress@126.com
**印　　刷** 厦门市竞成印刷有限公司

**开本** 787 mm×1 092 mm　1/16
**印张** 12.5
**插页** 2
**字数** 260 千字
**版次** 2022 年 12 月第 1 版
**印次** 2022 年 12 月第 1 次印刷
**定价** 39.00 元

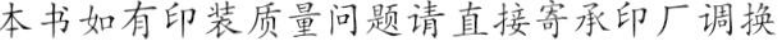
本书如有印装质量问题请直接寄承印厂调换

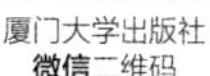
厦门大学出版社
微信二维码

厦门大学出版社
微博二维码

# 前 言

当今，创新能力已成为国家的核心竞争力，也是企业生存和发展的关键。随着我国高校办学规模和招生规模的扩大，高校毕业生的就业形势日益严峻。当下缓解大学生的就业困难，需要通过开拓创新创业市场，为大学生提供更多的就业岗位。

大学生正处于20来岁的阶段，这是一个青春洋溢、勇往直前的阶段。大学生虽然有知识、有激情、有梦想、有冲劲，但是由于缺乏社会实践，没有经过市场的风雨考验，缺乏管理团队的经历，创业起来就会比职场过来人有着更多的风险和挑战。这就要求我们必须努力吸取以往成功创业者的经验，努力提高自身的创业能力与素质，更要注重创新。只有不断完善自己，我们才能在创新创业的路上走得更远，给社会带来更多的财富。

励志照亮人生，创业改变命运。在市场经济日趋成熟和完善的今天，创业对于当代大学生具有特殊的意义。它关系到社会的可持续发展，亦关系到后备人才资源的储备。而在这个“人才至上”的年代里，大学生为了能够在未来的社会中有立足之地，必须力主创新，独树一帜，踩出一条适合自己的可行之路。只有这样，才能顺应社会的发展，才能更好地为社会经济发展做贡献，才能为建设和谐社会奉献出自己的一份力量。

创业讲究“天时、地利、人和”。本书收集的大学生创新创业案例证明，事实的确如此。近十几年来，为了缓解就业压力，一部分大学毕业生已经开始选择走创新创业的道路了。他们虽然经验不足，能力也有限，但是具有独立自主的能力和勇于创新的精神，当他们踏出创新创业的第一步时，对整个社会来说是有着重大意义的。同时，随着社会的发展和社会上创新创业氛围的形成，更多的大学生走上创新创业的道路。一个人如果在选择创业的时候，不能把握天时、地利、人和，那么所取得的成功也必将有限或短暂。保持应时而变的心态、历经磨难的心态、快乐创业的心态，脚踏实地地选好项目以及持之以恒地做事，将是事业成功的关键。

当然，“纸上得来终觉浅，绝知此事要躬行”。创业路上还有很多的外在因素及各种不确定因素。所以，创业绝对不是一天两天就能搞定的事情。作为一名在校大学生，想创业，首先要做的是不断积累创业知识，包括创业的经验、教训，把握技术创新或管理创新中产生的创业机会等，这些都将为日后的成功创业打下坚实的基础。

本书得益于全国十几所高校几十位大学生20多年来创业经历的真实分享，他们或已功成名就，或还在创业路上艰辛跋涉，或才在创业路上蹒跚起步，但无论过程，无论当下的结果，这些创业者都无私分享自己的创业经验、教训及成功元素，在此表示衷心的感谢。

由于时间限制，本书在案例收集上还有一定缺陷，在整理上还存在一定的问题，恳请专家、读者批评指正，提出宝贵的修改建议。

《创新创业案例》编写组
2022年8月
龙岩

# 目 录

# 第一章　大学生创业

大学生创业是一种以在校大学生和毕业大学生这一特殊群体为创业主体的创业过程。随着大学生社会就业压力的不断加剧，创业逐渐成为在校大学生和毕业大学生的一种职业选择方式。

大学生作为年轻的高级知识人群，有着较为丰富的知识储备和其他高级知识分子较欠缺的创造力，是当前创业的主要人群。但大学生这个群体社会实践经验与能力的欠缺，与创业的成功要素产生矛盾，导致大部分大学生的创业项目在创业初期就夭折了，这使大学生创业成了国家与社会共同关注的话题。大学生虽然会在创业过程中面对众多机遇与挑战，但也将在这些机遇和挑战中走向新的高度。

## 第一节　大学生创业应具备的基本能力

### 一、自我认知及科学规划

自我认知及科学规划这一点对年轻人来说，是不容易实现的，尤其是大学生刚出校门，对社会和自己的认识还非常有限；要清楚地知道自己的发展方向在哪里，仅靠自身的苦思冥想是找不到答案的，最好的办法就是通过自己观察别人，征求“过来人”的意见，再结合实际情况制定一些小的目标，确定和实现这些小目标后，再慢慢地开始规划自己的人生。

首先，在创业过程中，自己要经常性地提前计划或规划一些事情，且在制订计划的时候一定要综合各种因素，形成切实可行的动作分解；要将任何可能的细节都考虑在内，而在实施的过程中要针对当下的具体情况适时地做调整。其次，运营需要强有力的计划管理能力，只有具备这一能力才能让自己更靠近成功创业之门。

### 二、胆识和魄力

作为创业者，你就是团队的灵魂。团队筹备之初及运营后需要做各种各样的决策，你的一举一动都左右着创业团队的发展走向和兴衰。创业者在前期可能会广泛地征求亲朋好友的建议，但一旦自己能够独立自主，就必须通过自己的智慧和胆识去决定各种大小事务。在自主地做出决策时，果断是必不可少的，一旦优柔寡断，就可能会失去一个绝佳的商业机会。同时，决策的胆识和魄力一定要建立在深思熟虑的基础之上，既要让风险最小化又要兼顾利益最大化。

## 三、创业团队管理、信息管理、目标管理

创业就如同经营一家企业一样，需要制定各种制度。制度的重点不在于多，而在于让所有相关人员都能够明白其中道理，并且严格执行。首先，创业者需要针对自己团队的实际情况建立各种有效的管理制度，包括成员的管理、培训，绩效考核等。同时，需要针对市场的不断发展变化而改进相应的制度，只有这样才能够让自己及团队立于不败之地，拥有发展的主动权。其次，大学生创业者在制定和改进管理制度时，一定要基于客观事实，要极力保证制度的可实施性。

创业者每天都会通过不同渠道接触各种信息，如竞争对手又开始降价了，对方厂家又有新政策等。如何从大量的信息中筛选出与自己相关的信息，再从与自己相关的信息中找到有效的信息，这需要长时间的锻炼。只有正确有效的信息才能指导自己企业的各项工作有序开展。对于大学生创业者而言，由于缺乏社会实践经验，他们在接触各种信息时，难免会失之偏颇地做出一些决定。其实当你对信息无所适从时，可以向前辈请教，再加以甄别，在请教和观察的过程中，不断提高自身管理信息的能力。

创业必须要有明确的目的性，在不同创业阶段需制定明确的目标，把目标进行细致分解。一个团队要想得到长远发展，必须有长远的发展目标；长远的发展目标又可以按阶段分解成不同的小目标，而这些小目标又可以分解到每个相关人员。在这一过程中，作为创业主导者，就需要对不同的目标进行统筹和管理。

## 四、创业谈判

创业者在人际交往过程中，与人谈判的情况必不可少。谈判对创业者的要求是综合全面的，比如要求创业者具有一定的语言表达能力、心理分析能力、人文综合素养等。要想在谈判中占据主动地位，创业者必须要有很强的谈判能力。杰出的谈判能力能够让创业者在谈判过程中获得更多的利益。

## 五、创业中突发事件处理

创业过程中会不可避免地发生一些突发事件，其中很大部分都是人们想避免的。然而，当事情发生时，人们需要更加积极地应对。突发事件如果发生在顾客身上，处理得当的话，还能起到正面广告效应。用心的服务会向顾客传递负责任的形象。“好事不出门，坏事传千里”，任何一件突发事件，若处置不妥，就会使自己的形象一落千丈，甚至

砸掉招牌。处理好每次突发事件,化险为夷,甚至通过这些事件的妥善解决,让消费者更加认同你或者你的团队,再借由消费者之口,为你不断传播好口碑。

### 六、创业学习

创业者要想在现代社会中取得不断的成功,必须具备持续的学习能力。市场和行业的竞争日益激烈,大到企业,小到个人,要想力争上游,就必须比竞争对手更快地掌握更多的知识,通过不断的学习使自己处于不败之地。对于大学生创业者而言,除了书本的理论知识,更要重视养成良好的学习习惯、学习态度、学习方法,养成终生学习、向任何人和事学习的好习惯。

### 七、创业中的社会交往能力

良好的人际关系,不仅能给人带来快乐,还能助人走向成功。大学生创业者在开始创业后必将接触到不同类型、身份的人,而且大多是跟自己利益相关的人。所以,大学生从创业开始首先要学会跟各种人打交道,要尽可能地去结交人脉,舍得给自己投资;其次,在与前辈们交流、向前辈们学习时不断认识到自己的不足,针对性地加以改善。

### 八、创业要保持身心健康

绝大多数的创业过程不是一帆风顺的,创业者经常要与孤独和挫折为伴。时下流行一个词——“逆商”,也就是说人对逆境的适应能力。创业者如何保持乐观而稳定的心态,需要从长时间的历练中找到方法。大学生创业者一般都比较心高气傲,自尊心较强,建议创业的大学生要强大内心,学会平静地去接受可能遭遇的打击;同样,成功时,也要克服骄傲的情绪,切不可沾沾自喜,妄自尊大。

身体是革命的本钱,创业者只有身体健康才能够支撑一切打拼和奋斗。虽然为事业拼搏而废寝忘食的精神非常值得肯定,但是终究不能将它视为常态。年轻的创业者精力旺盛,一旦投入工作就很难自拔,但是在创业过程中一定要注意劳逸结合,切莫因为太拼而让自己的身体健康受损。

## 第二节 创业企业的核心能力特点

创业企业的核心能力必须具有一定的特质,主要如下:

(1)价值优越性。核心能力应当有利于企业效率的提高,能够使企业在创造价值和降低成本方面比竞争对手更加有优势。

(2)异质性。一个企业拥有的核心能力应是独一无二的,这是企业成功的关键因素。核心能力的异质性决定了企业之间的异质性和效率差异。

(3)不可仿制性。核心能力是在企业长期的生产经营活动过程中积累形成的,深深地印上了该企业特殊组成、特殊经历的烙印,其他企业难以复制。

(4)不可交易性。核心能力与企业相伴而生,虽然可为人们感受到,但无法像其他生产要素一样通过市场交易进行买卖。

(5)难以替代性。和其他企业资源相比,核心能力受到替代品的威胁相对较小。没有核心能力的企业很容易被取代。

## 第三节　大学生创业学习的途径

### 一、学　校

创业者通过大学课堂学习能拥有过硬的专业知识,在创业过程中将受益无穷;创业者在大学图书馆通常能找到创业指导方面的纸质或电子的报刊、图书,广泛阅读能增加对创业政策及市场的认识;大学社团活动能锻炼各种综合能力,是创业者积累经验必不可少的实践过程。

### 二、媒体资讯

一是纸质媒体,人才类、经济类媒体是首要选择,如比较专业的《21世纪人才报》《21世纪经济报道》《IT经理世界》。

二是网络媒体,管理类、人才类、专业创业类网站是必要选择,如全国大学生创业服务网、中国营销传播网、中华英才网、中华创业网、中国人才网等。此外,大学生从各地创业中心、创新服务中心、大学生科技园、大学生创新创业基地、留学生创业园、科技信息中心、知名民营企业的网站等都可以学到创业知识。

### 三、交　流

商业活动无处不在,你可以在你生活的周围,找有创业经验的亲朋好友交流。在他们那里,你将得到最直接的创业技巧与经验,更多的时候这比看书收获更多。你甚至还可以通过电子邮件和电话尝试联系你崇拜的商界人士,或咨询与你的创业项目有密切联系的商业团体,你的谦逊总能得到他们的支持。

### 四、曲线创业

先就业、再创业是时下很多大学生的选择。刚毕业,自己各方面的阅历和经验都不足,能够到实体单位锻炼几年,积累了一定的知识和经验再创业也不迟。

先就业、再创业的学生所从事的创业项目通常是在过去的工作中密切接触的,而在准备创业的过程中，你可以利用与专业人士交流的机会获得更多来自市场的创业知识。

## 五、创业实践

真正的创业实践开始于创业意识萌发之时，大学生的创业实践是学习创业知识的最好途径。

间接的创业实践学习主要可通过参与学校开设的某些课程的角色、情景模拟来完成，或积极参加校内外举办的各类大学生创业大赛、工业设计大赛等。另外，对知名企业家成长经历、知名企业经营案例开展系统研究等也属间接学习的范畴。

直接的创业实践学习主要可通过课余活动，如可通过兼职打工、试办公司、试申请专利、谋划书刊出版事宜、试办著作权登记、试办商标申请等事项来完成；也可通过参加或举办创意项目活动、创建电子商务网站等多种方式来完成。

## 六、校园代理

大学生由于经验、能力、资本等方面都存在不足，直接创业存在很大困难，既不现实，成功率又很低，而校园代理对经验、资金等方面一般没有太高要求。大学生可以利用课余时间代理校园畅销产品，积累市场经验，锻炼创业能力。做校园代理没有成败之分，对大学生来说多多益善，如果做得较好，还可以积累一定的资金。总之，大学生通过校园代理可以为毕业后的创业之路准备必要的物质和精神条件。

总之，创业知识广泛存在于大学生的学习与生活中，只要善于学习，总能找到施展才华的途径。但在信息泛滥的社会里，“去粗取精，去伪存真”是很重要的，善于学习和总结永远是赢者的座右铭。

## 七、网　店

大学生是最具活力的群体，也是新技术和新潮流的引导者和受益方。由于网络购物的方便性、直观性，越来越多的人喜欢在网络上购物。一些人即使不买，也会去网上了解一下自己将要买的商品的市场价。此时，一种点对点、消费者对消费者的网络购物模式开始兴起，以国外的 ebay 为开端、国内的淘宝为象征，吸引了越来越多的人在网上开店，在线销售商品，引发了一股个人开网店的风潮。而大学生正是这一群体的主要力量，不少大学生看到这一潮流纷纷投身个人网店，成功者比比皆是。

## 八、城市嘉年华

在中小学生寒暑假期间，大学生创业者可组织艺术、动漫专业的学生，开展城市 cosplay（动漫角色扮演）展，可租用或借用学校的操场，借助人气招揽学生用品摊位、小吃摊；组织城市游乐嘉年华，考虑风险因素，建议租赁可移动的充气城堡、电动玩具、动漫水世界等城市移动狂欢嘉年华项目。

## 第四节 大学生创业应该注意的事项

### 一、多学多问，虚心请教

学习一直是成功人士必做的事，尤其是对缺乏社会经验的大学生创业群体而言，学习不可放下，并应该是多方面且有实效的。做事不能一意孤行，应向别人多多请教；不只局限于成功的创业前辈，你的目标消费者也是你的创业导师。

### 二、耐住性子，不可冲动

冲动是很多年轻人的共性，而作为创业者来说，更应该耐住性子，行事千万不能冲动，要多思多虑。年轻人创业本身就是有风险的事，所以在后期经营过程中更应该深思熟虑，做有把握的事。

### 三、勇于承担，负责到底

一个成功的领导者必不可少的品质就是勇于承担，失败了不能怨天尤人，要多从自己身上找原因；错了就是错了，要敢于担当。

### 四、要认识并接受人的本性

大学生在校园人际交往中较单纯，而步入社会后会遭遇各种人和事；创业大学生在人际交往中一旦受挫，情绪和思想波动就会很大。所以大学生创业群体一定要认清社会的复杂性，学会客观认识、接受人的本性。

### 五、要有大局意识，不能只顾眼前

做长久之事，需看到五步之内、十里之外，所谓深谋远虑是也。大学生在创业的时候不能只看一时得失，行事、考量等都需往长远看，做合理的投资。

### 六、向竞争者学习

竞争者虽然会在短期内给自己造成压力，但成功抑或失败的竞争者都可以成为自己创业的现成教材；通常近地域和有相似性的竞争者，会让你更加清楚地看到自己经营的好坏所在。

### 七、创业前要仔细分析，请教前辈

创业本身就是一项很需要智慧和社会经验的脑力体力活，而这些又是大学生的硬伤,所以要多向前辈请教,借鉴前辈的经验,少走弯路,避免犯错。在自己的思维范围内,做决定前一定要先思考3分钟,拿出切实可行的决策依据。

### 八、合理理财,不可任意挥霍

大学生习惯了衣来伸手、饭来张口的生活,所以初期可能对花销没有概念。而创业又是一种很需财力的投资,所以一定要克制自己,钱一定要花到刀刃上,决不可以任意挥霍。

### 九、要有从屡次挫败中爬起的勇气

数据表明,大学生创业者成功的往往不到两成,这和他们自身的局限以及性格特征或者阅历有诸多关系。既然失败的可能性很大,那么一旦面临失败,决不能灰心丧气,而要依然保持热情。就算创业不成,也可转向就业,力求在工作中磨炼自我,再重回创业的舞台,成就另外一番光景。

## 第五节 大学生创业的相关风险

大学生创业者要认真分析自己创业过程中可能会遇到的风险:这些风险中哪些是可以控制的,哪些是不可控制的;哪些是要极力避免的,哪些是致命的或不可避免的;一旦这些风险出现,应该如何应对和化解。特别需要注意的是,一定要明白最大的风险是什么,能承受的最大损失是多少,自己是否有办法承担并渡过难关。大学生创业的风险主要有以下几个方面。

### 一、项目选择

大学生创业时如果缺乏前期市场调研和论证,只是凭自己的兴趣和想象,甚至是一时的心血来潮来决定投资项目,就会碰得头破血流。

大学生创业者在创业初期一定要做好市场调研,在了解市场的基础上创业。一般来说,大学生创业者的资金实力单薄,选择启动资金不多、人手配备要求不高的项目,从小本经营做起比较适宜。

### 二、创业技能缺乏

很多大学生创业者眼高手低,当创业计划转变为实际操作时,才发现自己不具备全面解决问题的能力,这样的创业无异于纸上谈兵。

### 三、资金风险

资金风险在创业初期会一直伴随在创业者的左右,是否有足够的资金创办企业是创业者遇到的第一个问题。企业创办起来后，创业者就必须考虑是否有足够的资金支持企业的日常运作。对于初创企业来说，如果连续几个月入不敷出或者其他原因导致企业的现金流中断，都会给企业带来极大的威胁。相当多的企业会在创办初期因资金紧缺而严重影响业务的拓展，甚至错失商机而不得不关闭。

## 四、社会资源贫乏

企业创建、市场开拓、产品推介等工作都需要调动社会资源，大学生在这方面会感到非常吃力，因此平时应多参加各种社会实践活动，扩大自己人际交往的范围。创业前，创业者可以先到相关行业领域工作一段时间，通过这个平台，为自己日后的创业积累人脉。

## 五、管理风险

一些大学生创业者虽然在技术上出类拔萃，但由于在理财、营销、沟通、管理等方面能力不足，容易失败，特别是管理方面容易出问题，其中包括决策随意、信息不通、理念不清、患得患失、用人不当、忽视创新、急功近利、盲目跟风、意志薄弱等。大学生知识单一，经验不足，资金实力和心理素质明显不足，更会增加管理风险。

## 六、竞争风险

寻找蓝海是创业的良好开端，但并非所有的新创企业都能找到蓝海；更何况，蓝海也只是暂时的，所以竞争是必然的。竞争是每个企业随时都要面对的事，而新创企业更是如此。创业者如果选择的行业是一个竞争非常激烈的领域，那么在创业之初极有可能受到同行的大力排挤。一些大企业为了把小企业吞并或挤垮，常会采用低价销售的手段。对大企业来说，由于规模效益或资金实力雄厚，短时间的降价并不会对它造成致命的伤害，而对初创企业来说则可能是导致彻底毁灭的危险。因此，考虑好如何应对来自同行的残酷竞争是创业企业生存的必要准备。

## 七、团队分歧

现代企业越来越重视团队的力量。创业企业在诞生或成长过程中最主要的力量来源一般都是创业团队，一个优秀的创业团队能使企业迅速发展起来。但与此同时，风险也就蕴含其中；团队的力量越大，产生的风险也可能越大。一旦创业团队的核心成员在某些问题上产生分歧而无法统一，极有可能会对企业造成强烈的冲击。事实上，做好团队的协作并非易事，特别是与股权、利益相关联时，很多初创时关系很好的伙伴都会闹得不欢而散。

### 八、核心竞争力缺乏风险

对于具有长远发展目标的创业者来说，为了不断地发展壮大企业，就必须具有自己的核心竞争力。一个依赖别人的产品或市场来打天下的企业是永远不会成长为优秀的企业的。核心竞争力在创业之初可能不是最重要的问题，但要谋求长远的发展，就要抓住关键；没有核心竞争力的企业终究会被淘汰出局。

### 九、人力资源流失风险

一些研发、生产或经营性企业需要面向市场，大量的高素质专业人才或业务队伍是这类企业存在及成长的重要基础。防止专业人才及业务骨干流失应当是该类创业者需要时刻注意的问题。在那些依靠某种技术或专利创业的企业中，拥有或掌握这一关键技术的业务骨干的流失是创业失败的最主要风险源。

### 十、意识上的风险

意识上的风险是创业团队最内在的风险。这种风险是无形的，却有强大的毁灭力。风险性较大的意识有投机的心态、侥幸心理、试试看的心态、过分依赖他人、急于回本的心理等。

大学生创业过程中所遇到的阻碍并不仅以上几点，在企业发展过程中，随时都可能有灭顶之灾。只有保持积极的心态，多学习，多汲取优秀经验，提高自身应对各种问题的综合能力，结合大学生既有的专业特长优势，才能使创业的步伐越走越远、越走越稳。

## 第六节　大学生创业的必备硬件

### 一、经　验

大学生长期待在校园里，对社会缺乏了解，特别是在市场开拓、企业运营上，很容易陷入眼高手低、纸上谈兵的误区。因此，大学生创业前要做好充分的准备，一方面，去企业打工或实习，积累相关的管理和营销经验；另一方面，积极参加创业培训，积累创业知识，接受专业指导，避免在创业路上栽跟头，提高创业的成功率。

### 二、资　金

调查显示，有四成大学生认为“资金是创业的最大困难”。的确，巧妇难为无米之炊，没有资金，再好的创意也难以转化为现实的生产力。因此，资金是大学生创业要翻越的一座大山。大学生要开拓思路，多渠道融资，除了银行贷款、自筹资金、民间借贷等传统途径，还可充分利用风险投资、天使投资、创业基金等融资渠道。

### 三、技　术

用智力换资本，这是大学生创业的特色之路。一些风险投资家往往就因为看中大学生所掌握的先进技术，而愿意对其创业计划进行扶持。因此，打算在高科技领域创业的大学生，一定要注重技术创新，开发具有独立知识产权的产品，吸引投资商。

### 四、能　力

有的大学生由于长期接受应试教育，不熟悉经营的“游戏规则”，虽然在技术上出类拔萃，但在理财、营销、沟通、管理等方面能力存在短板。要想创业获得成功，创业者必须技术、管理两手抓，建议可从合伙创业、家庭创业或低成本的虚拟店铺开始，锻炼创业能力。

## 第七节　大学生创业优惠政策

### 一、税收优惠政策

持人社部门核发的就业创业证的高校毕业生在毕业年度内创办个体工商户的，可按规定在 3 年内以每户每年 12000 元为限额(最高可上浮 20%，具体由各省、自治区、直辖市人民政府根据本地区实际情况确定)依次扣减其当年实际应缴纳的增值税、城市维护建设税、教育费附加、地方教育附加和个人所得税。

高校毕业生创办小微企业的，可按规定享受小微企业普惠性税费政策；创办个体工商户的，对其年应纳税所得额不超过 100 万元的部分，在现行优惠政策基础上减半征收个人所得税。

### 二、担保贷款和贴息政策

(1)创业担保贷款和贴息支持：大学生可在创业地申请创业担保贷款，最高贷款额度为 20 万元，对符合条件的个人合伙创业的，可根据合伙创业人数适当提高贷款额度，最高不超过总额的 10%。对 10 万元及以下贷款、获得设区的市级以上荣誉的高校毕业生创业者免除反担保要求；对高校毕业生设立的符合条件的小微企业，最高贷款额度提高至 300 万元，财政按规定给予贴息。

(2)创业担保贷款申请程序：申请创业担保贷款贴息支持的个人和小微企业应向当地人力资源社会保障部门申请资格审核，通过资格审核的个人和小微企业，向当地创业担保贷款担保基金运营管理机构和经办银行提交担保和贷款申请，符合相关担保和贷款条件的，与经办银行签订创业担保贷款合同。

## 三、资金扶持政策

(1)免收有关行政事业性收费：毕业2年以内的普通高校毕业生从事个体经营的，3年内免收管理类、登记类和证照类等有关行政事业性收费。

(2)求职创业补贴：对在毕业学年有就业创业意愿并积极求职创业的低保家庭、贫困残疾人家庭、原建档立卡贫困家庭和特困人员中的高校毕业生，残疾及获得国家助学贷款的高校毕业生，给予一次性求职创业补贴。

(3)一次性创业补贴：对首次创办小微企业或从事个体经营，且所创办企业或个体工商户自工商登记注册之日起正常运营1年以上的离校2年内高校毕业生，试点给予一次性创业补贴。

(4)享受培训补贴：对大学生在毕业年度内参加创业培训的，按规定给予培训补贴。

## 四、工商登记政策

简化注册登记手续：创办企业，只需填写“一张表格”，向“一个窗口”提交“一套材料”，登记部门直接核发加载统一社会信用代码的营业执照，“多证合一”。

## 五、户籍政策

取消落户限制：高校毕业生可在创业地办理落户手续(直辖市按有关规定执行)。

## 六、创业服务政策

(1)免费创业服务：可免费获得公共就业和人才服务机构提供的创业指导服务。

(2)技术创新服务：各地区、各高校和科研院所的实验室以及科研仪器、设施等科技创新资源可以面向大学生开放共享，提供低价、优质的专业服务。

(3)创业场地服务：鼓励各类孵化器面向大学生创新创业团队开放一定比例的免费孵化空间。政府投资开发的孵化器等创业载体应安排30%左右的场地，免费提供给高校毕业生。有条件的地方可对高校毕业生到孵化器创业给予租金补贴。

(4)创业保障政策：加大对创业失败大学生的扶持力度，按规定提供就业服务、就业援助和社会救助。毕业后创业的大学生可按规定缴纳“五险一金”。

## 七、学籍管理政策

(1)折算学分：各高校要设置合理的创新创业学分，建立创新创业学分积累与转换制度，探索将学生开展自主创业等情况折算成学分的模式。

(2)弹性学制：学校可以根据情况建立并实行灵活的学习制度，可放宽学生修业年限，保留学籍休学创新创业。

## 第八节 大学生创业成功应注意的事项

### 一、创业是修行，不是做学问

什么样的人适合创业？如何才能创好业？说起这些话题，很多人都头头是道，企图概括出一些具有普遍指导意义的东西来给大家指路。然而，我们去细究这些谈话时，却发现这些谈话往往披着浓厚的学术色彩，偏重于方法论的阐述。

创业，是修行，不是做学问。修行，重在实践与行动，在修行中体验、见证与感悟。做学问，则往往是抽象出具有普遍意义的规律与方法来指导大家。诚然万事皆有学问，然则创业的学问重点不是在方法上。一些人总是想搞清楚什么是创业、该如何创业，期望把创业的学问研究透再去创业，最后一直没有创业。

近年来，大量高校开设创业课程，有的成立创业协会和创业训练营，有一些还推出了创业类工商管理硕士（master of business administration，MBA）、创业研究生课程等。创业学课程需要围绕行业特征、产品策划和团队建设来进行，否则将成为成功学的翻版。

### 二、打消“第一桶金”思维

如今不少学生感兴趣于“第一桶金”，而所谓的第一桶金，指的是早先开展的某项业务，在极短的时间内赚到了相当可观的一笔钱，再用这一笔钱发展出了一项更大的事业。因此，在创业过程中，我们不建议同学们对第一桶金那么感兴趣。因为崇尚第一桶金就是在崇尚成功学，且自身骨子里并不喜欢当前创业的项目，只是想借这个项目谋得一笔钱，然后转型做心目中另一个“又红又专”的事业。要创业，就一定要选择自己愿意为之终身付出的事情来做，才有可能做好，定义为过渡性的事情，一般都做不好。何况，对于草根阶层的创业者，起点低、底子薄，如果能够找到一件事情，既能作为一项长期的事业来坚持，又能养活自己，就已经相当伟大了，对于赚得“第一桶金”，少些期待会更加务实。

### 三、初创企业的早期股权结构无定式

初创企业的早期股权结构如何设置才合理？在这个问题上，没有标准的答案，创业者，对公司的股权不能不当回事，也不能太当回事。

美国知名杂志撰文说，19 世纪以来，世界上最伟大的发明，不是飞机、汽车、电脑或手机，而是“公司制”。说不能不当回事，就是创业者按照“公司”的理念来办事才是正

道。按公司的理念在本质上就是公司法人和股权治理结构。企业初创期合理的股权结构安排,会有利于长期发展和灵活扩展。有不少企业也是因为股权结构分散,或者过于集中、股东矛盾等导致失败的。说不能太当回事,就是创业者要正确地根据公司性质与估值来合理划分股份,不能想当然。股权结构从设计上来说,初创企业有两种类型:一种是技术创新型企业,往往创始人团队的无形资产价值较高,应保持占有60%～70%的股份启动创业,财务投资人不宜超过30%的股份比例,并适当预留一部分股权作为员工激励;另一种是资金占用型企业,比如房地产开发、加工厂、实体店之类的,创始人团队的价值主要体现在运营管理上,技术含量有限,无形资产价值也有限,很难形成技术壁垒,主要还是靠资本的力量来推动发展,这种情况下一般投资方会占有较大的股份额,管理团队可能只有10%～20%的股权激励。也就是说,并不是每一个项目的创业者、管理团队一定占大股份,要看具体项目而定。

## 四、创业不伟大,也不卑微

对于大学生来说,创业还是未创业,只是一种选择。不管对创业的同学来说,还是未创业的同学来说,都不必讲太多的理论、必然性或者光环论。

创业,不是一件多么伟大的事。也许成功的创业在很多人看来是一种伟大。其实,谋好一份职业并能胜任,也是一件伟大的事。同样,创业也不是多么卑微的事,哪怕找不到工作,只得自己创业,也很正常。创业是最有效的学习方式,就算创业失败了,你的经历一定很有含金量的。很多大学生创业,真正挽起袖子来干时,实际上还是那股子稚嫩劲,并不是一个从战略到规划、从理论到实践的过程。大学生创业,大多数还是想当然地开始的,许多人会经历很多的挫折。也有一些人运气好一点,然后相当兴奋,折腾上一段时间,可能伤痕累累地收场。与之不同的是,对于有了几年工作经验或者有过创业经历的再创业者来说,往往创业是为了实现梦想,这时候管理意识和经营理念也大大增强,一般都会由目标驱动,通过计划来掌控,以成功的模式来引导发展。而那些有了大成就的人,他们的创业则更多是使命感使然,认为这事比较适合自己去做,通过做这个事来保持对生活的热情和热爱。

## 五、成功到底要多久

每一个创业者,无论他是不是大学生创业者,都怀揣着成功的梦想,都在追求成功。然而,创业的红旗能够扛多久,距离成功的路到底有多长,是一个无法预测的问题。成功往往会在不经意的转角处,没有谁是一帆风顺的,都会面临一些难题,面临一些重大的困难。这个时候最考验创业者,往往也是成功的试金石。啃啃硬骨头,拿下这些难题,企业就上了一个新的台阶,又成长了一步,离成功就会更近一步。也许,我们在创业路上,永远都没有成功的感觉,只有一路相陪的挫折感和完成一个任务后的成就感,而这可能就是创业,这可能就是生活。因此,创业并不仅仅考验一个人的成功观与事业心,更考验一个人的生活观。

## 六、给创业中或想创业的人支几招

我们在不断塑造自我的过程中,影响最大的莫过于选择乐观的态度还是悲观的态度。我们思想上的这种抉择可能给我们带来激励,也有可能阻碍我们前进。清晰地规划目标是人生走向成功的第一步,但塑造自我不仅限于规划目标,要真正塑造自我和自己想要的生活,我们必须奋起行动。莎士比亚曾说:“行动就是雄辩。”一旦掌握自我激励的方法,自我塑造的过程也就随即开始。以下方法可以帮助大学生塑造自我。

(一)树立远景

迈向自我塑造的第一步,要有一个你每天早晨醒来为之奋斗的目标,它应是你人生的目标。远景必须即刻着手建立,而不要往后拖。你随时可以按自己的想法做些改变,但不能一刻没有远景。

(二)离开舒适区

不断寻求挑战,激励自己,提防自己,不要躺倒在舒适区。舒适区只是避风港,不是安乐窝。它只是你心中准备迎接下次挑战之前刻意放松自己和恢复元气的地方。

(三)把握好情绪

人开心的时候,体内就会发生奇妙的变化,从而获得阵阵新的动力和力量。但是,你不要总想在自身之外寻开心,因为令你开心的事不在别处,就在你身上。因此,你要找出自身的情绪高涨期,用来不断激励自己。

(四)逐步适当调高目标

许多人惊奇地发现,他们之所以达不到自己孜孜以求的目标,是因为他们的主要目标太小而且太模糊不清,使自己失去了动力。如果你的主要目标不能激发你的想象力,目标的实现就会遥遥无期。因此,真正能激励你奋发向上的是,一个既宏伟又具体的远大目标。

(五)加强紧迫感

20 世纪的作者阿耐斯曾写道:“沉溺生活的人没有死的恐惧。”自以为长命百岁无益于你享受人生。然而,大多数人对此视而不见,假装自己的生命会绵延无绝;唯有心血来潮的那天,他们才会筹划大事业,将目标和梦想寄托在丹尼斯称之为“虚幻岛”的汪洋大海之中。其实,直面生命未必要等到生命耗尽时的临终一刻。事实上,如果能逼真地想象我们的弥留之际,会物极必反地产生一种再生的感觉,这是塑造自我的第一步。

(六)撇开朋友

对于那些不支持你目标的“朋友”,要敬而远之。你所交往的人会改变你的生活,与愤世嫉俗的人为伍，他们就会拉你沉沦；结交那些希望你快乐和成功的人，你就在追求快乐和成功的路上迈出了最重要的一步。对生活的热情具有感染力，因此同乐观的人为伴能让我们看到更多的希望。

（七）迎接恐惧

世上最秘而不宣的秘密是，战胜恐惧后迎来的某种安全有益的东西。哪怕克服的是小小的恐惧，也会增强你对创造自己生活能力的信心。如果一味地想避开恐惧，它们反而会对我们穷追不舍。此时，最可怕的莫过于双眼一闭，假装它们不存在。

（八）做好调整计划

实现目标的道路绝不是坦途，它总是呈现出一条波浪线，有起也有落，但你可以安排自己的休整点。事先看看你的时间表，框出你放松、调整、恢复元气的时间，即使你现在感觉不错，也要做好调整计划，这才是明智之举；在自己的事业波峰时，也要给自己安排休整点，安排出一大段时间让自己隐退一下，即使是离开自己挚爱的工作。只有这样，在你重新投入工作时才能更富激情。

（九）直面困难

每一个解决方案都是针对一个问题的，二者缺一不可。困难对脑力运动者来说，不过是一场场艰辛的比赛，而真正的运动者总是盼望比赛。如果把困难看作对自己的诅咒，你就很难在生活中找到动力；如果学会了把握困难带来的机遇，你自然会动力陡生。

## 第九节　大学生创业方向

### 一、高科技领域

身处高新科技前沿阵地的大学生，在这一领域创业有着近水楼台先得月的优势，“易得方舟”“视美乐”等大学生创业企业的成功，就是得益于创业者的技术优势。但并非所有的大学生都适合在高科技领域创业，一般来说，技术功底深厚、学科成绩优秀、综合能力过硬的大学生才有成功的把握。有意在这一领域创业的大学生，可积极参加各类创业大赛，获得脱颖而出的机会，同时吸引风险投资，如软件开发、网页制作、网络服务、手机游戏开发等。

### 二、智力服务领域

智力是大学生创业的资本，在智力服务领域创业，大学生游刃有余，如家教、家教中介、设计工作室、翻译事务所等。此类智力服务创业项目成本较低，一张桌子、一部电话就可开业。例如，家教领域就非常适合大学生创业，一方面，这是大学生勤工俭学的传统渠道，大学生有丰富的经验积累；另一方面，大学生能够充分利用高校教育资源，更容易赚到“第一桶金”。

## 三、连锁加盟领域

统计数据显示，在相同的经营领域，个人创业的成功率低于 20%，而加盟创业的则高达 80%。对创业资源十分有限的大学生来说，借助连锁加盟的品牌、技术、营销、设备优势，可以较少的投资、较低的门槛实现自主创业。但连锁加盟并非“零风险”，在市场鱼龙混杂的现状下，大学生涉世不深，在选择加盟项目时更应注意规避风险。一般来说，大学生创业者资金实力较弱，适合选择启动资金不多、人手配备要求不高的加盟项目，从小本经营开始为宜；此外，最好选择运营时间在 5 年以上、拥有 10 家以上加盟店的成熟品牌，如动漫店、快餐业、家政服务、校园小型超市、数码速印站等。

## 四、开　店

大学生开店，一方面可充分利用高校的学生顾客资源，另一方面由于熟悉同龄人的消费习惯，因此较易入门。正由于走“学生路线”，因此其要靠价廉物美来吸引顾客。此外，由于大学生资金有限，不可能选择热闹地段的店面，因此推广工作尤为重要，需要经常在校园里张贴广告或与社团联办活动，才能广为人知，如高校内部或周边地区的动漫店、餐厅、咖啡屋、美发屋、文具店、书店等。

# 第二章　大学生创业分析

## 第一节　大学生创业的理由与方法

### 一、大学生创业的原因

大学生就业问题一直备受关注，对每年即将毕业的大学生来说，找个如意的好工作难度很大，学生们深感就业形势的压迫。在这种背景下，社会给高校毕业生打造的就业择业环境及高校毕业生认清自己、改变择业观念成了就业的关键，再加上国家相关优惠政策的出炉，也许自主创业就是一条很好的“就业路”。

（一）创业本身就是一种职业

很多大学生认为“创业”本身就是一种职业，在就业高峰，给自己一片更广阔的天空，并且很多人都认为在今后的社会中，自主创业的人会越来越多，甚至成为就业的主流，成为大学生毕业后就业的首选。

（二）实现自我价值

一些自我意识很强的学生，不愿意庸庸碌碌，选择自主创业是为了通过这一途径来证明自己的能力。在一些单位，由于制度的约束，他们无法按照自己的想法来做事，创业可以给他们一个发挥的空间，来实现自我价值，得到社会的认可。

（三）经济的要求

经济的要求也是大学生选择自主创业的一个重要原因。在以经济建设为中心的大环境中，工作待遇是不得不考虑的一个重要因素，自主创业成功可能带来的就是良好的经济效益。

（四）替别人打工不如为自己打工

大部分选择自主创业的学生都是抱着这种心态，认为自己的事业，做起来会更有工作激情，更投入，从而更容易成功，这种成功是属于自己的。同时，就算失败，也是自己造成的，不会去怪别人，不会感到遗憾。

（五）不想回家啃老的无奈之举

当然，找不到工作也是毕业生选择创业的一个原因。扩招后，大量的毕业生涌向市场，一些人必然要面对的问题就是找不到工作或短时间内找不到合适的工作，在这种情况下选择创业也是一种无奈之举。

（六）时间自由

对很多人来说，时间上的自由可以说是创业最大的动力。朝九晚五的工作时间不是每个人都能适应的，如果自己创业，在时间上就比较自由一点，这也是现在出现自由职业者的原因。因为这个选择创业的学生都认为自我空间很重要，没有必要没有事还要守在单位里浪费时间，可以做更多自己想做的事情，如果有事，就算不睡觉也没什么。

（七）积累社会经验，提高个人能力

毫无疑问，自主创业不仅是大势所趋，也是一个提高个人综合能力的好方法，能让毕业生更好地认识社会，融入社会。

（八）个人能力的考验

在社会的考场里，优胜劣汰。机会只会给有准备的人，也许你的一个创业想法，可以为你带来好商机。

（九）交真心朋友

每个人在自主创业的过程中，会遇到大大小小的挫折，关键在于大家相互帮助，这样凝聚起来的力量，能帮助你克服创业瓶颈。

（十）国家自主创业的相关优惠政策

也许政策现在还并不太完善，但是至少当前国家引导、鼓励大学生创业的信号是积极的、明确的。

## 二、大学生创业的局限和解决办法

（一）局限性

作为一名大学生，除了平时的上课，还有社团、课外作业等，如果再加上创业，一天的时间基本就没了。怎么办？在过去，很多社会人士和风险投资家并不看好大学生创业项目，原因很简单，就是存活率太低，死亡率太高。而近些年来，随着互联网的发展、创业热潮的兴起和国家政策对大学生创业的大力支持，大学生创业项目越来越受重视和青睐。但即便如此，大学生创业项目死亡率依然居高不下，到底是为什么？其主要原因在于大学生创业存在众多的局限性。

**1. 创始人团队的局限性**

大学生创业者有了创业项目后，首要解决的是创始人团队的专业化分工问题，如大学生现在在运营校园 O2O(online to offline)项目,项目涉及商家谈判、产品开发、文章编辑、产品设计等,相对应的团队需要有熟悉市场、运营、技术、设计方面的人才,当然,还有最重要的 CEO。

其次,是创始人的行业认知和价值观问题。行业认知就是你对你所从事行业的熟知程度,如果自己对所从事的行业认识不深,且没有不断地学习充电,很显然,你的路会越走越窄,最后一步步走向死亡。

价值观则是指创业者创业的目的和初衷。你选择创业是为了挣更多的钱、丰富自己的阅历,还是像 Uber 创始人一样解决市场上某个自己无法忍受的痛点?这个很重要,如果有的人想挣钱、有的人想丰富阅历、有的人想为社会做贡献,那大家的意见容易产生分歧,结果就是在拖团队的整体进度,可能导致团队分散。

最后就是团队的创始人 CEO,这个很麻烦。在没有提前说好的情况下,要在多个联合创始人团队中选出一个 CEO 是很困难的,原因是每个人都认为自己很厉害,觉得你并没有比我厉害多少,会互相不服气,不想被谁说了算,都觉得股份要平分、大小事情都应该共同决策,所以团队基本在内斗和猜忌中发展,结果当然不言而喻。

**2. 项目局限性**

大学生在选择创业项目时会遇到 3 个问题,项目方向局限于校园、从个人喜好出发、对未来过于乐观。

首先,一般大学生在选择创业项目时都会选择自己所熟知的校园,因为熟悉、容易落地、方便推广,且资源相对集中。但弊端就是项目的可扩展性和复制性很差,因为这是由校园市场的特殊性和人群单一性决定的,而且每个本地市场的竞争对手众多,竞争激烈。

其次,在选择项目时,很多人由于缺乏对市场的调查和理性分析,都习惯性地从个人喜好出发,主观地认为自己喜欢的项目、产品,消费者也一定会喜欢。

最后,对项目发展前景过于乐观,对销量及利润率预计偏高,而对自身的营运能力、后续资金的投入、风险控制等因素估计不足。项目的选择其实是非常重要的,自己要多花些时间去做调查和交流,千万不能怕别人会偷了你的想法,应抱着完善项目的初衷去交流。

**3. 有效时间局限性**

作为一名大学生,除了平时的上课,还有社团、课外作业、玩耍、谈恋爱等,如果再加上创业,那一天的时间基本就没了。所以选择创业,基本就拒绝了好好听课,或只能投入更少的时间学习,如果你敢说你都能兼顾得来,那你基本上就很难创好业,或你的二者兼得将导致其他创业伙伴很忙或你们的创业项目一直平庸无常。因为,如果你真的要创好业,就一定要花很多的时间进去,这是公认的事实。又因为时间,你们每天可以待在一起讨论项目的时间几乎很少,基本是在微信群里简单地讨论,只有周末的时候才有空开个会，但也是在匆匆忙忙中结束，你说连个见面的时间都没有，能创好业、能把事业做大吗？这真的值得每个创业者去深思。

（二）如何解决

首先，作为大学生创业者，创始人必须养成每天学习、思考、反思的习惯，利用零碎化时间阅读最新的行业动态，利用整块时间阅读书籍和开展工作，利用周末时间去跨行业或与同行业的人交流，从而快速地提高自身的创业素养和行业认知，比如统筹管理能力、社交能力、视野眼光和见识。

不仅创始人要成长，团队也要成长。如果团队的整体学习能力跟不上，后果相当严重，最明显的就是在常识性问题上出现没必要的分歧和争论，这些常识性争论很耗费时间。

正如前人所说，一个公司最大的瓶颈是创始人，如果创始人自己不能成长，他就不可能带领这家公司走向更远的未来。不过光有创始人的成长是不够的，一旦团队没有跟上步伐，必然出现业务崩溃，最后可能导致团队慢慢解散。这些说明了创始人要成长，整个团队也要成长，否则公司将会出现脱节。

其次，在选择创业项目时，先进行详细的市场调查，避免从个人的喜好出发来判断消费者的喜好程度，同时也要研读一些成功企业的发展历程，避免对未来太过乐观的预判，有意识地将项目分发展阶段进行，比如做学生兼职行业，在校的前一两年针对本校学生市场先发展本校业务，花一年的时间深度了解这个行业，积累管理、运营等经验；一两年后，如果觉得该行业具有发展前景，则通过融资扩大规模，引入更专业的人才。

## 三、大学生创业的优劣势分析

大学生创业有利有弊，其一直以来都是一个备受争议的话题。毕竟现在出现了学历内卷严重，一些普通学校毕业的学生，几乎没有机会进入大公司实习就业。这也是社会不断发展进步的一个结果，所以一批大学生会选择自主创业来把握自己的人生。下面介绍下大学生创业的优劣势，创业者只有清楚优劣势才能扬长避短，在创业中赢得先机。

（一）大学生创业优势

(1)现当代大学生，尤其是知名高校的学生，本身就是优中择优，这些人在学校创立的创业团体，在技术及科研领域拥有毋庸置疑的实力。

(2)现在许多学校内部就有孵化园、创业基地等，大学生创业可以极低的成本投入，拥有校外同质量的办公、仓库等，大学生创业成本再次降低。另外，很多学校规定大学生可以进行无限期的休学进行创业，这也免除了大学生创业失败而学业无以为继的后顾之忧。

(3)大学生创业拥有较低的成本投入和较高的人才质量选择，少了后顾之忧，使得他们更容易拥有并实现那些天马行空的想法，使他们的团队更具创新力，更具竞争力。

(4)现在国家鼓励大学生创业，从政策到实际的支持力度都非常大。许多地方政府也极其欢迎大学生创业，为他们广开绿灯，并且大学生创业还可享受很多类似于税收减免等政策，可以说这是一个非常大的优势。

### (二)大学生创业劣势

大学生创业优势多且明显，是不是就没有什么劣势或者劣势很少了？恰恰相反，他们也有极大的劣势。

(1)责权不清(模糊)。大学生创业大多是自己的同学好友或志同道合的人组合的初创团队，这样良好的关系能够使团队更加紧密，协助更为默契。但是相对地，很大部分的大学生创业团队都有一个严重的问题，那就是股权结构极其不合理。很多人都说关系很好，不好分配，所以很多初创团队的股权都松散而平均，这样在真正遇到麻烦时就会存在一个很大的问题，那就是到底听谁的。同时，投资人也极其反感这种情况，因为会有极大的风险，很多大学生创业者不明白这一道理。

(2)实践经验不足。大学生创业者，相对于那些工作一段时间或在某一行业奋斗发展一段时间的人来说，他们缺了一个很重要的东西，那就是经验。大学生创业始终会比在那一行业的其他从业者创业缺乏对该行业的直观认识和经验积累，这也是一个劣势。

(3)无知导致无畏。现在的媒体很多都把创业神话了，尤其是大学生创业。创业，这是一个浪漫的词，所以大学生创业十有八九觉得自己会改变世界。很多大学生所谓的创业，实际上只是自己的一种幻想，他们很多甚至连一份像样的商业计划书都写不出来。创业，实际就是做生意，不管是互联网创业还是其他，本质都是做生意赚取利益。而很多大学生创业者不懂这个道理，最后往往烧完那些无知的投资人的钱之后就会因为资金缺乏而失败。

## 四、大学生创业者应具备的素养

当下这个时代，创业已成为焦点，但已经成为一名创业者的你，能否成为焦点的中心？著名的管理专家威廉·D. 拜格雷夫将优秀的创业管理者所具备的素质归纳为著名的“10D”要素：即理想(dream)、果断(decisiveness)、实干(doers)、决心(determination)、奉献(dedication)、热爱(devotion)、周详(details)、命运(destiny)、金钱(dollar)、分享(distribute)。

作为一名优秀的创业者应该具备以下一些品质及能力。

### (一)个人品质

#### 1. 做好自己

无论做什么事，做人为先。把自己做好，别人才会信任你，进而才会愿意与你合作，这样才容易做成事情。那么，如何做到让别人信任你呢？在具体交往中，我们所看中的往往是领导者自身的人格气质,如自信、坚韧、冒险、行动力、学习能力等,好的企业领导者多习惯于真诚地欣赏他人的优点,对人诚实、正直、公正、和善、宽容。美国唐·多曼在《事业革命》一书中提出了创业者的5种人格特征:愿意冒风险、能分辨出好的商业点子、决心和信心、壮士断腕的勇气、愿意为成功延长工作时间。

**2. 激励他人**

组织起一个优秀的团队,是一件非常艰难和重要的事情。激发起他们的热情,挖掘出每一位团队成员的聪明与潜力,并将他们组织调动起来,是成功的领导者必须具备的一种能力。一个企业领导人必须是一个能激发起员工动力的人。

**3. 务实**

踏踏实实做人,扎扎实实做事。创业是一项需要全身心投入的事业,不是打打闹闹即可。企业秉承务实的精神,提供自己过硬的产品和服务,取得市场和消费者的认可和信赖,这才是企业长盛不衰的保证。创业者也只有具备这样积极的态度和务实的精神,方能创业成功。

**4. 热情和责任**

兴趣是最好的老师,热情是创作的动力。创业者是企业的核心,他对事业的热情必会感染企业的员工,从而将各项工作搞得有声有色。同时,只有强烈的责任感、使命感,才能使创业者无论遇到什么样的困难,都有完成事业的决心。

**5. 积极的态度**

创业的道路上既有成功,也有失败,无论是面对成功还是失败,创业者都要充分发挥坚韧不拔的品性。同时,创业者不仅要培养自己面对失败坚韧不拔的品质,而且要在公司内部建立一套宽容的机制鼓励员工勇敢地去创新。

**6. 善于倾听**

倾听是最好的沟通,能够听得进去别人话的人必然是一个有自己想法的人,他往往有一整套自己的逻辑规则,能够善于倾听他人话语,并从中发现自己的问题并加以改正。

### (二)知识和技能

**1. 终身学习**

世界上没有浪费的经历,也没有永远的经验,你今天所做的任何事情,终会在某一天派上用场。学无止境,我们已进入知识经济时代,终身学习越来越成为我们生存发展的必要。它的意义就在于培养一种学习习惯,不断提升我们自身的能力及素养,以适应事业和社会发展的需要。

**2. 内部管理及企业制度和文化建设**

一个优秀的创业者,除了必须拥有正确的创业理念,还要懂得采取有效的经营策略。理念是源头,策略是源头流出来的活水。如果创业者缺乏经营的能力,不懂得在有限的创业资源中把握源头和活水，企业经营就会出现诸多危机。

**3. 重视人才**

企业最好的资产是人，企业领导者的美德在于挑选好的合作伙伴。选一个适合的人，比选一个优秀的人来得重要。一般而言，企业所看重的人才的品质包括3种特质：一是必须精力充沛，有精神、有活力，这样的人可以走长途，可以感染人，适应变动；二是不自私，考虑个人利益的同时，能够以考虑公司的利益为主；三是要有智慧和胆识，有独立思考的能力和魄力，"萧何月下追韩信"、刘备"三顾茅庐"都是识人用人的经典例子。

创业是一项极具挑战的社会活动，它能否成功，与创业者的素质关系极大。它要求创业者所具备的绝对不只是多数人的一般品质。优秀的创业者首先是先懂得经营自己，进而更好地经营企业。作为一名创业者，想要成功，必须了解这些必备的素质及能力。

## 五、如何提高大学生创业者的素质

大学生创业相比其他人会更加艰难，毕竟他们没有经验，没有钱，或者连人脉都没有，但这又是创业者不可或缺的。那么，大学生创业需要什么素质？该如何提高大学生创业者的素质？

### （一）大学生创业者应具备的四大素质

**1. 心理素质**

所谓心理素质，是指创业者的心理条件，包括自我意识、性格、气质、情感等心理构成要素。作为创业者，他的自我意识特征应为自信和自主；他的性格应刚强、坚持、果断、谦和和包容；他的情感应富有理性色彩。成功的创业者大多是不以物喜，不以己悲。

**2. 身体素质**

所谓身体素质，是指身体健康、体力充沛、精力旺盛、思路敏捷。现代小企业的创业与经营是艰苦而复杂的，创业者工作繁忙、时间长，压力大，如果身体不好，必然力不从心，难以承受创业的重任。

**3. 知识素质**

创业者的知识储备对创业起着举足轻重的作用。创业者要进行创造性思维，要做出正确决策，必须掌握广博的知识，具有多元化的知识结构。具体来说，创业者应该具有以下几方面的知识：知法懂法，用活政策法规，依法行事，用法律维护自己的合法权益；了解科学的经营管理知识和方法，提高管理水平；掌握与本行业本企业相关的科学技术知识，依靠科技进步增强竞争能力；具备市场经济方面的知识，如财务会计、市场营销、国际贸易、国际金融等。

**4. 能力素质**

创业者至少应具有如下能力：①创新能力；②分析决策能力；③预见能力；④应变能

力；⑤用人能力；⑥组织协调能力；⑦社交能力；⑧激励能力。当然，这并不是要求创业者必须完全具备这些素质才能去创业，但创业者本人要有不断提高自身素质的自觉性和实际行动。

（二）高校提高大学生创业者素质的方法

提高素质的途径：一靠学习，二靠改造。

(1)培养学生客观认识自己的能力。有的大学生自信心不足，总觉得自己低人一等，容易自暴自弃，学习不认真。新生进校后，学校要摸清学生的思想动态，掌握他们的想法，对症下药，如请一些从学校毕业出去的在事业上有所成就的人给他们谈创业中的艰辛和快乐，让他们从思想深处认识到他们并不比别人差，从而树立起自信心。

(2)培养学生建立良好人际关系的能力。与人相处，不仅是一种学问，而且是一种艺术。有些大学新生，脾气急躁，容易发火，不好相处。在创业的艰苦过程中，如果没有朋友的支持，一个人是很难成功的。因此，辅导员平时在工作中，应着重培养学生为人处事的能力，引导学生养成良好的性格特质，帮助他们建立良好的人际关系，为今后的创业打下扎实的基础。

(3)培养学生扎实的组织和管理能力。当今社会，人员素质高低不一，要想在激烈的社会竞争中立于不败之地，没有较强的管理水平是绝对行不通的。从一些知名的企业来看，没有一家不是在管理上高标准严要求。也只有这样，企业才能在竞争中求发展，求生存，立于不败之地。要使学生具备创业意识，平时应加大组织和管理能力的培养，如可以让学生轮流当班干部，或鼓励他们参加校院团委、学生会等各类学生团体，或多组织学生深入社会实践，培养和锻炼他们的组织管理能力。学生只有不断提高自身的组织和管理能力，才能树立起自信，才能在工作中有所创新，才能在事业上有所成就。

(4)培养学生不屈不挠、永不言败的拼搏精神。在学习和工作中，遇到困难是正常的，不正常的是有很多人不能正确对待。有相当一部分人在工作中稍稍遭受挫折，就一蹶不振。要培养学生在困难面前绝不言败的毅力，敢于面对困难，在困难中求生存，在困难中求发展，教师平时要多向学生讲一些经过艰辛劳动才获得成功的典型事例，要让学生明白：世上无难事，只怕有心人；要找准失败的原因，为今后顺利工作打下良好的基础。

(5)培养学生的机遇意识。机会对于每一个人都是平等的，关键是有些学生不善于把握机会。因此，培养学生观察生活的能力，并且还要从平时的观察中捕捉稍纵即逝的机会。有人曾说过：在汽车上、在厕所中、在商场里、在大街上，时刻都会给我们带来商机。哪怕是别人的一句无意的话，都会给我们的创业带来灵感。纵观近几十年来国内外的社会发展，大多数在事业上有所成就的人，没有一个不具有坚强的毅力、较强的组织管理能力以及洞察商机的能力。

## 六、大学生创业成功的根本

大学生创业由于缺少社会经验和商业经验，如果把自己独立放到整体商业社会中，往往会难以把握。那么在校大学生怎么创业才成功？以下是部分建议。

### （一）有一份完整的创业计划书

大学生创业必须制订一个完整的、可执行的创业计划书，即可行性报告，主要回答你所选的项目能否赚钱、赚多少钱、何时赚钱、如何赚钱以及所需条件等。回答这些问题必须建立在现实、有效的市场调查基础上，不能凭空想象，主观判断。根据计划书的分析，我们再制定企业目标并将目标分解成各阶段的分目标，同时制定详细的工作步骤。

### （二）要有周密的资金运作计划

资金如同企业的粮食，要保证企业每天有饭吃，不能饿肚子，就要制订周密的资金运作计划。在企业刚启动时，创业者一定要做好3个月以上或要预测盈利期之前的资金准备。但开业后由于各种情况会发生变化，比如销售不畅、人员增加、费用增加等，因此要随时调整资金运作计划。另外，由于企业资金运作中有收入和支出，始终处于动态，创业者还要懂得一些必要的财务知识。

### （三）为自己营造一个好的氛围

大学生创业由于缺少社会经验和商业经验，如果把自己独立放到整体商业社会中，往往会难以把握。这时可以先给自己营造一个小的商业氛围，进入行业协会是比较有利的一条途径。创业者可以借助行业协会了解行业信息，结识行业伙伴，建立广泛合作，促成自己在行业中的地位和影响。同时，创业者可选择一个能提供有效配套服务的创业（工业）园区落户，借助其提供的优惠政策、财务管理、营销支持等服务，使企业稳定发展。另外，创业者还可以找一个经验丰富的企业管理咨询师做企业顾问，并学会借助各种资源，学会和各方面的人合作，千方百计给自己营造一个好的商业氛围。这对创业者的起步十分重要。

### （四）从亲力亲为到建立团队

企业不是想出来的，而是干出来的。大学生有文化、头脑灵、点子多，但在创业初期，受资金的限制，在没有形成运作团队之前，方方面面的事情必须自己去做。只有明确目标、不断行动，才能最终实现目标。在做事的过程中，我们要分清主次轻重，抓住关键重要的事情先做。每天解决一件关键的事情，比做10件次要的事情会更有效。创业者应亲力亲为，当企业立了足，并有了资金后，就可以建立一个团队。

### （五）盈利是做企业最终的目标

只有盈利才能让企业存活，做企业的最终目的就是盈利，因此无论是制定可行性报告、工作计划还是活动方案,都应该明确如何去盈利。大学生思维活跃,会有许多好的点子,但这些好的点子要具备商业价值,就必须找到盈利点。企业的盈利来源于找准用户,因此企业要时刻了解客户是谁,他们有什么需求和想法,并尽量使之合法要求得到满足。

(六)失败是迈向成功的阶梯

在企业的运作过程中失败是难免的。失败了不气馁,而要调整方案,换个方式和方法继续前进,永远不要停止前进的脚步。对创业者来说,这很重要。看看我们身边一些成功的企业,特别是网络时代的英雄们,有几个是按他们创办初期的想法赚到钱的?他们大都经历过"死而复生"的过程;坚持就是胜利,唯有坚持才使他们成为今天的网络英雄。我们应该明白,失败并不可怕,它是企业迈向成功的阶梯。

## 七、创业项目的选择

不论你的具体情况怎样,如果你要创业、要选择创业项目,就必须遵循这样几个普遍原则。

(一)选项目如同经历人生的不同阶段

创业的感觉可以同谈恋爱类比,选择项目的重要性就好比结婚一样重要。任何项目都有一个怀胎、孕育、出生、成长的过程,这是一个自然的过程。创业者对一个具体项目要有一个认识、理解通透、把握的过程。这也决定了创业的过程是人与项目长期相互磨合的过程,也要求选择项目必须立足长远。

(二)了解自身条件

选择项目需要 4 个字:知己知彼。知己,就是清醒地审视自己的优势、强项、兴趣、知识积累与结构、性格与心理特征等;知彼,是对社会未来发展趋势的认识。

(三)选择项目重之又重

创业项目的选择非常重要。举个例子,有一个人,当过 3 天世界首富,他就是软银公司的孙正义。他大学毕业后从美国回到日本,选出了 50 个创业方向,用一年时间逐个进行考察,写出了几尺厚的资料,最后选择做软件。可见,创业项目的选择需要经过充分的调研和论证。在这个过程中,我们要舍得花时间、花力气,要能够静下心,认真调查研究,寻找事实根据。

(四)项目要有特色

选择的项目一定要有"根",就是项目活下去的条件。我们可以将其概括成 4 点:别人没有的,先人发现的,与人不同的,强人之处的。

"别人没有的",可以是某种资源与某种特定需要的联系,可以是某种公认资源的新商业价值。比如,一个走亲戚的人发现附近的山上有白色的土,可以制成陶器,他进一步了解到附近有铁路,便于运输,于是他买下这块下面有陶土的地,把土晾干磨成粉,卖起陶土来了。

"强人之处的",即一个项目中不论哪个方面,哪怕是一点高人一筹、优人一档,那就是项目的根,比方说在成本控制上强人一点。谁能想到曾为世界500强第一的沃尔玛,能够把管理费用控制在销售额的2%?据说,他们总部的办公室像卡车终点站的司机休息室,可见他们为降低成本而努力的背后是一种什么样的精神。

(五)项目选择的步骤

**1. 选择一个点**

知道什么事情是值得做的。比如,说有个地方有100户人家,每家有1元钱;你有很大本事,把所有人家的所有的钱都赚来了——100元。还有个地方有100户人家,每家有1万元;你本事不大,只能把1/10人家的1/10的钱赚来——10000元。这就是两种选择,排除个人能力,还是排除环境情况,进而选择合适的方式,排除一大片,省去时间与无用功。

**2. 划出一个圈**

知道哪些事情是能长期做的。把社会恒久需要的、已初露端倪的大趋势划进来,如由环境保护引发治理江河,导致中小造纸厂关闭,纸制品的供求不平衡,腾出了一块市场。如果用再生纸做资源去填补,会怎么样呢?

**3. 列出一个序**

把可能做的事情排列起来。回头看看过去的20年,做强、做长的企业是哪些行业,很大程度上能够证实行业与发展的联系,如房地产、医药、保健品、证券、建材、装修、交通、教育、通信等。那么,我们就把大的范围锁定在列表里,从中选出若干项。

**4. 切入一个点**

成就事业的公认法则是集中在已经缩小的范围内,持续耕耘,但可做的事仍然很多。这时,比较优势的道理是有用的——认真地审视自己的强项、优势、兴趣何在,如果同时有几个,与他人比较哪个优势是最有利的;机会成本的概念也是有用的——同样多的时间,同样的付出,哪个能力所对应的事业会有更大的前景收益,在比较中优势会凸显出来。

## 第二节 大学生创业失败的原因

众所皆知,创业投资是有风险的,但是许多人想不明白的是:为什么别人能成功,而自己却不能。其实,创业失败,原因往往都在于资金、市场、产品、管理等方面,下面具体分析。

## 一、低估财务的重要性

在创业的时候，创业者往往会对“需要花多少钱”进行一个预算。许多人在预算的时候，往往没有考虑“流动资金”这一项，从而在没有足够的流动资金时，就贸然地选择创业。殊不知，创业的时候，常常会遇到各种各样的问题，而流动资金便是支撑下去的关键。如果创业流动资金不够项目运营半年以上，最好还是不要轻易开始创业。在创业时，千万不要低估了财务上的需要，否则很容易走向失败。

## 二、不注重产品质量

许多人在创业的时候，总是想着投机取巧，这是一大忌讳，特别是作为一个全新的品牌，更不应该在产品质量上投机取巧，因为那样虽然一时有利可图，但消费者一旦发现产品质量不合格，就不会再买第二次了。另外，如果品牌本身不出名，这样做还会导致产品滞销，未来你面对的，就只有失败和放弃。

## 三、对市场的需求和竞争对手了解不够

在做项目时，大家常会听到一个提醒，就是“多了解市场”，但是很多人并不把它当回事，或者随便了解一下就算了。其实，如果你不真正地了解市场的潜在需求，就会有错误的预估和判断；如果你对竞争对手不够了解，你就不知道别人的优势在哪里，该如何去打败竞争对手的产品。

许多创业者以为创业就是自己的事情，其实不然。如果你不去了解市场，不去了解竞争对手的运作，你就不会知道他们会用什么样的手段来对付你，特别是如果不去分析对方的优劣势，一味凭着自己的感觉行事，也会让自己的创业多走弯路。

## 四、管理不当

创业者如果管理经验不足，就盲目创业，很容易导致公司的经营方向出现偏差。公司管理如果常常出错，如用人不当、财务制度上出现漏洞、不注重安全生产等，就无法建立一套合理、有弹性和有效率的制度，容易消耗公司资源。

## 五、决策错误

一个决策，将决定一个品牌的存与亡；许多品牌的消失，都源于一个错误的决策。不当的企业价值观、无效的经营管理及销售策略，以及对竞争者估计错误等，都能关系到一个企业的存亡。所以对初次创业的人来说，决策至关重要。

## 六、创业时机不对

虽然说，运气不是创业成功的主要原因，但有时候不得不承认，运气对创业成功很

重要。在创业之前，你必须考虑到天时、地利和人和，什么样的季节需要什么样的产品。不要选择在不恰当的时机创业。

## 七、把收入看得比客户还重

把收入看得太重是创业失败的一个重要原因。刚开始创业的时候，千万不要把收入看得太重，更不能忽视客户。当然，这不是“教唆”创业者不重视收入，只是相对于维系、拓展客户资源而言，赚钱更简单些，因为只要有客户，公司总有机会实现盈利。

创业时，要抓住自己的核心价值，然后去获取客户。你不仅要去验证自己的想法能否带来销量，还要验证自己的产品能否真正改变人们的生活。一旦客户对你的产品有需求，他们就愿意掏钱购买。如果说客户根本不愿意花钱购买你的产品，那商业计划做得再好也没用。

还有一点需要注意：不要疯狂打广告。因为对任何产品来说，客户更看重的是产品体验，而不是天花乱坠的广告效果。如果产品体验不错，大家就愿意花钱买单。

## 八、考虑的范围太小

如果你的产品只能解决几百人的问题，那么你的企业根本无法发展壮大。如果你的用户无法达到数万级别以上，那你最好不要尝试构建一家公司。你的产品不应该只为自己、邻居、朋友圈服务，考虑范围应该扩大；如果你足够有实力，甚至可以放眼全球。

无论是创意还是产品，都需要更大的格局，因此在一开始创业时，你不妨将服务的对象范围扩大。

## 九、招聘人才不谨慎

产品或服务越好，说明员工素质越高。一家初创公司需要许多关键员工，比如产品开发人员、市场营销人员、销售人员等。如果核心团队的素质不高，那么提供的产品和服务自然也好不到哪儿去。

另外，有句话要牢记：招聘要慢，解雇要快。如果发现员工不符合要求，不要犹豫，赶紧解雇。你没有那么多时间和资金让他人再次证明自己的错误，特别是在创业时期。

## 十、产品发布太慢

世界上没有完美的产品和服务；不要追求完美的产品，因为它根本不存在。产品必须尽快上市，然后根据用户反馈不断改进。你可以先开发一款原型产品、beta 产品（测试产品），或最低可行产品（minimum viable product，MVP），并尽快交付到用户手上，然后让客户去决定这款产品是否有价值。

## 十一、无法及时做出改变

绝大多数创业者之所以失败，是因为调适能力太差，无法根据客户要求、市场现状及时做出改变。这里有两点非常重要：一是适应变化，二是改变要快。

身为一名创业者，你需要在必要的时候，灵活改变，及时做出决策。创业不能过于依赖最初的规划，多数初创公司在发展中期都会彻底改变自己刚成立时的规划。实际上，多数公司的变化都是由客户决定的。你要根据客户的需要，及时做出改变。改变并不意味着从头开始。因此，你的公司必须有一个基本的业务框架，这样可以保证每次改变发展框架不受影响，公司的发展主线得到维持。

## 十二、不会优化资源

除非你的公司已经获得了大量投资，否则在刚创业的时候资源是很有限的，而且大部分初创公司都会遭遇资金短缺问题。所以，你必须了解公司的重点业务，并科学地分配资源。如果你是一家产品型的公司，那就应该去打造一款核心技术，并发展用户；客户满意便会购买你的产品，你也会因此赚到钱，继而开发更好的技术。一家初创公司不要寄希望于打一场广告闪电战，你需要的是构建一个用户社区，这对企业长期发展非常有利，也符合成本效益。

## 十三、市场营销不够

市场营销的重要性不言而喻。虽然产品本身很重要，但如果产品无法接触到终端用户，再好的产品也没有用。如果你深谙营销之道，那会给公司带来巨大的效益。如今有许多渠道能帮助公司营销，只是不少创业者并不知道如何利用营销来吸引眼球。

## 十四、项目没有需求

创业项目的需求是市场反馈的一个结果，而不是凭空臆想出来的。有些项目，实际上是没有需求的。比如绝大多数O2O(online to offline)的上门服务，都是一个伪命题。在互联网上创业，有一个非常残酷的事实，那就是“一将功成万骨枯”。互联网行业是以毁灭一个行业为代价来造就一个独角兽的。

## 十五、创始团队分裂

其实很大一部分创业，最后是毁在创始团队的分裂上。如果创始团队是一个攒起来的局，几个创始人之间没有长期的交往，没有对目标的共同认识，就会碰到两件事情：第一件事情——大家在困难的时候，会各有各的心思；第二件事情——如果这件事情真的做成了一点，又会毁在对利益的分配不均上。你会发现一个有趣的现象：很多公司的融资会加速其毁灭的进程。

## 十六、资金链断裂

资金链断裂其实是结果，不是原因，这是所有创业失败的人拿来说的事。创业失败最终肯定是因为没钱，而没钱是因为你做事方法不对，找的人不对，产品不对，营销不对，或者是扩展策略不对，导致资金断流。

## 十七、盲目跟风

在创业过程中，最大的问题是不管你做什么事情，在同一个时间，一定有至少几百个团队和你在做一模一样或类似的事情。有各种专家站在台上给大家预测今年的投资主流。你创业是因为找到了市场上一个真实的痛点，不是因为专家说什么东西火，你就去创什么业。仔细思考——大家都知道好的事，暂时就别做了。

## 十八、商业模式不清晰

产品究竟给谁用？如果是2B(business)的应用，最关键的就是改变交易结构；如果是一个2C(customer)的东西，我们今天做的就只能是找特定人群、特定领域的强需求。比如，不少游戏、社交产品的创业者说，我这个产品做出来了，现在需要钱去推广，需要钱补贴用户。但是，要给钱补贴的社交产品肯定不能解决人最基本的社交需求。风险投资本质上是一个加速器，加速发展的历程，而不是一个从零到一的催化剂。

## 十九、不专注

“专注”这件事其实是讲给那些特别优秀、层次特别高的创业者听的。比如说，腾讯出来的产品“大牛”、百度出来的技术“大牛”、连续成功的创业者，这些人往往觉得自己什么都能做，最后的结果就是什么也做不好。从创业的角度来说，如果你作为首席执行官，作为联合创始人，从那些非常耀眼的大公司里出来，一定要有归零心态；你在百度、腾讯、阿里做的那些“牛”的事其实和你创业不一定存在关系。很多时候，你以为过去在大公司的成功跟你有关，其实与你无关，是所在公司的功劳。对你来说，唯一能做的就是专注地去发现用户的痛点，实实在在地解决那个痛点！

## 二十、缺乏执行力

执行力无需多言，因为执行力是做出来的，不是说出来的。这个世界有好想法的人很多很多。很多创业者会说，我这个想法好啊，现在还没有人想到。我们可以问问他，为什么别人想不到。如果你是万分之一的好想法，中国就有至少14万人和你在想一模一样的事情；如果你是百万分之一的好想法，中国就至少有1400人和你有一模一样的想法。所以在中国这个市场上，好的想法从来都不缺。很多创业者和融资方谈项目，还说要签保密协议(non-disclosure agreement，NDA)，签完才能把想法说出来。这个时候我们可以告诉他，好的想法一文不值，关键是执行。

其实，如果真的去创业，就会发现，那些大的梦想不重要，因为你天天处理的都是琐碎的事情、闹心的事情，如你的核心员工要辞职，因为他家人不同意他创业；你的客户跟你掰了，因为你的对手在背后拆台；办公室的网线断了需要处理等。所以，很多好的想法最后都是毁在执行的过程中，而真正成功的团队，一定可以坚定地把每一件小事做好。

如果资金足够，我们可以选择一个靠谱的平台，把这些琐事统统外包出去，如财务服务、企业法务、社保公积金代办、新三板理账、品牌公关等，这样会使工作更高效。

## 二十一、竞　争

在中国这个市场上，不可能没有竞争。但对竞争，有很多错误的理解。比如，有人提出上海有两千多万人，可以开一个越南餐馆；如果是有特色的越南餐馆，一定会很火。理论上没错，但应看到这不是在跟其他越南餐馆竞争，而是在跟上海的几十万家各种餐馆竞争，大家都是在竞争吃这件事情。所以在竞争中，需要考虑产品、营销、人才管理等，一个做不好，都是导致失败的重要原因。

## 二十二、孤家寡人

单一创始人有什么问题呢？最起码，这反映了一种信心的缺乏。隐含的信息是，创始人无法说服他的任何一个朋友跟他一起打天下。这很值得思考：别忘了，他的朋友是最了解他的人。

## 二十三、固执己见

在某些领域里，成功是你认准了想做的事情并坚持到底，不管遇到多大的挫折，而创业另当别论。

你应该避免过于坚持原来的计划，因为它可能是错误的。大多数成功的初创公司，最后做的都不是他们刚开始规划的，甚至差别很大，以至于很难把他们同最初的公司联系起来。在创业的过程中，你应该准备好接受任何更好的主意，而最难做到的就是放弃你原来已有的想法。

当然，这里也有一个度的问题，每周都换一个想法显然也不可能成功。有什么标准能够帮助你做决定吗？一个办法就是衡量那些新的想法是否代表了某种进展。如果在一个想法下你有进展，处于一个螺旋式上升的过程中，那么这个想法就可行；反之，如果你毫无进展，那这就不是一个好想法。

幸运的是，你可以向你的用户寻求建议。如果你要换一个新方向，而用户又对此反响热烈的话，那么你很可能押对宝了。

## 二十四、受制于投资者

作为公司的创始人，你应该尊重公司的投资者，而不应该忽略他们，因为他们可能会提供有见地的建议。但你绝不能把公司运作交到他们手上，因为那是你的职责。如果投资者对其所投资的公司有足够见地的话，那他们为什么不自己创立一个公司呢？

## 二十五、不能够全时投入

从统计上说，如果想要避免失败的话，一件很重要的事情就是合理规划时间。绝大多数失败的初创公司，其创始人都属于业余性质；而那些成功的初创公司，创始人都是全身心扑在上面。大量还没有全时投入的创始人，主要是缺少一种创办公司所必需的决心，他们的意识深处是知道这一点的。他们之所以不敢投入更多的时间，是因为他们知道这不是一个好的投资。

## 二十六、领域偏狭

如果你看过孩子们打棒球的话，你会发现，某个年龄段以下的孩子会有些怕球。一个 8 岁的孩子当外野手，接不到多少球，因为每次球朝他飞来的时候，他总是闭上眼睛，举起手套来保护自己，而不是力争去接到球。

一个初创公司，如果净是挑选某一领域的项目来做，躲避竞争的话，就跟 8 岁的孩子处理来球的方式一样。要知道，如果你能够有所成就的话，就必然会有竞争者，早晚都要面对。所以说，如果你不想竞争的话，那么你想出来的点子好不到哪儿去。

## 二十七、没有明确的目标用户

创业的关键问题在于明确创业产品(服务)的目标用户是谁？明确目标用户的前提是你对用户的了解程度。如果你不了解用户，就不可能做出他们喜欢的东西。大多数成功的初创公司，都是从解决目标用户的问题开始的。这里面有这样一条规则：你所创造的财富跟你对目标用户问题的理解程度、解决程度成正比。

## 二十八、筹集的资金太少

大多数成功的初创公司到某一阶段都会接受投资。这就好比公司要多个创始人一样，从统计上来说，是一个可靠的举措。那么，你应该接受多少投资呢？

初创公司的资金是用时间来衡量的。每个还没有盈利的初创公司(几乎所有的初创公司在刚开始时都不可能盈利)，在钱花光之前都会有一段等待时间。这段时间有时候被喻为“跑道”。这是一个很好的比喻,它在提醒你,当你钱花光的时候,要么起飞,要么坠毁。

太少的钱意味着你起飞的跑道不够长。当然,起飞的概念也需要视情况而定。通常你需要更上一层楼,从仅有个想法和开始着手打造原型,到原型诞生,准备发布,再到已经发布了产品,正处于显著的增长期。这也要看投资者的想法,毕竟他们是你在实现盈利前要说服的对象。

## 二十九、花销无度

有时候我们很难把花销无度和筹集的资金太少区分开来。如果钱不够用了,你既可以说是开销太多,也可以说是筹集的资金太少。区分这两条的唯一办法是跟别的初创公司做个比较。

## 三十、期望超标

大学生创业的期望值往往比较高,如在每年参加各级各类创业大赛的选手中,超过一半的创业大学生期望在 3 年内年利润可以达到百万以上,而希望企业存活并平稳发展的只占到了两成。有高远目标不见得是件坏事,但是对于大学生这个特殊的群体,赚到一块钱远比一夜暴富、走向人生巅峰更加靠谱一些。年轻、充满干劲是大学生们的优势,但是好高骛远、眼高手低往往会成为他们的绊脚石。

## 三十一、心理承受能力有限

近年来,受调查的创业大学生中,接近三成的人表示,如果创业失败,就寻找另一次机会。但其他人表示无法接受失败,可能会放弃创业去找工作。创业很难,不但要选对路,还要学会坚持。而敢于创业的大学生一般都很自信,自信的人又容易盲目乐观。有的大学生没有做足心理准备,一旦在创业中遭遇严重挫折和失败,就容易消沉下去。

## 三十二、缺乏经验

创业前一定要做好充足的准备。大量的大学生缺乏创业的经验,在没有任何企业经营经验的基础上盲目创业,盲目注册公司,导致创业项目无法持续性开展,进而倒闭。这是目前大学生创业普遍存在的现象。

## 三十三、大量投钱

很多大学生认为,大量投钱到市场或门店,肯定能砸出成效。开拓市场肯定少不了花钱,但大量投钱并不是最好的方法。快速开拓市场有其营销的深层含义,但绝对不是自然销售的升级。创业者如果在创业过程中心态浮躁、盲目行动,那就犯了大忌!

### 三十四、盲目招商

大学生在创业过程中，市场开拓极为重要，而招商是市场开拓的主要方法。大量的大学生创业者过分将市场寄托在经销商身上，认为经销商的网络和实力是招商的核心要素。因此，在市场开拓过程中，盲目地大量招商。

### 三十五、盲目追求市场

资金准备好了，也有了渠道，接下来就是铺货，提高市场占有率。目前，很多经理人和企业主认为只要终端好，那就是市场占有率，至于盈利，都是早晚的事。大学生创业者亦如此，未明白任何事情都要稳扎稳打，要甘心忍受创业前期默默无闻的状态，而不应盲目追求市场。

一般来说，创业失败的原因林林总总，归纳起来主要有以上类型。创业本身就不是一件容易的事情，外在的因素、个人的原因都会影响到创业的成与败。即便是现在的企业大佬，在创业的时候也会碰壁，所以千万不要遇到一些挫折就选择放弃；当然也不能盲目创业，创业之前，做好准备，才能更好地应对创业时出现的问题。

如果你正准备创业，那么失败是一条必经的道路。但如果你无法弄明白失败的原因，成功永远不会眷顾你。

## 第三节　大学生创业失败如何应对

很多人创业失败了，那么，创业失败后如何走出来呢？如何重新站起来呢？

### 一、失败后如何走出来

创业失败后，我们一定要正视和接受自己的失败，把每一次失败都当成一次经历，当成人生道路上的财富。既然选择了创业这条路，就需要保持积极的心态；失败是成功之母，一次失败是证明不了什么的。勇敢面对一切的挫折和打击，即便真的一无所有，还有积极的心态可以支持自己的下一次创业。

因此，两件事情非常重要：一是要乐观。乐观是事业成功一个非常重要的因素。好多人都跌倒了，但又爬起来笑嘻嘻地继续走。虽然一时也觉得痛，但他还是对未来充满了信心，觉得自己可以。二是有智慧。有些人跌倒过，但是他不反思，不改进方法，还是用同样的方法一直走，一直跌。这个人虽然很乐观，也善于坚持，但是方法不对。所以创业者要有智慧，要有不断修整自己的能力，并且要始终保持一个积极正面的心态，这样失败后才能更快走出来。

## 二、失败后该如何重新站起

失败后重新站起来需要时间，就好比跌倒了，你会马上站起来吗？你一定会坐一下，让这个疼痛感先过去。所以失败后，要懂得让自己休息，让自己好好地放空。

旧有的行为模式在我们的大脑里已经形成一个神经回路，你不断地强化它，这个回路就越来越粗，许多的情绪和想法就缠绕成一团，这个团块就会成为一个模组。如果你想要打破这个模组，最好的方法就是去旅行。旅行可以让你看到很多不同的人和事物。你要开启一个新的空间，让自己接受新的刺激。举个例子，很多人在想一件事情的时候想不出来，但当突然放空，或者是做一些其他事情的时候，这件事情莫名地就想出来了。

所以失败后先放空自己，跳脱原本的生活空间，暂别原来的思考方式，让自己的大脑接触、探索其他的可能，这样才会有一些新的想法，让内在动力慢慢地积攒能量。

除了走出去接触一些新的刺激，也可尽量多交一些具有正能量的朋友——那些能够给你打气、给你足够社会支持的同伴，最好就是那些曾经创业失败的朋友，而且你知道他们是很乐观的，或者是现在正在二次创业的人——他们一定会给你很多的意见和鼓舞。人跟人之间的交流，最珍贵的就是共鸣和接纳。你多跟这些朋友在一起，自然而然就会调整心态，重新站起。

# 第三章　大学生创业管理的方法

## 第一节　创业企业管理的相关知识

### 一、决定你前途的十二种能力

①逆向思维能力；②换位思考能力；③总结能力；④文字书写能力；⑤信息收集能力；⑥灵活处理问题的能力；⑦目标调整能力；⑧自我安慰能力；⑨沟通能力；⑩企业文化的适应能力；⑪岗位变化的承受能力；⑫能做好分外之事的能力。

### 二、如何增加个人气场

①要有一个坚定的目标；②多交令自己成长的朋友；③使用正面思维；④多走路，多静坐；⑤勤奋，坚韧；⑥寡言，每一句话都要有用，有分量；⑦喜怒不形于色，大事淡然；⑧有底线，更有亲近感；⑨大量学习，将一切信息转化为自己的能量。

### 三、建立职场人脉十大规则

①想钓到鱼，就要像鱼那样思考；②不要总显示自己比别人聪明；③让对方做主角，自己甘愿做配角；④目中无人，让你一败涂地；⑤常与人争辩，你永难赢；⑥锋芒露出太多，下场不好；⑦刺猬原则——保持适当距离；⑧树一个敌，等于立一堵墙；⑨谦虚，不虚伪，不苛求完美；⑩失言不如无言。

### 四、如何培养你的管理水平

①沟通无障碍；②激励有创意（及时激励比年终奖励重要）；③进化不退化（什么让你痛苦，什么就让你强大）；④修人先修路（改进过程而不是一味地驱使人）；⑤相马更赛马（人人都是千里马，让人参与赛马并将他们放对位置）。

### 五、做生意的四大境界

①想别人想到的，做别人做到的；②想别人没想到的，做别人没做到的；③想别人没

做到的，做别人没想到的；④想别人不敢想的，做别人不敢做的。

## 六、最大的危机，就是没有危机感

①比尔·盖茨——微软离破产永远只有 18 个月；②海尔张瑞敏——每天的心情都是如履薄冰，如临深渊；③百度李彦宏——别看我们现在是第一，如果你 30 天停止工作，这个公司就完了；④亚信创始人田溯宁——只有忧虑者才能幸存。

## 七、教你提高效率

①将自己的表拨快 10 分钟；②为目标设定像 1-2-3 这样的优先级；③把大目标细分为可以立刻执行出结果的小任务；④第一次就做对；⑤每天自学 1 小时，一年 365 小时，3 年就可以成为专家；⑥每周 5 天，每天花 5 分钟改进自己的工作，在 5 年里将使同一个工作被改进 1200 余次。

## 八、创业经营者的几大死穴

①熟人搭伙好办事；②哪儿热闹往哪奔；③短视老板短命店；④贪大求全关得快；⑤别人办事不放心；⑥又要马儿跑，又要马儿不吃草。因此，要注意几点：①越热闹越要警惕；②会刹车才能开车；③再熟也要订契约；④出掌不如出拳，出拳不如点穴，一次只解决一个问题。

## 九、企业人工作的基本守则

①工作成果永远比上司期待的更好；②懂得提升工作效能和效率的方法；③一定在指定的期限内完成工作；④工作时间集中精神，专心工作；⑤任何工作都要用心去做；⑥要有避免错误的意识；⑦做好整理工作；⑧秉持工作的改善意识；⑨养成节省费用的习惯。

## 十、管理团队的“34323”法则

①三个尊重——尊重工作、尊重伙伴、尊重自己；②四颗心——爱心、耐心、细心、真心；③三个慎——慎言、慎行、慎独；④两个容——从容、宽容；⑤三个大——大境界、大目标、大格局。

## 十一、积极心态

①积极者相信只有推动自己才能推动世界，只要推动自己就能推动世界；②每一日你所付出的代价都比前一日高，因为你的生命又少了一天，所以每一日你都要更积极；③今天太宝贵，不应该为忧虑和悔恨所销蚀，抬起下巴，抓住今天；④行动是成功的阶

梯,行动越多,登得越高。

## 十二、驰骋职场必备的八个黄金句子

①我马上处理。②我们似乎碰到一些状况。③我认为××的主意真不错。④这个报告没有你不行啦。⑤让我再认真地想一想,3点以前给你答复好吗?⑥我很想知道你对某件事情的看法。⑦是我一时失察,不过幸好……⑧谢谢你告诉我,我会仔细考虑你的建议。

## 十三、领导力的四大境界

①员工因为你的职位而服从你;②员工因为你的能力而服从你;③员工因为你的培养而服从你,他们感恩于你对他们的尊重、培养和付出;④员工因为你的为人、魅力、风范而拥戴你。一般管理者做到境界三已属难得,境界四则需要拥有深厚的领导技能才能达到。

## 十四、梦想,是一个让人魂牵梦萦的至高境界

为了梦想,人们可以不顾一切,孜孜以求,甘洒血汗。把梦想挂在心灵的风帆上,是因为生命之中不能没有梦。

## 十五、人生的关键定位

①知道你是谁。最了解你的人是你自己。②知道你所处的方位。把握方位才能掌握起步的层阶、时机和方向。③知道你要去哪里。漫无头绪地乱闯,走得再远再久也是无谓的游荡。④知道去干什么。⑤知道谁能和你一起走。⑥知道在什么时候止步。有限的目标往往是成功的捷径。

## 十六、论文凭

文凭不过是一张火车票,火车到站,都得下车找工作,到那时才会发现老板并不太关心你是怎么来的,只关心你会做什么。

## 十七、每天睡前要反思的六个关于工作的问题

①今天你抱怨工作、抱怨周围的人际关系了吗?②你是不是沉溺在对未来的幻想中,而忽略了眼前的人和事?③你把职业当作职业,还是当作事业?④劳而不怨,你做到了吗?⑤你的工作激情,还在吗?⑥今天所做的一切,你是全力以赴,还是拖拖拉拉?

## 十八、你会管理你的时间吗

①做你真正感兴趣、与自己目标一致的事情。②知道你的时间是如何花掉的。

③使用时间碎片和“死时间”。④运用80%-20%原则:利用最高效的时间,20%的投入就能有80%的产出。⑤平衡工作和家庭:划清界限,言出必行;忙中偷闲,闲中偷忙,注重有质量的时间。

## 十九、营销再华丽,也别忘了这八条

①营销的根本是卖东西;②让你的品牌成为一个故事;③用消费者的语言与消费者对话;④创造一种体验或期待,而不仅仅是商品;⑤别试图控制社交媒体和别人的言论;⑥相信消费者体验,而不仅是市场调研结论;⑦和新用户一起变化,和老用户一起成长;⑧便宜的产品不等于差劲的设计。

## 二十、中层管理人员七痛

①企业战略不明,企业未来的方向貌似只掌握在老板和少数高管手中;②领导指令不清,或者多变;③上司抢功诿过;④高层越权指挥;⑤公司没有原则;⑥裙带关系严重,员工越来越难管;⑦年轻员工越来越不懂事。

## 二十一、高效管理的三个层次

①一个人不敢做坏事,是因为怕老板,这家公司是人治;②一个人不能做坏事,是因为没有机会,这家公司是法治;③一个人不愿意做坏事,是因为想都没有想过,这家公司是心治。综上,人治就是老板厉害,法治就是机制厉害,心治就是文化厉害。

## 二十二、真正的财富是一种思维方法

①你再没什么可失去时,就是你开始得到的时候;②学习要加,骄傲要减,机会要乘,懒惰要除;③ 1%的人是吃小亏而占大便宜,99%的人是占小便宜而吃大亏,大多数成功都属于那1%的人;④一个人成功的前提是他有能力改变自己;⑤真正的财富是一种思维方式,而不是月收入的数字。

## 二十三、从创意到成功的关键因素

当你想到一个创意,可能有1000个人已经想到了,100个人在准备商业计划了,10个人准备全力去做了,一个人已经干出来了。主意从来不缺,缺的是执行力。成功就像一扇门,如果创意这把合适的钥匙我们已经找到,那么现在就把钥匙插进去并朝正确的方向旋转,把成功之门打开。

## 二十四、职场不要说谎

生活里说点谎话在被揭穿后或许还能得到原谅,因为有真正爱你的人。可办公室里的人不是你父母,不会惯着你。不论你是什么原因没有做好工作或完成任务,主动承认错误总比说谎遮掩和推卸责任要有用得多。

## 二十五、企业成功来源

一个企业的成功,30%靠策略,30%靠团队,40%靠执行力。执行力的落实:①用对的人才;②用对的策略;③完成对的营运,即身、口、意都要到位。在今天这样的时代,单打独斗是闯不出天下的,一定要有一群具有共同目标、愿景,加上强烈抱负和执行力的人,集合众人之力才能创造财富。

## 二十六、优秀企业家的共同特点

①懂得做人;②善于决策;③相信自己;④明确目标;⑤充满热忱;⑥精神顽强;⑦重视人才;⑧充分授权;⑨激励团队;⑩终生学习;⑪持续创新;⑫架构关系;⑬抓住机会;⑭有效沟通;⑮经营未来;⑯赢得拥戴;⑰勇于自制;⑱培养领导;⑲注重家庭;⑳关注健康。

## 二十七、低调:是态度,也是智慧

①别人恃才自傲,你却虚怀若谷;②别人卖弄口才,你却多思慎言;③别人拼命外显,你却韬光养晦;④别人你斗我争,你却远离是非;⑤别人直来直去,你却融方于圆;⑥别人争破头颅,你却以退为进;⑦别人拿不起放不下,你却能屈能伸;⑧别人趾高气扬,你却不显不炫。

## 二十八、创业者需谨记的五大法则

①破窗效应:及时矫正和补救正在发生的问题。②多米诺骨牌效应:一荣难俱荣,一损易俱损。③蝴蝶效应:1%的错误导致100%的失败。④海恩法则:任何不安全的事故都是可以预防的。⑤王永庆法则:节省一元钱等于净赚一元钱。

## 二十九、尊重别人

创业者在创业过程中要学会尊重,尊重自己,尊重别人。人与人之间是平等的,只有尊重别人,给别人机会,才会换来别人对你的尊重。而别人对你的尊重也许会给你带来一个机会或给你创造一个新的未来。

## 三十、如何提升个人的专业能力

①写文章,多发表个人见解,增加个人思考的机会;②大量看书,自学,但一定要选好书;③多和高手交流,遇到不懂的多请教;④建立个人文件管理系统,不断整理自己的

文件;⑤参加系统学习,找到短板,快速学习;⑥大量实践。

## 三十一、谈话时的十大错误

①出现争辩时,把对方逼上绝路;②过于卖弄自己;③喋喋不休地发牢骚,诉说自己的不幸;④在朋友痛苦无助时,谈自己得意的事情;⑤用训斥的口吻去说别人;⑥随意触及隐私;⑦谈话时做一些不礼貌的动作;⑧只注重自己而冷落他人;⑨随便地打断别人的谈话;⑩谈对方不懂的问题。

## 三十二、管理者十大素质

①处事冷静,但不优柔寡断;②做事认真,但不求事事完美;③关注细节,但不拘泥于小节;④协商安排工作,少发号施令;⑤关爱下属,懂得惜才爱才;⑥对人宽容,甘于忍让;⑦严以律己,以行动服人;⑧为人正直,表里如一;⑨谦虚谨慎,善于学习;⑩不满足于现状,但不脱离现实。

## 三十三、在交际中令人讨厌的八种行为

①经常向人诉苦;②唠唠叨叨,只谈论鸡毛小事及一无是处的见解;③态度过分严肃,不苟言笑;④言语单调,喜怒不形于色,情绪呆滞;⑤缺乏投入感,悄然独立;⑥反应过敏,语气浮夸粗俗;⑦以自我为中心;⑧过分热衷于取得别人的好感。

## 三十四、守住这几样东西,切不能丢

①追求。没有目标,你就失去了精神的信仰、奔跑的方向。②尊严。它能支撑你的脊梁,让你挺起背活着。③自信。千钧压顶何须叹,披荆斩棘向前看。④坚韧。成败皆在毫厘之间,只要是你选择的,再苦再难都要挺住。⑤知识。千金易散尽,善学是财富,唯有知识能够创造一切。

## 三十五、商场打拼,你必须学会这些

①会聊天:保持信息渠道畅通。②会用人:一流人才的重用,二流人才的掌控,三流人才的利用。③会花钱:把有限的资金用在企业发展的关键环节。④会“说谎”:好事情,负面引导必成恐慌;坏事情,正面传播能成捷报,稳定是前提。⑤会学习。

## 三十六、管理:在“理”不在“管”

①管理者的主要职责就是建立一个像“轮流分粥,分者后取”那样合理的游戏规则。②管理平台的责任、权力、利益缺一不可:没责任,公司就产生腐败;没权力,执行就成废纸;没利益,积极性就下降。③只有把责、权、利的平台搭建好,员工才能八仙过海,各显其能。

## 三十七、精准营销三部曲

①客户认知:认识你的客户,通过数据跟踪及挖掘,进行用户的聚合。②客户获取及沟通:定向选择——选对人,创意优化——说对话。③转化:将已获取到的客户转化为消费者。

## 三十八、成功者必备七法

①善分享——别人好,自己才能好;②心态乐观——好心态易使人舒服;③人脉管理——人脉是财富,好人脉,贵人助;④激情——气场有多大,舞台就有多大;⑤计划——凡事预则立,不预则废;⑥高效——工欲善其事,必先利其器;⑦执行力——执行力即竞争力,没执行力即空谈。

## 三十九、如何向上级汇报工作

①简明扼要,直奔主题;②先说主要结论或问题;③说出自己得出结论的主要依据,或解决问题的主要思路;④提出自己所需要的资源支持。误区1:只说问题,等上级指示如何解决。误区2:只有主观观点,没有论据。

## 四十、阻挡竞争对手的十大方法

①独有的技术优势,不易复制;②永不停滞地创新;③规模;④坚持投资;⑤执行力;⑥品牌优势;⑦顾客参与度,形成用户社区;⑧带给用户自我表达的满足感;⑨丰富各个层面的品牌资产;⑩品牌忠诚度。

## 四十一、欲成大器者,谨记四律

①觉人之诈,不愤于言;②受人之侮,不动于色;③察人之过,不扬于他;④施人之惠,不记于心。

## 四十二、成功管理者需要积累的八大力量

想要接近成功,管理者必须积攒成功所需的力量:①明确目标的力量;②宽厚的力量;③燃烧创业激情的力量;④行动计划表的力量;⑤潜意识信念的力量;⑥信心的力量;⑦坚持的力量;⑧诚实的力量。

## 四十三、人脉交际八大心理定律

①首因效应:首次见面好印象。②诚信定律:真诚最重要。③赞美定律:善赞美能博得人心。④面子定律:会给人面子才善交际。⑤谎言定律:善意的谎言助交往。⑥忍

让定律:忍让创和谐。⑦异性效应:男女相互吸引。⑧互惠定律:让对方产生“负债感”。

## 四十四、八种方法建立用户忠诚度

①培养一个注重关系的销售理念;②明确自己的优势,成为客户专家;③帮助客户建立他们的业务;④将自己的服务转化成客户的业务结果;⑤认识到关系的价值大于任务指标的价值;⑥考虑长远关系,不要鼠目寸光;⑦实现自己的理想目标;⑧提供完备的售后服务。

## 四十五、影响进步的十五个坏习惯

①拖延成性;②表现成癖;③不愿倾听;④惰于改变;⑤自以为是;⑥取悦他人;⑦文过饰非;⑧斤斤计较;⑨不动脑子;⑩缺少准备;⑪尽是幻想;⑫害怕冲突;⑬容易沮丧;⑭随意倾诉;⑮缺少毅力。

## 四十六、工作安排小技巧

①对一星期所有的活动和应酬计划做出记录;②尽量用更多的时间去做详细的计划;③每天的第一件工作就是计划当天的工作,一天最重要的就是做好当天的计划;④你在工作的时候,请挂上“请勿打扰”的牌子;⑤能真正做到面面俱到的事情很少,思考和行动的20%有时可以决定你成败的80%。

## 四十七、营销建议

①定价要一步到位,否则步步倒退;②要敢想敢做,处处找平衡,反受制于人;③消费者只能记住你的一个卖点,突出所有点等于没特点;④扬长避短,提前准备应对的话术;⑤先集中精力做火一款产品,它会带动其他产品;⑥对媒体要诚恳,掩耳盗铃是自欺欺人。

## 四十八、提高领导力的七本书

人际关系的处理是职场人、创业者都要面临的重要问题,而要处理好人与人之间的关系,管理能力和领导力的培养是关键。建议阅读的书目有:①《卓有成效的管理者》;②《旁观者》;③《管理的实践》;④《基业长青》;⑤《从优秀到卓越》;⑥《世界是平的》;⑦《领导力》。

## 四十九、学会分清事情主次

常做重要事,紧急事就少;常做紧急事,紧急事就多。一个人把主要时间分配给“不重要不紧急”,属得过且过型;分配给“紧急不重要”,属随波逐流型;分配给“重要紧急”,

属勤奋工作型；分配给“重要不紧急”（如战略、健康、规划等），属智慧发展型。

## 五十、销售之道

①生客卖礼貌；②熟客卖热情；③急客卖时间；④慢客卖耐心；⑤有钱卖尊贵；⑥没钱卖实惠；⑦时髦卖时尚；⑧专业卖专业；⑨豪客卖仗义；⑩小气卖利益。

## 五十一、十一种行为

①奋斗，是一种乐趣；②追求，是一种动力；③助人，是一种储蓄；④吃亏，是一种积累；⑤谦和，是一种修养；⑥宽容，是一种境界；⑦忍让，是一招妙棋；⑧冷静，是一服良药；⑨嫉妒，是一支毒箭；⑩冲动，是一个魔鬼；⑪诚实，是一种美德。

## 五十二、增加自信的九个小技巧

①挑前面的位子坐；②练习正视别人；③把你走路的速度加快25%；④练习当众发言；⑤咧嘴大笑；⑥怯场时，不妨道出真情，即能平静下来；⑦对自己用肯定的语气，消除自卑感；⑧发现自己的薄弱环节并逐步提高；⑨培养兴趣，做自己能做、喜欢的事。

## 五十三、提升气场的方法

①挺胸抬头，注意步态、姿态；②闭上嘴；③告别小动作；④眼神放正；⑤管理表情；⑥不盲从；⑦不刻薄；⑧不过分在意别人的眼光。

## 五十四、将要被社会淘汰的八种人

①工作之余不学习的人；②对新生事物反应迟钝的人；③仅靠个人能力单打独斗的人；④心理脆弱、容易受伤害的人；⑤技能单一且没有特长的人；⑥计较眼前、目光短浅的人；⑦情商低下的人；⑧观念落后、知识陈旧的人。

## 五十五、培养自己的胆识

①不要常用缺乏自信的词句；②不要常常反悔，轻易推翻已经决定的事；③在众人争执不休时，不要没有主见；④整体氛围低落时，你要乐观、阳光；⑤做任何事情都要用心，因为有人在看着你；⑥事情不顺的时候，歇口气，重新寻找突破口，就算是要结束，也要结束得干净利落。

## 五十六、培养团队融洽关系的五种技巧

①赞美：理性的认可是有激励作用的一剂良药。②鼓励直接表达：助于培养成员的主见意识，增强自主能动性。③互相信任：推进团队前进的潜在动力。④批评对事不对

人:公私分明,在感性中将问题最小化、结果最优化。⑤重视问题:问题是向导,重视问题就是寻找答案的第一步。

## 五十七、建立人脉的十五个提示

①学会换位思考;②学会适应环境;③态度大方;④学会低调;⑤嘴要甜;⑥有礼貌;⑦言多必失;⑧学会感恩;⑨遵守时间;⑩信守诺言;⑪学会忍耐;⑫有一颗平常心;⑬学会赞扬别人;⑭待上以敬,待下以宽;⑮经常检讨自己。

## 五十八、职场强人需具备的十种能力

①勇于接受分外之事的能力;②考虑问题时的换位思考能力;③强于他人的总结能力;④简洁的文书编写能力;⑤信息资料收集能力;⑥解决问题的方案制订能力;⑦超强的自我安慰能力;⑧岗位变化的承受能力;⑨解决问题时的逆向思维能力;⑩积极寻求培训实践机会的能力。

## 五十九、熟知错误

错误有 3 种:一是因经验不足犯的错误,二是因能力不足犯的错误,三是因道德缺陷犯的错误。同样的错误,犯一次是经验问题,犯两次是能力问题;犯错误是为了损人利己,是道德问题。犯经验不足错误的人,要给他改正的机会;犯能力不足错误的人应马上调换工作;犯道德缺陷方面错误的人,应果断处理。

## 六十、各级团队的管理靠什么

10 人的团队,靠领导者的能力就够了;100 人的团队,必须依靠制度和管理体系;1000 人的团队,必须依靠一种文化和良性的价值观;10000 人的团队,只能依靠一种信仰。

## 六十一、如何节约时间

①大事有计划;②不长时间、无目的地阅读;③多利用等待的时间;④随时记录突发灵感;⑤紧急且重要的事情优先;⑥巧妙地工作而不仅仅是努力;⑦尽可能减少无结果的任务;⑧在早晨干有创造性的工作;⑨一次只专注一件事;⑩为事情设立最终期限;⑪尽可能多地授权给他人;⑫将小事集合起来一次解决。

## 六十二、成功者的五大素质

①有肚量去容忍那些不能改变的事;②有勇气去改变那些可能改变的事;③有能力去发现那些改变未来的事;④有智慧去分辨那些似是而非的事;⑤有恒心去完成那些看似无望的事。

## 六十三、与同事沟通的九大黄金技巧

①乐于助人；②坦诚相见；③赞美欣赏；④少争多让；⑤善于倾听；⑥容忍异己；⑦巧用语言；⑧理解宽容；⑨勤联络。

## 六十四、如何激发员工的积极性

①充分了解企业的员工；②聆听员工的心声；③管理方法经常创新；④德才兼备，量才使用；⑤淡化权力，强化权威；⑥允许员工犯错误；⑦引导员工合理竞争；⑧激发员工的潜能，给予物质与精神激励。

## 六十五、谈判桌上的高招

①举止自信，展示决心；②最初要求高一些，好有回旋余地；③明确目标不动摇；④各个击破，说服一个试图说服自己的人；⑤不顺利时中断谈判，调整节奏以赢得时间；⑥沉着，不泄露情感；⑦耐心；⑧找折中办法，缩小分歧；⑨随时把握契机；⑩非正式渠道先行试探；⑪出其不意。

## 六十六、管理的五个维度

什么是管理者？德鲁克说，管理者是“对影响自己业绩的所有人的业绩负责的人”。所以，管理一共有五个维度：①向下：管理下属。②向上：管理上司。③水平：管理平级。④向外：管理顾客、供应商等外部利益相关者。⑤向内：管理自己。

## 六十七、管理者需要知道的五件事

①会议越短越好，记住，你也得给静静坐着的员工发薪水；②无法培养下属对你的信任等于未战先败；③偶尔听听员工怎么评价你；④永远别对下属记仇；⑤培养团队“戴绳索跳舞”的能力，“绳索”就是规则，但注意“绳索”不能勒得太紧。

## 六十八、团队管理技巧，你能做到几个

①电话 24 小时开机；②当日事当日毕；③用最少的话把事说清；④承受高压；⑤相信方法总比问题多；⑥用数据说话；⑦要有多个信息源，事实才清晰；⑧带动情绪，鼓舞团队士气；⑨不要大惊小怪；⑩不犯同样的错误；⑪职场当战场，上级是司令。

# 第二节　创业企业管理的名人经典语句

## 一、洛克菲勒创造财富六大支柱

①靠自己:别人的脚没法替你走路。②靠用户:用户是我们创造财富的基础。③靠情商:自作聪明的是傻瓜,懂得装傻的才聪明。④靠诚实:可以骗敌人,但绝不能骗自己。⑤靠远见:迈出第一步时,必须想好第二步。⑥靠心态:财务破产并不可怕,可怕的是精神破产。

## 二、乔·吉拉德的销售箴言

①成交之前一切为零;②想有更多的人脉,就把75%的时间用在不认识的人身上;③关系先行,销售在后,没有关系,就没有销售;④潜在客户的任何问题都应被视为购买信号;⑤客户投诉是强化关系的良机,要善于用辩证式的思维思考问题;⑥一流服务创造长期销售机会。

## 三、杰克·韦尔奇的管理理念

①换人不含糊,用人不皱眉;②剔除没有激情的人;③将企业文化包括自信灌输给公司的每个人;④管理越少,公司越好;⑤让每个人都参加到公司事务中来;⑥旧组织建立在控制之上,新组织必须添加自由成分;⑦消除管理中的警察角色;⑧绝不妥协地向官僚主义开战。

## 四、M.斯科特·派克:《少有人走的路》

承担责任,即应该勇敢地说出“这是我的问题,由我来解决”。敢于面对问题,直面问题,承担问题带来的痛苦,也承担“承担责任”带来的痛苦。

## 五、明茨伯格:管理者必备五种观念

①自我管理:反思的观念。事物只有经过消化、反思,才能转变为经验。②组织管理:分析的观念。让组织更有条理。③情景管理:练达的观念。多了解外部世界,才能人情练达。④关系管理:合作的观念。不是在管人,而是管理关系。⑤变化管理:行动的观念。企业的发展是在不断的变化过程中,适时改变企业的管理,从而让企业赢在未来。

## 六、李嘉诚:成功者要做到五个一

①跟定一位智慧领导,解决路线问题;②培养一批能干下属,解决业绩问题;③选择

一群领先合作伙伴,解决持续发展问题;④教育一个懂事家属,确保后方不出问题;⑤制定一个目标,解决思想定位问题。

## 七、麦肯锡解决问题的七个步骤

①界定问题(陈述问题);②分解问题(问题树);③优先排序(用漏斗法去掉所有非关键问题);④议题分析(制订详细的工作计划);⑤关键分析;⑥综合建议(综合调查结果,并建构论证);⑦交流沟通(将数据与论证联系起来,讲述来龙去脉)。

## 八、稻盛和夫:人真正的能力是什么

人真正的能力,应该包括抑制欲望的能力、全力投入工作的克己心在内。不管你有多大的能力,但如果不能战胜自己贪图安逸之心,不肯努力奋斗,不能发挥天赋之才,就是缺乏发挥自己能力的能力。

## 九、乔布斯十大管理戒律

①追求完美;②器重专家;③敢于管理;④规避冲突;⑤不断研究学习;⑥极简主义;⑦守住你的秘密;⑧保持小的团队;⑨多奖励少惩罚;⑩极端的原型概念。

## 十、洛伯定理

美国管理学家洛伯:对于一个经理人来说,最要紧的不是你在场时的情况,而是你不在场时发生了什么。如果只想让下属听你的,那么当你不在身边时他们就不知道应该听谁的。

# 第四章　大学生创业案例

## 第一节　互联网类

### 一、龙岩××××网络科技有限公司

所属行业：电子商务

担任职位：创始人

姓名：黄××

毕业院校、时间：××学院、2019 年 6 月

毕业专业：英语

（一）个人简历

龙岩××××网络科技有限公司创始人

海峡两岸优秀女大学生创业者

龙岩市科技专员

（二）企业简介

一般项目：软件开发、技术服务、技术开发、技术咨询、技术交流、技术转让、技术推广；信息系统集成服务；互联网销售（除销售需要许可的商品）；化妆品零售、化妆品批发；个人卫生用品销售；厨具卫具及日用杂品零售、厨具卫具及日用杂品批发；珠宝首饰零售、珠宝首饰批发；工艺美术品及收藏品零售（象牙及其制品除外）、工艺美术品及收藏品批发（象牙及其制品除外）；日用品销售；国内贸易代理；销售代理（除依法须经批准的项目外，凭营业执照依法自主开展经营活动）。许可项目：食品经营（销售预包装食品）；食品经营（销售散装食品）；保健食品销售；酒类经营；技术进出口；货物进出口（依法须经批准的项目，经相关部门批准后方可开展经营活动，具体经营项目以相关部门批准文件或许可证件为准）。

（三）创业经历

我是龙岩××××网络科技有限公司创始人黄××，毕业于××学院 2019 届英语

专业。因为所学专业，再加上对美妆和护肤品比较感兴趣，所以我就想能不能结合自己的专业去做一件事。分析之后，我发现目前我们使用的化妆品几乎都是国外的，所以就结合自己的专业优势选定了做跨境进口的美妆，帮助大家选出更优质的进口护肤品。以此为切入点，我们又拓展了很多品类，公司发展也进入了一个新的台阶。同时，随着公司的不断发展，公司获得了龙岩创新创业大赛三等奖、创业龙岩二等奖、福建省大中专毕业生创业优秀资助项目、海峡两岸女大学生创新创业大赛铜奖、中国创翼创业创新大赛龙岩赛区三等奖等多项荣誉。

（四）感悟与寄语

一个成功的创业者必须有非常清晰的使命感和远景目标。一个没有方向的创业者是没有办法成功的，所以使命和目标是成功的第一步。创业者必须回答，我从哪里来，现在在哪里，将要去哪里，也就是说，应有一个清晰的企业发展和成长的蓝图，同时要有能力制定实现目标的战略。面对激烈的市场竞争，创业者需要有非凡的决策能力，因为光把事情做好或把企业管理好是远远不够的，成功的关键是做正确的事情，也就是必须做正确的决策。外面的诱惑很多，机会也很多，创业者一不小心就可能掉入盲目决策的陷阱，因此必须具备应对变革的能力。创业者可以在激烈的市场竞争环境下，突破自己固有的思维局限，挑战自己以往的成功模式和战略手段，便体现出创业者具备了一定的心理素质和魄力。创业者只有不断否定自己，突破自己，战胜自己，才有机会成为未来的佼佼者。

创业者要特别重视自己的思想道德修养。这里所说的思想道德修养，是指创业者对待广大客户的态度以及对待社会的态度。中国当前已进入了买方经济时代，作为卖方的商家必须以优质的产品、真诚的服务来赢得顾客的信赖。只有那些能为顾客带来更多便利、创造更多价值的商家，才能在商场上立于不败之地。创业者在创办商业机构的选择上，在公司的运作经营上，不要将心思全部用在如何赚钱上，而应思考自己所创的事业是否给众多的人带来了更多的幸福。因为创业者辛勤创业，并非只是为了金钱，还是为了实现人生的价值。

作为当代大学生，尽管我们有知识、有激情、有梦想、有冲劲，但是由于我们缺乏社会实践，没有经过市场的风雨考验，缺乏管理团队的经历，因此我们创业比起职场过来人有着更多的风险，甚至有些盲目。这就要求我们必须努力吸取成功创业者的经验，努力提高自身的创业能力与素质，更要注重创新。只有不断完善自己，我们才能在创新创业的路上走得更远，给社会带来更多的财富。

希望大家能找到自己的热爱并坚持下去。空间有形，梦想无限，相信自己。

## 二、福建省×××网络科技有限公司

所属行业：节能环保

担任职位:总经理

姓名:宋××

毕业院校、时间:宁德××学院、2019 年 6 月

毕业专业:汉语言文学(文化创意与新媒体方向)

(一)个人简历

福建省×××网络科技有限公司创始人

宁德××城市环境服务有限责任公司总经理

宁德××学院创新创业导师(2021—2023)

宁德市××区大学生就业创业协会　秘书长

宁德市××区××街道商会　副秘书长

宁德市第×批"天湖人才"

2019 年曾担任驻瓦努阿图共和国××学校××教师

2021 年福建省×××毕业生创业省级资助二等奖

2021 年福建省×××毕业生创业市级资助二等奖

(二)企业简介

福建省×××网络科技有限公司,是宁德××学院 2019 届毕业生宋××的创业项目,主要于校内创业园做垃圾分类。公司于 2017 年 12 月成立于宁德××学院内,2018 年垃圾分类项目成功在宁德××学院马克思主义学院试点运行。这是一家以大数据、网络信息开发、物联网技术服务为技术核心,服务于节能环保行业的公司。

2021 年在宁德市创建全国文明城市攻坚期间,公司在城市管理局及各街道、乡镇的指挥下,用 45 天的时间完成了 200 多座垃圾分类屋亭的建设与运营工作。2021 年下半年,公司承建宁德市大件垃圾处理厂设备,深深扎根于环保行业,不断延伸与完善公司的服务内容。在宁德市垃圾分类运营服务上,公司通过全覆盖式督导管理,科学培训,采用垃圾袋张贴溯源二维码的形式,将互联网+垃圾分类的理念贯穿于日常的垃圾抽检工作当中。

公司创立以来,始终秉承着"美丽城乡,造福人类"的创业理念,为政府分忧、为群众服务的宗旨。

(三)创业经历

2016 年作为公费交流生前往××学习,看着整洁的道路、有序的垃圾分类清运,当时我就产生了从事垃圾分类事业的想法。环境的容量是有限的,不可能承受垃圾的无休止排入;为了维持城市的可持续发展,我们应尽可能充分地将垃圾资源化利用,使更多的垃圾作为"二次资源"进入新的产品生产循环,从而减少最终需要排放到自然环境中的生活垃圾。我觉得这是我该做的,也是我喜欢做的事。2017 年,我注册成立了福建

省×××网络科技有限公司，在校期间曾组建志愿团体，一直参与社区的基层治理、环保、环卫等工作，多次获得校内一等奖学金。就这样我慢慢成长起来，就像一棵树的种子得到了阳光和雨露要破土而出的感觉。每一个垃圾都有自己不同的生命曲线，但是每个垃圾都应该被认真地分拣分类，让其物尽其用，达到节约使用资源的目的。

公司于2019年收入5万余元，这是我创业的第一单，承接了母校宁德××学院的马克思主义学院的垃圾分类运营服务项目。这让我看到了公司发展的希望与道路，让我有了坚持下去的动力。分类处理的根本思想在于减量，在于资源的循环利用，因此前端垃圾分类要始终贯彻这一理念，这涉及居民生活习惯改变、政府多部门合作等，影响面较广。垃圾分类运营服务的试点在城市，而街道、小区是城市的试点。为了寻找适宜方案，公司于2019年12月在宁德市3个小区——××新村、××家园、××家园展开试点工作，并获得了相应的经验。为充分调动居民垃圾分类的积极性，让更多的居民参与到分类工作中来，公司创新性地开发了“水滴分”垃圾分类大数据小程序，由公司配套的垃圾分类督导员收集上传每户居民的垃圾分类投放情况，经后台大数据建模及数据统计分析后，形成文明信用排行榜，用于评价居民每月的垃圾分类行为。

2020年，随着国家节能减排等环保新政策的颁布、实施，公司有了发展机遇，抓住了机遇并迎难而上。在宁德市创文明城市期间，公司完成了200多座垃圾分类屋亭的建设与运营落地工作，尤其是在运营管理上，我们精准进行前端溯源，形成的大数据平台可以清晰地看到每家每户的垃圾分类情况，让居民的垃圾分类意识从“要我分”转变为“我要分”。公司确立了项目预期的总体目标和阶段目标，包括：①科学采购设施，科学设计宣传物料；②智慧垃圾房＋小绿桶物业管理升级；③小区垃圾投入为前端，垃圾分类收费“随袋征收”。

2021年公司继续致力于节能环保行业，与福州××集团展开合作，借力高端品牌、高端智能化水平，打造和提升公司的核心竞争优势。我们合作的××集团曾被中国环境报社评为全国环保优秀品牌企业，厦门××市政建设运营中心属厦门××城建集团全资子公司，福建××××是清华大学互联网产业研究院在福建省唯一的产学研合作企业。公司同以上3家企业有长期的战略合作伙伴关系。公司与福州××公司于2021年合作承接××街道垃圾分类运营服务项目，并于年底完成了该项运营服务项目。该项目的成功运营让团队得到了锻炼并积累了丰富的经验。2021年承建××市大件垃圾处理项目，让公司的业务范围得到了延伸，我对节能环保行业也有了更深的认识。

2022年，公司完善了垃圾分类建设运营服务大数据，立足于本地垃圾分类服务，建立了准确的数据以供决策；帮助环卫运输系统实现精准定位，节约了人力物力，让垃圾分类科学化。

（四）感悟与寄语

“为什么创业？想得到什么？”看到自己手中的成果，我得到了答案。人的一生是奋斗的一生，但是有的人一生过得很伟大，有的人一生过得很琐碎。我们如果有一个伟大的理想，有一颗善良的心，就一定能把很多琐碎的日子堆砌起来，变成一个伟大的生命。

## 三、龙岩市×××科技有限公司

所属行业：电子商务

担任职位：创始人

姓名：罗××

毕业院校、时间：××学院、2020 年 6 月

毕业专业：电子信息工程

### （一）个人简历

龙岩市×××科技有限公司创始人

龙岩市××贸易有限公司创始人

2018 年"挑战杯·创青春"福建省×××创业大赛第×届"挑战杯"铜奖

2019 年龙岩市推动××企业发展创新创业比赛一等奖

2021 年获得福建省×××毕业生创业省级资助优胜奖

### （二）企业简介

龙岩市×××科技有限公司，是由××学院 2020 届毕业生罗××于 2019 年 8 月在校期间创立的企业。2019 年 10 月，它正式落地于龙岩市新罗区，是一家构建 3C 电子品类生态圈的电商公司，目前致力于打造以新型 F2C 模式＋创新技术及智能硬件技术为核心的消费电子品牌。

截至 2022 年 4 月，公司已在龙岩、厦门、深圳设有分部，公司正式成员已有 15 人，均为大中专及本科以上学历。

目前公司主营平台：欧美 Amazon（亚马逊），东南亚 Shopee（虾皮）、Lazada（来赞达），国内淘宝、拼多多。创新是第一生产力，目前公司共获得国际、国内商标 6 项、专利 10 余项、原创版权 20 余项。

2020 年，公司实现日销百单的突破。2021 年双十一当月，公司首次实现月销 3 万单的成绩！随着团队的不断努力，公司业绩不断突破新高，也越来越走向稳定化、成熟化的发展。

### （三）创业经历

创业过程中感觉时间过得非常快，经常感到时间不够用。转眼间已经毕业两年，但仍清晰记得 2016 年夏天父亲帮我提着大包小包送我到××学院读书的样子：我们提着各种从家里带来的生活用品，一路从校门走到宿舍，从父亲的脸上看不出夏日的炎热，只有因自己孩子进入大学校园而显露出的喜悦和骄傲。把我安顿好后，快到饭点了，但

父亲连午饭也没来得及吃就匆匆赶下一趟车回长汀干活了。我知道父亲何尝不想好好看看我的校园，何尝不想好好品尝一下校园餐厅的饭菜。于是，从大学报道那天开始，我就立志要让自己变得更加优秀，改变从此开始！

我开始的想法很简单，先定个小目标：第二个月开始不从家里拿生活费。于是我开始在各大龙岩兼职群接单，发传单、酒店端菜、婚礼现场布置、商场扮玩偶等，当时一个月开销900～1000元，一个月周末做8次兼职就可以完成目标。我把自己的大一生活规划得非常充实：加入校学生会外联部锻炼、提高自己，参加各种校园活动，广交朋友，这也为我接下来创业做项目奠定了基础。在时间上我规划周一到周五在学校完成学业和参加学校部门组织的活动，周末去校外兼职，赚生活费。虽然我到处兼职，到处参加校园活动，但是我大学期间的成绩始终没落下：大一综合绩点排名班级第二，大二综合绩点排名班级第三；大一拿一等奖学金，大二拿二等奖学金。别人问为什么我能做这么多事，我觉得我只是把别人在宿舍玩游戏和周末睡觉的时间用起来了而已。

到了大二，已在校外兼职了一年的我，很多想法开始变得成熟，我开始更多地花时间去思考了。我意识到一个问题：如果单纯以劳动力去赚钱，似乎不是长久之计，应该思考下自己的未来。这时学生会社团刚好换届，需要订团服，而且大家抱怨之前的团服质量不好。我受到启发——是不是可以去找服装厂加工，然后卖给学生会社团呢？我分析了我的优势：第一，我是学校学生，支持面对面交易，放心可靠；第二，可由认识的设计专业学生来提供设计服务；第三，通过大一的社会经验我知道交易城有大型服装厂，可提供拿样服务。此外，通过在外联部积累的经验，我知道学生会社团需要办活动，办活动需要现金奖励和奖品奖励。于是我新增两个优势服务：第一，通过提前进货购买尤克里里，99元一把，市场标价599元一把，打出宣传口号，即找我订衣服的学生会可赞助3～5把单价599元的尤克里里。第二，找我订衣服的提供现金赞助500元。于是通过三大个人优势＋两大优势服务的宣传，客户主动找我谈合作，谈单也非常顺利，都是先付60％的定金，到货付清尾款，所以我基本上不用自己出任何成本。于是大二那年全校12个学生会，我拿下8个院系学生会的订单和3个校级组织订单，每个订单在100～200件，每件单价在45～60元，成本在15元以内。我由此积累了创业前期第一桶金，这次经验让我深刻体会到了“贸易”两个字的含义。

校园贸易做了两年，到了大三下学期我意识到这也不是长久之计：团服贸易毕业后脱离学校就无法继续做了，于是我开始思考如何做可以长期持续的项目。通过身边积累的朋友关系，我了解到学校有一群人在做电商，经过一段时间接触后，我果断开始向他们学习电商经营，做无货源模式的家具售卖：客户下单后把订单安排给工厂，跟工厂月结，不用垫付货款。2018—2019年，是电商红利的最后时刻，我有幸喝了点汤。在自己单独做了半年后，模式跑通了，流程熟悉了，有稳定盈利了，我开始思考，如何才能扩大规模？这个时候人多力量大在我脑海里出现，我觉得要把项目做大做强一定要有团队，于是我开始招合伙人。为了让项目正规化，2019 年 8 月我注册了公司，用了两个月时间招募了两个团队成员××、××。当时大家还是在校，但是都要毕业了，所以是以实习状态做项目。2019 年 11 月，我们一个月就能做 15 万～20 万元的营业额了，团队当时热情很高。后来分析原因是，第一，这个项目是创始人我已经让项目正常运转盈利才开始带团队创业的；第二刚好碰上市场旺季，有带动效果；第三，团队成员招募得好，大家都很拼，学习能力也很强。在短期内大家见到效果后，××、××就开始叫上身边的同学一起来做，这个时候招人就是口碑相传的事了。

2020—2021 年我主要做了两件事。第一件事：人才培养，人才进阶。基于两点，第一点，因为我知道企业的发展离不开靠谱且优秀的人才，企业刚开始无法招聘带有很强技术的人，只有一条路就是内部培养；第二点，只有当人才觉得公司在培养他，他才能更加相信公司，才能和公司走得更加长远，所以我把××送去泉州进行电商进阶线下培训。第二件事：切入跨境电商赛道，开始了解 3C 消费类电子产品。原因是我觉得家具这个业务线目前已经稳定，但是家具这个行业属于重制造业，较为传统，基于我们目前的实力无法实现高增长空间，品牌塑造难度系数过高，发展非常需要依托完善的产业带，于是我把国内家具业务完全交给××、××负责，自己则来寻找具备高增长、能创新、品牌化的赛道。在深圳调研期间，我认识了在深圳开电子厂的长汀老乡，看到他们厂里一货车一货车地出货，那时我觉得这才是生意，也是第一次觉得货还能这么出。以前我都是一小包一个客户地发，别人是一个客户定一个柜地发，客户的单价都在百万级以上。这个时候的我已经知道自己下一步的方向了，通过了解、分析得出结论，第一，有老乡供应链的优势；第二，产品具有技术含量，可创新，有空间；第三，市场体量大。当时毫不犹豫地回来龙岩，我通过老乡的资源直接在龙岩组建部门，在东南亚 Shopee、美国 Amazon 开始销售 3C 电子产品。那时候我每天都对着样品进行研究，了解性能、功能等，从早上 9 点到晚上 11 点都在研究跨境电商业务发展。就这样持续到 2021 年 5 月，单量从 0 开始到每天稳定 500 单。目前我们已经在菲律宾、日本、美国自主贴牌且已构建本土海外仓，提高了客户的体验度。目前公司已实现每天订单千单，团队也从 1 人发展到 15 人的规模。

创业路上我总是在不断寻找属于自己的那条路，依然坚信唯一不变的就是变化。我们一路走来，创业满 3 年，第一年稳团队、求生存；第二年谋发展、寻突破；第三年更聚焦、求创新！

能一路走到今天，我非常幸运。母校××学院对我们创业团队的大力支持与鼓励为我们减轻了压力，提供了创业帮助，包括场地免租金、免水电、各种知识培训等，还有政府组织的各类创业比赛项目和扶持都是可以让我们中小企业轻装上阵、降低成本风险。我们将不忘初心、砥砺前行，立志做一个能创造社会价值的企业！

（四）感悟与寄语

创业永远都是第一天，永远保持第一天的激情与初心！先学会做一个有责任感、懂得感恩的人，让责任、感恩、回馈成为你创业强大的精神动力！

## 四、龙岩市××信息科技有限公司

所属行业：软件开发

担任职位：执行总裁

姓名：张××

毕业院校、时间：××职业技术学院、2017 年

毕业专业：艺术设计

### （一）个人简历

龙岩市××信息科技有限公司创始人

### （二）企业简介

龙岩市××信息科技有限公司由创始人张××、周××在 2016 年开始建立合作的创业项目，于 2016 年 9 月落地于红色革命老区福建省龙岩市，是一个专门致力于企业品牌宣传、文化传播、电商宣传的互联网科技公司。公司主营业务为业务软件开发、app 开发、微信小程序开发、网站建设、自研发软件销售、平面设计、广告设计、淘宝装修、企业形象设计、网页设计、云服务器、虚拟主机租赁、域名注册、搜索引擎优化（search engine optimization，SEO）等业务。××科技创立以来秉承着脚踏实地的创业精神已获得一系列荣誉，且拥有 17 项软件著作权。

注册地址：龙岩市新罗区东肖镇奇迈××××××××××

注册资本：壹佰伍拾万元整

法定代表人：张××

成立时间：2016 年 9 月 29 日

企业宗旨：是以互联网技术和文化创意技术为依托，帮助企业、电商客户对其品牌、产品进行宣传，树立企业形象，促进企业的健康发展，给企业带来盈利！

### （三）创业经历

春天一来，温暖潮湿的春风一吹，总觉得今年会发生点什么。春去冬来，日复一日，年复一年，二十多年过去了，到头来什么也没有发生。今天，2016 年 8 月 19 日星期五，虽然春天早已逝去，立秋已过，但是在这温度还停留在夏天的秋天发生点事也不算太晚吧！今年秋天，“××”发芽了，同年 9 月 29 日，“××”在龙岩生根了。

2016 年 8 月，同是舍友的我们想法一致，在老师的帮助下入驻了东肖奇迈××创业园，十几个平方米的办公场地，没有前台，没有招待室，我们靠着之前各自创业攒下的钱凑了两万元，买了电脑、桌子、用于通勤的摩托车，9 月又找财务咨询公司注册了公司，自此××科技的创业之路开始了。

2017年,我们赶上了好时候,国家鼓励"大众创业,万众创新"。我们参加了教育厅创新创业资助项目,奖金颇丰。我们拉了同是同学的有志青年陈××入伙,他是个设计功底很好的小伙子,这一年我们慢慢认识并接触了很多客户,公司也慢慢有了起色,并与国内知名云服务商××数码建立了长期的业务合作伙伴关系,为其××级分销商,开始了云服务器、虚拟主机、域名注册的分销业务经营。

2018年,我们招了几个新的技术员进来,谢××、陈××都是我们新进来的技术骨干,他们兢兢业业,很有干劲。这一年我们与厦门××××网络科技股份有限公司建立了合作关系,购买了其××××服务商的服务套餐,通过众包平台大量接收业务和认识新的客户,一品威客的专业金牌秘书给我们推送了大量业务,公司的盈利能力有了长足的提升。

2019年,我们开始组织技术进行自研发软件,先后研发了微信小程序广告主流量推广变现系统、微信公众号管理系统、O2O商城系统等,并成功销售了多套,累积了大量的客户。同时,我们也招募了多位小伙伴,团队更加专业。同年我们与×××建立了战略合作伙伴关系,以低成本引进了CDN及云存储相关的业务。

2020年,我们开始组织申请省级高新技术企业及国家级高新技术企业、软件企业,并且陆续申请了多个软著,同年6月成功通过了省级高新技术企业、软件企业的评定。公司有了多项资质作为基础,盈利能力也相对往年有了长足进步。

2021年,受到疫情的大环境影响,我们不得不在年初进行歇业,员工在家网上办公,但是我们也考虑了员工的困难,疫情防控期间全额发放工资及按时缴纳医社保,保障了员工的正常生活不受疫情影响,履行了企业应尽的义务,承担了相应的社会责任。同年4月份复工后,采取了积极的疫情防控措施,对部分来自湖北的员工进行了关照,还大力拓展业务,维护新老客户关系,避免公司因疫情的影响而经营困难。2021年12月,我们成功申请成为××级高新技术企业。

"××"名称的由来很简单:"从起点开始,力求极致;极致之作,始于起点",把一件简单的事做到极致就是我们的目标和宗旨。现在,我们想搭乘互联网的快帆,尽我们所能,长风破浪,驶向极致,为龙岩的发展尽一份力!

作为一个年轻的团队,也许有人会说我们缺乏经验、资源、人脉,但我们无所畏惧,年轻人不趁着青春拼一把,我们都不知道自己有多可怕!我们会利用我们所学的专业知识坚持不懈地前进,开拓出一条潜力无限又与众不同的路!

我们的理念,"××设计"——成于匠心,在第一面就看得出心思和用意;"××服务"——将心比心,专业态度+做法,收获自我认同与他人尊重;"××执行"——做到承诺的,限定时间和费用下的最佳执行效果。

### (四)感悟与寄语

创业是一个真正的事业开始,因为事业是想法与资源的结合。一个人活着,不能没有想法。有人只想使用自己的体力作为资源，将头脑闲置起来；有人只想当一个执行者，去考取公务员，或者做一个企业与机构的基层人员；还有一些人连想都不想，随遇而安。这些都不是真正的有事业心之人，因为他们几乎没有开发和使用自己的头脑。也有一些梦想一天就暴富的人，他们想只用一个点子就赚到很多钱，或者整天想入非非，或者投机取巧，而不是将头脑放在做有意义的事上面。取财无道，一生难安。

想法有大小，事业有多寡。想法是一个人智慧的体现，想法有多大，事业就会有多大。尽管很多人都梦想去追求大的事业，但是人们之间的差异是客观存在的，不可以因为别人有了大的事业而自己没有就看低了自己；人们的想法是学而知之的结果，胆量和能力也是积累而成的，开始想做大，而没有机会和基础，可能适得其反，人们需要从小事做起，看未来，着手现在，这样做既可以实现，也不会太有压力和痛苦，还能谋求足够高远的目标。

想法有正恶，事业有直曲。善有善报之说，是想法为善而行为为善，因而终究会获得正果。这个世界有大把的难题需要有人去解决，无论身在何处都能够看到人们面临着很多困难，那些能够将世界的困难揽于一身，自知之重大者为善者。置社会困难与己无关，不愿意设身处地为他人着想，不愿意发现别人的难处，而头脑闲置即为不善。乘人之危，不思社会责任者，即为恶者。追求事业的正果，即为享誉与求名，克俭克欲，为的是身后之名。不善无名，恶者恶名，善者善名，起点由恶思而来，终善其身，虽有曲折，但内心坦然；先恶而善虽然一时轰动，但一生赎罪。

想法有实虚，事业有长短。思之实，即可行动，因而多数人会以实思之，然思虚仍然有意义。梦想是虚幻，也是追求，今天的梦想，可能就是明天的现实。太过抽象、太过陈旧、太过功利、太过愤然，都不利于事业。想法有新意，才可改变世界，新多为虚，但多为长远。上品的想法是，具有新意，能解决眼前问题，且有未来之前途。

创业者都应先谋而后动，谋者并非仅仅谋取资源，更多的是谋取想法。无思之人，不可以创业，大学毕业生尤为甚之。大学生之所以以谋而取道，是因为其专门学习知识，并无其他优势。比如体力，不如力工；比如人脉，不如做了几年的推销员或者社会游民；比如资金，不如子承父业者。很多大学生以此为依据将自己定为无道之人，然后也无以立事业，竟然忘记自己应该有知识在身，并且如果再有灵活运用知识的欲望与方法，就可以不必妄自菲薄，而能做世界最为需要、自己最为优势之事。

谋之结构可决定成败，只谋而无资源为空谋。空谋者虽有进步，然亦会成为害人害己之祸端，日日思，却不见行动，原因是没有资源。只谋资源，经常是无可靠之源，谋取的资源何以白白使用？无非是你会给它带来巨额回报，这个回报哪里来的？应该是从想法中来。谋取资源多以空谋开始，因你有想法而资源到来，同时，也需要你有谋取资源的想法，两者结合得好，则事业顺利，否则经常会半途而废。

事业之长久往往与利义倾向攸关。只谋而无义，取短利而生久害，此谋为恶谋；只义而无利，则谋者无存，谋也失去意义。事业以义取之，但不能没有利。利者在自愿选择环境之中，即为义，然若过度劝说、代替选择，甚至欺瞒、设套、不守承诺，只为利字当头，其谋为害。

事业以持，不可以中断。朝三暮四者难成事业，左右逢源者也难成事，唯精专者可留其名，名者展其势，再立其业。此乃大学生最为弱项，持之不足而舍本求末，终无事业。

## 五、厦门××网络科技有限公司

所属行业：人力资源服务业/互联网技术应用

担任职位：CEO

姓名：刘××

毕业院校、时间：××学院、2005 年 6 月

毕业专业：思想政治教育

### （一）个人简历

2005—2013 年企业就职，分别为地产、汽车制造、游戏、图文、环保等行业的人事专员（human resource，HR）、人力资源业务合作伙伴（human resource business parter，HRBP）、人力资源经理（human resource manager，HRM）、人力资源总监（human resource director，HRD）、副总裁（vice president，VP）等职位

2013—2017 年创立福州市××人力资源管理咨询有限公司（猎头），任职总经理

2017—2019 年孵化厦门××网络科技有限公司（互联网，人力资源），于 2019 年年底，正式启动××平台至今，任 CEO

### （二）企业简介

厦门××网络科技有限公司（简称××），位于厦门，由众多人力资源产业专家联合打造，是一个专注于 HR 价值成长，以“让 HR 更有价值，重塑职场生态”为初心和使命的创新型生态平台。××应用新技术、新媒体等，将人力资源与科技深度融合，其独有的“一肩担两头”模式，建立起人才端与需求端的桥梁，做企业招聘的助推器，助力企业快速、精准、更省钱地做好招聘，助力人才高质量就业。××平台必将助力行业新增长，重塑职场新生态。

**1. 核心优势——构建人力资源生态服务系统**

（1）构建小程序、自媒体服务矩阵等承载实用工具、专业系统课程，助力核心招聘业务。

（2）应用大数据、智能算法、区块链等技术搭建平台系统，建立××HR 和人才信息数据平台：以 HR 为枢纽，开展发现人才、吸引人才、引进人才、服务人才的一站式线上线下服务；利用平台大数据分析优势，通过平台 HR 向人才精准推介用人企业的人才引

进战略，让用人企业更加了解人才等。

(3)助力人才盘点与对标：通过平台，快速进行人才盘点与对标，为企业和人才合作提供前期战略咨询服务。

(4)提供人才背景调查服务，借助 HR 背书的力量，提供目标候选人全方位的尽职调查与技能评价服务。

**2. 核心业务**

××专注于提供企业人才招聘解决方案。作为职场专家，我们深刻洞察职场需求变迁，为企业量身定制招聘服务(猎头、代招聘、顺手推、劳务派遣)，企业可灵活选择，精准、高效、低成本地解决企业的招聘问题。同时，××携手众多权威机构及专家导师研发招聘技能培训课程，助力企业招聘人员实现技能转换及进阶，匹配企业发展各阶段所需的技能人才，持续提升雇主品牌。

**3. 高级人才寻访(猎头)**

(1)业务说明：××帮助企业或组织通过人才引入实现战略目标或职能的建立与提升。我们通过多年 HR 生涯的发展和研究，努力体现并提高这一价值。我们所做的不仅仅是针对某个职位开展人才寻访、推荐工作，而是根据客户不同的实际需求，进行一站式高端招聘整体解决方案、顾问咨询、人才测评等人力资源管理与开发的全面解决方案。我们以实现客户价值为导向，不断构建和发展专业能力，解决企业在人才开发与储备战略中所遇到的瓶颈难题。

①高管、专业技术人才的招募：××根据客户的实际情况和需求，猎聘经营管理、市场营销、互联网产品研发、技术、大数据专家、地产开发、财务金融、人事行政等各方面最契合的人才。

②接班人的团队组建：企业领导人换届期间，是人事敏感阶段，××将整合专业资源帮助企业组建接班人团队，使企业顺利经过过渡期，驶入新阶段的发展轨道。

③分支机构、新事业部的领导人招募：企业开办分支机构或成立新事业部，××为企业客户招募到零操盘经验的人才，并提供组织架构、成员招聘步骤的合理设置等方案。

④合伙人的寻访：××能够寻访与企业客户既有人员互补的又诚信可靠的合伙人，并提供合伙经营的股份、期权和职能分配的解决方案。

⑤辅助中端职位的招聘：××在提供高端人才的猎头服务过程中，也会积累众多优秀的、具有发展潜力的中端人才，能够更大范围地配合企业客户 HR 的招聘工作，且服务质量仍遵守猎头标准。

(2)服务领域：

①大数据、信息传输、计算机服务和软件业、科技、游戏、互联网 O2O、电子商务平台。

②贸易(批发和零售)、体育。

③制造业、地产、金融、文化、医药、教育、服务业(含酒店、旅游及零售业)。

④金融、文化、医药、教育。

(3)服务优势:

①专业的全方位团队:××有经验丰富的专业猎头顾问、中高级管理者、人力资源和心理学专家团队,在服务过程中,能根据企业特定的发展与经营战略,结合其管理理念及岗位需求,为其选择和推荐合适的精英人才。

②庞大的中高端人才储备:××立足厦门,面向全国,已建立起庞大的高端人力资源信息储存库,人才引进渠道畅通而发达,除在本地各行业中拥有广泛的人脉关系外,还先后同北上广深国内各地的人才服务机构建立了密切的伙伴合作关系,及时掌握国内外高端人才需求的前沿信息,解决省内外企业的用人需求,为客户提供精准、高效、优质的人才猎头服务。

③数字化服务能力:自建数字化人力资源服务平台——××顺手推,建立了庞大的人才信息渠道,储备了大量的中高端人才数据库,为快速反应、精准猎寻提供了强大的支持和重要的保障。

××拥有优秀而全方位的猎头团队,庞大的中高端人才数据库,专业的调查手段,严谨的评估体系,积极主动的服务方式,良好的组织管理体系(互联网思维)的运作,优质的服务,为品牌提供信誉保障,建立以人为本、客户至上的服务宗旨,为企业和人才提供诚信、专业、高效的人力资源服务。

**4. 劳务派遣**

(1)业务说明:作为一种新型而较为灵活的劳动用工形式,劳务派遣所具有的优势是显而易见的。

①降低企业的生产、人事招聘、劳动关系管理、培训等成本,大幅降低常规性人力资源管理费用的支出,有利于提高企业的经济效益和管理效率,使企业真正实现"用人不管人,增效不增支"的最大人力资源管理效益。

②企业用工制度更加灵活,可以根据生产需要随时增加或减少用工。

③规避劳动纠纷,维护企业信誉。

④有利于企业聘用贤人,选择使用过程中更匹配企业的人长期留存,实现人力资源使用中的续短为长,为企业提供长期人才储备。

(2)服务优势:

①自有人才库支撑,快速响应企业按需调整的人事编制,进行人岗匹配,保障业务发展。

②从入职到离职,综合解决人力派遣方案。

③专业的法务支持,进行项目风险把控与人员纠纷处理,分散用工风险。

④数字化服务能力,电子化管理与在线核算,服务效率稳定。

⑤精准、高效、多方面培养企业所需人才,让人才的能力更加全面而实用。

**5. 我们的价值**

(1)帮助企业建立科学有效的组织架构,提升人资效能,助力企业战略目标的实现。

(2)快速有效落地对应的人员需求,降低运营成本,实现对运营成本的控制。

(3)从人力资源口加强企业各环节、各层级的管理,降低管理风险,提升企业管理效能。

(4)提高企业 HR 的运营效率和管理层次,提升企业人力资源的效能。

**6. 我们的特色**

(1)务实:对企业与人才以诚相待,向人才推介真实合适的企业和岗位,向企业举荐合适优秀的人才。

(2)公正:从客户与人才双方的需求出发,以公正的方式平衡企业与人才双方的利益需求,为企业以小代价招募到最合适人才,为人才以安全便捷的方式提供理想的职位,确保双向满意。

(3)保密:恪守行业准则,严守企业商业秘密和人才的信息。

(三)创业经历

2005 年,从学校毕业后,我走上了工作岗位。一入职场,我就从人力资源的招训专员(招聘培训专员)开始做起。因毕业于教育院校,有教师资格证书,我从培训业务开始做起,开始了人力资源的从业经历。

从 2005 年到 2013 年,其间经历了 HR、HRBP、HRM、HRD、VP 岗位,我把人力资源的岗位都经历了一遍后,准备自行创业。

我先后经历了两次创业。第一次是开设猎头公司,直到现在这个猎头公司还在运营当中。

第二次创业,是在大学同学陈××的启发下,开始应用互联网技术融合人力资源行业的特性,进行了××平台的创业项目。

人力资源互联网行业在 2015 年左右,随着移动互联网的广泛应用开始蓬勃发展。当时的××网、××网、××得、××得、××猎等人力资源互联网行业陆续出现,其中 BOSS 直聘在众多的同行中,凭借“找工作和老板谈”跑了出来。如果企业还是围绕着传统互联网的思路,就一定会在同行中被埋没。于是,围绕着 HR 为核心的人力资源×××平台在几个合伙人一次又一次的讨论中,慢慢成型。

经历两年多的深度调研,经过线上课、线下训练营、直播课、线下沙龙等,我们结合 HR 从业者的特性,锁定了以招聘为主入口,以社群为场景应用,以小程序为载体的新型人力资源互联网平台开始孵化。

我们于 2020 年年底进行 HR 社群调研，2021 年进行小程序产品打造；于 2021 年年底完成 1.0 版本的上线，于 2022 年 4 月完成 1.1 版本的上线，完成小程序产品的业务闭环打造。

在接下来的半年到一年的时间，××平台会以 HR 招聘为切入口，进一步完善产品的运营优化，成为一款为 HR 打造的招聘工具化平台。这个平台背后，有 HR 招聘资源证券化、商业化的打造，有人才简历真实性、有效性的三方认证的评价系统的叠加，进而解决招聘行业由来已久的招聘信息不对称的难题，有企业招聘信息真实性，企业集采的入口商城等设想。

（四）感悟与寄语

从职场进入创业领域，是一次自我挑战的历程。时至今日，我还在路上，创业的坚持，创业的投入，创业过程中，人和人的信任和托付，让我有了更多的感悟。

感谢创业路上来来去去的伙伴，感谢一直在背后支持、给予我力量的家人们，更感谢一路坚持、紧密合作的伙伴们、战友们。感谢母校，感谢郑××老师二十多年的指引。

我认为，人生是一段旅程，创业更是这段旅程不可缺少的精彩。

## 六、龙岩××信息科技有限公司

所属行业：互联网

担任职位：总经理

姓名：李××

毕业院校、时间：××学院、2018 年 6 月

毕业专业：计算机科学与技术

（一）个人简历

龙岩××信息科技有限公司创始人

厦门××××网络科技有限公司创始人

龙岩市五四青年奖章获得者

共青团福建省委×××创业之星

龙岩市科技专员

今日头条创作空间（龙岩）优秀创作者

福建省×××创业基地（龙岩）创业导师

（二）企业简介

龙岩××信息科技有限公司是××学院 2018 届毕业生李××于 2017 年开始就地创立的项目，2017 年 12 月成立于具有优良传统的闽西红土地龙岩，是一家集数据处理、小程序开发、app 研发、公众号开发、网站建设、企业信息管理系统集成开发、电子智能化

工程的设计与施工于一体的科技型网络服务公司。其为多家大型知名企业提供过技术服务，如漳州×××集团开发××××医药零售平台、福建龙岩××开发×××跨境综合服务平台、××医院开发寻医问药平台、××集团开发时光之旅app、××优选开发××××跨境全球购平台、××集团开发××综服平台等。截至2022年合作开发案例超过上千家，为合作企业带来数亿级营收，公司团队成员超过30人，均为本科以上学历，总部坐落于福建省龙岩市，并在厦门设立分公司。

公司自创立以来，本着为客户提供极致服务，本分、坦诚、积极、乐观、团结的精神内核获得了一系列的荣誉，主要有：2017年获得龙岩学院优秀创业示范团队、优秀创业示范企业荣誉，2018年获得共青团龙岩市委、龙岩市青年联合会联合颁发的龙岩青年五四奖章集体荣誉，2018年获批××学院大学毕业生实训基地，2019年获得龙岩市科技局、共青团龙岩市委、龙岩市高新技术产业开发区管委会联合颁发的科技创新优秀企业荣誉，2019年荣获科技部认证的科技型中小企业荣誉，2020年荣获福建省软件行业协会软件企业、软件产品荣誉，2020年荣获福建省人力资源和社会保障、创业资助项目优秀奖，2020年荣获龙岩市人力资源和社会保障局创业龙岩市级资助项目优秀奖，2020年荣获共青团福建省委、福建省科学技术协会、福建省教育厅、福建省人力资源和社会保障厅、福建省学生联合会颁发的大学生创业之星荣誉，2020年获得第九届中国创新创业大赛福建赛区优秀奖等荣誉，是政府举办的龙岩陆地港保税区的技术合作单位。

公司以科技创新为使命，致力于用先进的技术手段服务地方经济发展，满足不同企业、事业单位的技术要求，力争用先进技术手段解决企业发展过程中遇到的难题，帮助企业提高数字化的能力，降本增效，创造出更大的收益，为经济发展贡献我们的一份力量。

龙岩××信息科技有限公司以软件即服务（software as a service，SaaS）软件开发为基础，结合智能大数据技术，打造以企业资源计划（enterprise resource planning，ERP）、仓库管理系统（warehouse management system，WMS）、停电管理系统（outage management system，OMS）为基础，小程序、微商城、app、网页、视频直播为前端的“大中台＋小前台”的技术服务模式，为全国上千家企事业单位提供技术服务，同时我们用小步快跑，快速迭代的产品方式，不断更新我们的产品模型，为客户提供最新最优的数字化服务，让企业在数字化浪潮中抓住时代发展的机遇。

（三）创业经历

岁月如梭，韶光易逝，重回首，去时年。时间回到2016年，我大二，那时候像所有大学生一样享受着美好的大学时光，每天就是教室、图书馆、宿舍、食堂间出没，日复一日。突然有一天我和隔壁专业的同学聊天，问他最近在做什么，他说他经常在实验室学习技术，他告诉我在学校的信息楼有一个计算机实验室供大家学习。我好奇地问了一下可否进去，他说和老师说下就行。我就和管理实验室的老师说了一下，征得同意后开启了实验室学习技术的道路。在实验室，我接触到了很多专业非常厉害的同学，他们日复一日地学习技术，学习氛围非常好，我也跟着他们慢慢学习。在学习过程中，我想到既然我们是学计算机的，现在又是互联网时代，为什么不能用我们的专业知识去做些产品来推广呢？渐渐地，我萌生出创业的想法。我把我的一些想法和实验室的同学说了以后，大家都觉得有一定的可行性，但还是有风险，我也觉得我的技术还不成熟，等再熟练些后再来考虑。过了一年多，我觉得时机到了，就再次把创业的想法和构思同实验室的同学聊了一下，让大家提提意见，同时看有没有意向想一起创业的。大家长时间相处，也都很熟悉了，提出想法的时候实验室有 5 名同学加入进来一起创业，于是，带着未知和期待，我们开始了创业之路。

刚开始我们是以团队的形式在运作，随着业务的进展，在 2017 年 12 月注册成立了龙岩××信息科技有限公司，刚开始我们结合在大学期间所学的专业知识，以软件系统为切入点，通过调研企业的痛点，分析痛点，从为企业解决问题的角度进行产品研发，找到了有相关需求的企业和它们合作。至此，我们开始了创业之路。在做项目的过程中，我们也遇到了各种各样的问题，最终均把项目如期交付给了客户。每做完一个项目，我们都会反思遇到的问题，对问题进行复盘，寻找最优解。虽然有困难，但大家都对未来充满期待。通过大家共同的努力，共同的奋斗，我们不断调整遇到的问题，发现不足，弥补不足。

2018 年，随着我们技术经验的积累和服务的提升，团队人员也从刚开始的 6 个人发展到了 12 个人，这一年我们获得了共青团龙岩市委颁发的五四青年奖章，上了新闻报刊，越来越多的企业也知道了我们这家公司，更多的企业和我们进行了合作，我们逐渐步入正轨。

2019 年，这一年我们探索了很多产品，有些成功，有些失败。很庆幸，我们做的一些产品的市场反馈很好，我们就重点倾斜资源，深入研究，把产品打磨得更细致。同时，我们也在厦门成立了研发团队。

2020 年，这一年发生了很多改变人民生活的事情，疫情让大家见面变得困难，我们审视形势，预判线上电商和线上办公的产品会有爆发的趋势。我们重点投入，加快产品研发，帮助解决企业在后疫情时代所面临的问题。这一年，我们的企业规模上了一个台阶，我也获得了团省委颁发的创业之星荣誉等。随着业务的不断推进扩张，我们探索出了一条属于我们的发展道路。厦门公司正式注册成立，我们进入了一个新的历史发展阶段。

（四）感悟与寄语

我是在“大众创业，万众创新”政策的浪潮下，加入创业大军的一员。我认为大学生是最有开拓精神、最具创新潜能、最富创业激情的群体，如果你想创业，建议大家最好能结合自己的专业知识和兴趣爱好，以专业知识和兴趣爱好为基础去创业，同时要有创业家精神和职业精神，保持好奇心和使命感，积极主动地做长期且有价值的事情，然后给自己定一个目标，不要太高也不要太低，这样，面对困难时，不管遇到多少挫折，心里都有一个底。年轻人要学会从基础做起，从细节中学习一点，大梦想从小梦想中逐渐完善。在创业过程中，你会遇到许许多多的机会与诱惑，我希望大家都能专注主业，坚守初心，真正做能解决某些问题的服务和产品，并做到极致，相信你一定会成功的。

大学生创业充满了艰辛和欢乐，创业在激情与未知中艰难跋涉，前进的道路上，会有泥泞，会遭风浪，更有晴日和曙光，走过一段路再回头看时，这段崎岖小路已开满了绚丽的花朵。

我祝愿走上创业之路的朋友一帆风顺，前程似锦。

## 七、宁德市××电子商务有限公司

所属行业：电子商务

担任职位：董事长

姓名：王××

毕业院校、时间：宁德××学院、2022 年 6 月

毕业专业：机械设计制造及其自动化

（一）个人简历

宁德市××电子商务有限公司创始人

宁德市××教育培训机构创始人

宁德市××商贸工作室创始人

晋江市××集装箱有限公司监事

（二）企业简介

2021 年 4 月，首届抖音电商生态大会的召开，明确了抖音电商的平台定位——“兴趣电商”。今天，主打“兴趣推荐＋海量转化”的抖音电商模式，将用户、达人、商家紧密连接在一起，并逐渐形成“用户、达人、商家、机构服务商、平台”的新生态。

随着抖音平台的快速发展以及抖音电商的开启，越来越多的人在抖音平台消费。王××看到了抖音电商的前景，为此于 2021 年 12 月 10 日成立宁德市××电子商务有限公司，一家背靠抖音平台而从事电子商务活动的服务型公司。我们本着顾民生、守承诺的宗旨，为消费者提供高性价比的商品，为想从事电商行业的工作者服务，为拥有高流量的达人实现流量转化。

公司的主营业务有运营服务、培训服务、孵化服务、流量变现服务。公司主要以自营店铺做好数据与背书，一方面掌握运营管理技术，另一方面用于推广宣传运营实力的硬核数据，以此增加代运营业务、培训业务、孵化业务的业务量和合作量。在代运营、培训、孵化等业务方面，公司将以最优最合适的方案为企业、为学员、为团队做好运营管理

服务，增加其店铺营收。在培训与孵化的这部分学员、团队中所选择的产品都将由公司的专业团队进行选择，增加其成功率，并为其提供稳定的供应链。另外，公司还将签约服装类主播进行联动带货，增加销量，也将为具有粉丝基础、有变现能力的抖音用户提供变现渠道。除此之外，公司内拟开展针对孵化成型的团队或者个人提供借贷业务，以此实现自主运营营收、代运营营收、培训营收、孵化店铺抽成营收、流量变现营收、贷款利息营收、供应链营收七大营收方式。

**1. 运营服务**

运营服务主要为自主运营服务、代运营服务。自主运营方面，公司自主精细化运营有独立的抖音小店，以此作为背书和公司其他板块业务的资金供应。代运营方面，公司为其他企业和品牌进行代运营服务，为其进行营销管理、客服管理等运营管理。

**2. 培训服务**

培训服务主要为对电商感兴趣者、电商从业者和可能成为电商人等群体进行的业务，主要为其提供技术支持和技术指导，使其具备并掌握独立运营能力。

**3. 孵化服务**

孵化服务主要为正在准备加入或已经加入的抖音电商从业者进行运营培训、运营管理指导、客服管理指导，直至其掌握全套运营方法、独立运营管理方法。

**4. 流量变现服务**

流量变现服务主要是针对抖音平台中具有相应粉丝的群体，为其进行变现策划，并且为其提供变现商品。

（三）创业经历

2019 年的夏天偶然的机会和教育项目的合伙人认识，我们发现学校很多学生都想要做家教兼职，校外也有很多家长想要为自己的孩子找一个合适的家庭教师，但是苦于没有合适靠谱的信息途径。在这样的背景下，大家达成共识，依托宁德××学院丰富的师范生资源成立××家教工作室。初心，一方面是培养孩子良好的学习习惯，提高孩子的学习成绩，另一方面是提供一个兼职平台，帮助师院大学生提升、锻炼、赚钱。我们把创业计划书提交给学校创新创业指导中心的老师，得到了老师的支持，便成功入驻学校的创业园，开启创业之旅。凭借着一腔热血，我们通过地推以及线上平台发布信息成功地获取了不少生源。一开始我们实行一对一上门服务的教学模式和小范围集中的分片区教学模式。我们不仅注重成绩的提升，还注重对学生兴趣爱好的激发，使孩子的学习成绩稳步上升，个人素质、个人思想格局、个人能力全面提升。经过半年时间的发展，我们开始走出校园，在学校附近社区开设××晚辅导班，利用晚上的时间，辅导中小学生学业。业务范围逐步扩展到线上课程、线下夏令营等，全面提高学生的素质。2020 年暑期，我们开展了下乡义务授课，以我们力所能及的方式来回馈社会。2021 年 7 月，国家颁布“双减政策”，为了响应国家政策，我们停止了大部分业务，并进行转型。

此外，2019年11月，我看到了学校学生对运动鞋及相关服务的需求并且校园内这一块的市场是空白的，于是独资成立××商贸工作室，这是集球鞋维护与贸易于一体的贸易工作室。工作室目前位于宁德××学院大学生创新创业园×××××，主营安踏、李宁等品牌球鞋以及球鞋文化周边产品的销售，产品采取线上线下相结合的方式进行销售，线上销售主要通过几个主流的球鞋售卖平台。其中，××平台可以选择多支付手续费，售后服务由平台进行承担，这样可以减少我们的部分售后压力。线下销售主要是针对我们的私域流量即微信、QQ等平台上的客户。针对这一类客户我们有完整的售后流程，并且定期还会对客户产品的使用情况进行回访，对可能出现的生产问题进行规避，切实做到对每个客户负责。同时，我们也有与小部分的零售商进行合作，虽然与零售商的合作，初期的信任建立过程会比较久，但一旦形成相互的信任，不但会有稳定的订单，一些商家还会主动寻求合作。该项目已经成功运营两年时间，年销售额突破百万。

作为为数不多在校期间投身创业的大学生，我感到我的创业旅途充满着机遇和挑战，同时国家的创业政策和学校的领导对我们给予了极大的支持，为工作室的起步创造了一个很好的成长环境。我们秉承同心、同德、共赢的合作理念，不断地拓宽合作渠道，增加商品种类，提高抗风险能力。在公司运营的过程中，我们深切体会到订单的多少直接决定着公司的生存，资金流通的效率直接决定了工作室的总效益高低，产品的质量直接决定了售后的成本以及工作室的信誉。因此，今年我们加强采购团队的建设，筛选出优质供应商，从源头上保证货源的质量，将战略发展的眼光放到全国市场，不断创新发展方式，积极对工作流程进行改良，尽可能地降低成本，创造更高的效益。在做好产品管理和保证销量的同时，我们也在不断地寻找适合自己的发展新思路，开发新的盈利点，如开发二手球鞋的市场和球鞋洗护的市场。虽然这对我们来说是一个很大的挑战，需要我们拥有更多的专业经验，当然也将带来更高的利润，同时也伴随着更高的风险。

2021年，我们看到了抖音电商广阔的市场，在大家选择做直播电商的时候，我们另辟蹊径，选择兴趣电商这个赛道，并于10月份成立宁德市××电子商务有限公司，选择做男装类目。经过短暂的筹备，第一个店铺迅速投入运营，第一个店铺的运营大获成功，3个月的销售额已经突破百万。尝到甜头的我们进行快速扩张，第二个、第三个、第四个店铺迅速开了起来。伴随着业务发展，我们的不足也慢慢暴露出来，没有深厚的供应链支撑，我们的商品品质以及发货时效得不到保障，意识到问题的我们迅速将目光瞄向了中国服装之都——泉州石狮。经过一段时间的努力，我们迅速积累了丰富的货源，解了燃眉之急。在未来，我们还将遇到更多的挑战，但是作为一个创业者，我乐于接受挑战，享受解决问题的快乐。

（四）感悟与寄语

创业是不断认识自我、不断修炼自己、不断完善自我的过程。作为一个大学生创业者,创业让我走出学校这座象牙塔,由理论学习走向实践。我深深感受到大学生想创业,要先入世,踏入"江湖"。大家既要做到适应"江湖"这个特殊的人文环境,又要做到出淤泥而不染。"江湖"有很多的险恶,我们难免遇到困难和挫折,很多时候需要忍,不能任性和意气用事;要坚持自己的初心,有情怀,懂"江湖"。要想成为一个企业家,还要通达人性,所谓通达人性就是要了解人性,尊重人性,激发人性,弘扬人性。我们要充分了解每个员工的需求,实行精神和物质的双轨驱动。只有洞悉人性,满足需求,才能够激发员工的内在潜能,最大化地发挥组织的力量。情怀是方,江湖是圆,用人性将情怀和江湖串通,稳中求进,方能致远。

## 八、龙岩市××网络科技有限公司

所属行业:互联网

担任职位:市场总监

姓名:李××

毕业院校、时间:××学院、2017 年 6 月

毕业专业:软件工程

### (一)个人简历

龙岩市××网络科技有限公司创始人

厦门××网络科技有限公司创始人

福州××网络科技有限公司创始人

福建省大学生创业基地(龙岩)创业导师

"中国创翼"创新创业之星

### (二)企业简介

龙岩市××网络科技有限公司是一家帮助企业完成数智化转型的公司,帮助传统制造业更快、更好、更高效地完成数字技术和实体经济的融合。龙岩市××网络科技有限公司潜心深耕 IT 互联网领域,拥有一批经验丰富的核心团队,是一家以技术驱动为核心的高新一双软技术企业,可为客户提供一站式数智化转型解决方案和服务,助力企业信息化建设与商业模式创新,提升企业的核心竞争力。

随着数智化技术的新兴迭代,客户对产品体验的需求日趋多样化,其期望值被抬升至前所未有的高度。企业需要提升客户的产品体验,减本增效,持续地调整和优化产品,始终与客户保持高度的关联度。随着时代的发展,越来越多的企业面临工业数据的采集和如何形成闭环支持生产流程、工业制造的领域知识和智能建模等数据处理能力的提供者存在脱节、专家经验无法有效固化到软件平台上等问题。基于企业真实的需求场景,龙岩市××网络科技有限公司实行大数据和数字孪生技术,帮助企业实现数智化转型。企业要全面提升产品的生命周期管理,打通不同的职能部门,时时刻刻感知客

户的需求，驱动高效、互联、以客户为中心的运营模式，提升产品体验，推动增长。

龙岩市××网络科技有限公司于2016年成立，从一开始六七人组建的小团队发展至今，成员突破40余人，并获得"国家级高新技术企业""省级高新技术企业""双软企业认证"等荣誉，为全国传统制造业实现数智化转型升级提供定制化解决方案。

2016年，公司在校期间营收二三十万元，2017年营业额破100万元，2018年公司营业额突破1000万元，2019年至2021年营业额稳定增长了20%，预计今后每年的营业额会在此基础上增加20%～30%。

企业文化：以专业的服务，做有灵魂的产品，为客户创造价值。

企业定位：公司致力于为客户提供行业咨询，结合丰富的创新思维和成熟的互联网技术，为传统制造业实现"数智化"升级。

发展规划：公司将在未来以技术创新为持续发展动力，以人工智能、大数据和云计算为企业服务导向，以向产品化互联网企业过渡为长期发展方针，不断提升在互联网领域的核心竞争力，致力于成为全球信息技术解决方案领导品牌。

企业理念：

客户至上——客户第一，员工第二，股东第三。心怀感恩，尊重客户，保持谦和。客户是我们一切活动的中心，我们以客户的要求标准来评判我们的表现。

合作共赢——团队合作，我们坚信集体配合和沟通的重要，我们珍视公司所有人员的团结和合作。

拥抱变化——唯一不变的是变化，改变自己创造变化。创新是这个时代的要求，创新是打破固有的思维模式，更是获取发展空间的重要途径。

诚信——诚乃道德之基，信为立身之本。

敬业——持续学习，自我完善。

激情——不断设定更高的目标，今天的最好，便是明天的最低要求。

服务范围：通过物联网现有硬件支持和自身的软件技术服务，让能行使独立功能的普通物体之间实现互联互通，无缝对接loT数据、业务数据，通过收集信息进行计算分析，让物品数据看得到、摸得着，让数据更有价值。运用物联网、云计算、移动互联网、数据分析、知识集成等技术，建设"智能办公、智能监督、智能服务、智能决策"四位一体的智能政务平台，解决传统电子政务资源利用率低、信息壁垒难以破除、公共服务效率低等问题；助力政务效能提升，推进政务职能转变，构建智慧、高效、敏捷、便民的新型政府；解决传统制造业的突破瓶颈，优化供应链，提升运营质量，改善资产管理，推进传统制造业的转变。供应链是由诸多上下游企业因利益攸关而构建的。为企业打造一站式数字化供应链平台，助力企业重塑体系，降低各项成本，提高运营效率，突破传统与未来的界限；为品牌商家和个人提供NFT发布、获取、铸造上链一整套的解决方案。

专业团队：龙岩市××网络科技有限公司，经过不断努力，积累了丰富的数据资源，锤炼了一支拥有责任感和敬业精神的高素质团队，并建立了一套行之有效和完善的服务机制。龙岩市××网络科技有限公司根据地区客户及服务单位的诉求，设立了研发、市场运营、人事行政等部门，直接与厦门、龙岩各区域的客户沟通，团队之间通力协作，减少中间环节，以便捷、高效的服务满足客户的不同需求。龙岩市××网络科技有限公司不断完善服务，在每一个环节做到及时调整，不断创新管理模式和服务方式，始终按照企业专属的服务高标准，切实贯彻"客户至上，合作共赢"的服务理念。

团队优势：团队项目经验丰富，核心骨干部分来自双一流高校。团队构成以高级软件架构师、高级软件测试师和高级产品经理为主。

2015 年 3 月，××团队建立软件开发工作室。

2016 年 6 月，龙岩市××网络科技有限公司正式成立。

2017 年 12 月，成功案例突破 100＋，服务客户超过 200＋。

2017 年 12 月，××头条××总公司及市领导莅临公司参观指导。

2018 年 7 月，参加国家级××××大赛并获得一等奖，接受电视台采访。

2018 年 8 月，与××××研究生研究团队达成合作，进一步深入探索人工智能领域。

2018 年 12 月，成为全国领先的 IT 解决方案与服务提供商。

2019 年 2 月，服务案例突破 1000＋，提供有效解决方案 500＋。

2019 年 12 月，荣获国家级××××企业认定。

2020 年 2 月，荣获××企业认定证书。

（三）创业经历

岁月一点一滴地溜走，在不经意间，快得让我们都来不及在下一个路口挽留，也无法预测人生未知的镜头。2015 年的一次契机，学校老师找到了还在上大二的李××，老师建议他参加国家级互联网比赛，××思考了良久，心中的一点星光仿佛一股烈火熊熊燃起，最终××决定组织团队，跟像自己一样怀揣梦想的朋友一起参加比赛，为学校争取荣誉。一群懵懂的少年趔趄而行，踏上了新的征程。团队里都是软件工程专业人员，各司其职，依靠不懈的努力和勇于创新的精神，团队取得了优异的成绩，共获得校级、省级等多个奖项。

2016 年春，李克强总理提出了"大众创业，万众创新"，龙岩学院响应国家政策，建立了大学生创新创业基地。在我们接手前辈工作室之初，办公的环境相当恶劣，整个办公室只有几张桌子和几把椅子。为了完成接到的第一个项目，团队成员不得不在大夏天顶着烈日，提着自己的笔记本电脑奔波于学校与办公室之间。没有空调，甚至没有一台风扇，最紧张的时候，所有人不得不整天整夜地待在办公室研发软件。汗水滑过脸颊也只是简单地用衣袖擦拭一下，汗水浸湿的衣衫，常常可以拧出水来。虽然处于恶劣的工作环境下，但是因为心中的信念与梦想，也因为发起人的以身作则和全情投入，他们看到了未来的希望,大家愿意把这短暂的辛苦熬过去。拿到第一笔研发费时,所有人的脸上都洋溢着幸福的笑容,那是种无法言说的满足与激动。对于第一笔研发经费,团队没有用于玩乐,而是用来购买所需设备,以壮大整个团队。从这之后我们的团队由7个人发展到后来的十几个人。除了产品研发,我们还会参加学校相关的比赛和项目,尽管奖金不多,但大家还是很满足,直到团队遇到了一个转折点。怎样从团队转变为公司?怎样从学生思维进化到商人思维?

大三时期的我们还不了解真正的创业,直到2016年上半年,我们还是以学校团队的身份做一些工作,并没有接触到社会上的项目。一次偶然的机会,我们发的朋友圈被同学的亲戚看到,想要跟我们合作,带我们去各地考查走访,熟悉各大企业的运作模式。在这期间我们也发现了团队存在的不足之处:一家公司把产品卖给顾客是具有法律保障的,客户会比团队更相信公司,至今为止我们都以团队的身份承接业务,无法给客户提供法律保障,导致部分客户的流失以及业务范围变窄。团队没有完整的管理体系制度,未来的发展空间受限。基于以上不足之处,我们团队决定整改,希望从团队发展为公司,2016年暑假,我们完成了公司的注册,并且吸纳了更多的人才,包括文史类专业、艺术类专业和其他新兴专业的学弟学妹。

解决问题是公司前进的动力。印象最深的一次是在2017年,某家公司需要我们协助做软件的二次开发,同时要迭代升级他们的产品,这也有一笔丰厚的资金。但因我们一直以来接触的是Java开发,而他们是PHP开发。但是当时公司才成立,项目不多,能挣钱维持公司运作已经很不容易了,人员开支都是很大的问题,如果不接这个项目,公司可能面临破产,于是我们在开会讨论之后决定现学PHP语言开发。经过团队一周不眠不休的学习,我们终于熟练掌握了PHP语言,接下了单子,维持住了公司的正常运转。这一切都离不开公司团队的凝聚力和成员强大的学习力。

很快我们又迎来了公司发展的第二个转折点。

发现商机,不要停下发展的脚步,要勇于探索新的方向、新的领域。在龙岩建立公司后,公司以小型企业的项目为主,这不利于公司的长远发展和长期利益。在一次偶然的机会,我们通过客户了解到厦门的市场,这对我们一个刚起步的小公司来说是巨大的商机,但因与客户之间存在距离问题,担心产品不能及时对接上需求,这也让我们下定决心,在厦门建立分公司。

2018年公司在厦门××高新技术园区成功注册,正式在厦门建立××分公司。从2018年开始,我们的业务范围从与小企业合作到与中大型企业合作,初期只是软件定制,到现在可为企业完成数字化转型制订方案。公司营收额也从数十万元升到了数千万元。选择比努力更重要,身为商人要随时随地洞察商机,了解本行业的发展之路,去做那个引领风向标的人。

### (四)感悟与寄语

从参加学校的"互联网+"比赛至今,我们从一无所知和一筹莫展,到现在的目标明确、方案清晰、渐入佳境。其间经历的事情使我们收获颇多，一步步走过来的辛酸只有经历过的人才懂，中间的经验和成长也只有经历过的人才会拥有和珍惜。这是段刻骨铭心的创业经历，让我们得到自我磨炼和自我提升。

在参加比赛时，我最深的体会就是要善于思考。"互联网+"不是基础课上我们做的实验，只要按着老师讲的步骤做就行。"互联网+"对于我们来说，是一个新领域，属于高新技术行业，没有人告诉我们一步步该怎么做，需要自己去找文献查资料，去弄明白，然后确定要创新的方向，按照这个方向一点点努力，所以每一步都需要独立思考。在这个过程中我们遇到了很多困难，遇到困难后我们总是努力寻找帮助，但效果甚微。这时我们的指导老师告诉我们：不要做答案的祈求者，要做答案的寻找者。

由于我们是一个创新创业项目，因此创新是必不可少的。我觉得，创新方面首先要明确一个方向和目标，方向和目标是贯穿整个项目的核心，只有明确方向，围绕这个方向努力下去，才可能有结果。

创新点可以从很多方面着手，不一定是要很高深很前沿的东西，只要不是照搬别人的东西，在自己力所能及的范围内就好。有时候，思维可能会出现"停滞不前"，这时候不要着急，也不要想着放弃，要试着换一个角度思考，发散思维，多方位思考，做出大胆猜想，你也许会有拨云见日的感觉。

作为一个项目负责人，你需要时时刻刻应对团队中出现的各种突发问题，永远站在团队利益高于个人的立场上去思考问题。其实作为一个管理者或者说领导者，需要学习和掌握的能力是相通的。在这个方面，我做的也不是太好，但是有一点经验希望同大家分享，那就是，经常同团队成员沟通，了解他们现在的思想情况，方式可以是公开的，也可以是私下的，视情况而定；尽力去解决他们思想上的顾虑，让大家能够形成一股凝聚力，用旺盛的斗志去对待每一天；通过开会去总结前一段工作中的失与得，方式可以多样，经常反思是很有帮助的；集中办公有利于培养团队的集体荣誉感和团队精神，增强团队的整体战斗力。

关于项目管理：项目中一个阶段和另一个阶段的工作之间的联系非常紧密，上一个阶段的工作完成质量直接关乎下一个阶段工作的完成情况。因此，大家对待工作时，虽然要加快进度，但同样要保证质量，一步一个脚印，踏踏实实地完成每一个制定的目标，克服一个个遇到的难关，做好项目的进度管理与项目的质量管理。

曾经有人问过我，是什么信念让我能坚持做软件数字化到现在的？我的回答是：每一个热爱生活的人都有自己的理想与追求，并不是为单纯打工而打工。我追求的是生活的高质量，是工作的高质量和自己的目标，不全是为薪水而工作，因为薪水只是工作的一种报偿方式，而工作所给予我们的，要比我们为它付出的更多。因为每一项工作中都包含着许多个人成长的机会。单为薪水而工作，看起来目的明确，但是往往被短期利益蒙蔽了心智，让我们看不清未来发展的道路，在工作中比给予自己报酬更珍贵的是经验、良好的训练、才能的表现和品格的建立。这些东西比金钱更有价值。

太阳的光辉，正在穿透云层；春天的气息，正在冰下运行；事业的希望，正在你奋斗的脚步声中出现！祝学弟学妹们创业成功！

## 九、×××兼职平台

所属行业：服务业

担任职位：负责人

姓名：田××

毕业院校、时间：××学院、2020级在读

毕业专业：财务管理

（一）个人简历

×××兼职平台负责人

（二）企业简介

×××兼职平台是一个以在校大学生介绍兼职岗位为主的项目，主要涉及兼职信息分享，根据在校大学生的专业、能力，为其找到一份合适的兼职岗位。

（三）创业经历

做兼职几乎是现在大学生大学生活必不可少的一部分，然而，很多人却苦于找不到做兼职的渠道，有的中介机构在收取了学生的中介费后便杳无音信，上当受骗的现象屡见不鲜。走在校园里，各种招聘兼职的小宣传单随处可见。很多大学生想找兼职但又不甘被当作廉价劳动力，这就造成了用人单位找不到满意的兼职工作者和学生找不到满意的兼职工作的两难境况。因此，我们决定抓住这一校园商机，成立"×××"大学生兼职信息分享平台。我们经过对校内学生进行问卷调查，发现有近八成的学生有做兼职的意向，其中90%的学生因为找不到好的兼职渠道而放弃很多可以做兼职的机会，只有10%的学生通过熟人介绍做兼职。虽然校内也有几个学生组成的兼职中介机构，但大多没有正规的管理，不成体系，且业务基本集中在家教方面，可以选择的余地十分小。由此可见，我们的市场有着很大的潜力。×××兼职平台通过和龙岩地区的商场、用人单位合作，与在校大学生分享兼职信息，为他们提供更多合适的兼职岗位。我们创立自己的独有品牌，做出名气，为大学生们搭建一个信息更完善、体系更加成熟的兼职平台。

（四）感悟与寄语

大学就是一个锻炼创新创业能力的大熔炉，它给学生营造了一个很好的锻炼环境。但创业是一个非常艰巨而困苦的过程，每一个创业的人都是屡战屡败，屡败屡战，不断总结经验和吸取教训，不断学习创业知识，最后才可能拥有创业成功的门票。

# 第二节　文化类

## 一、龙岩市××文化传媒有限公司

所属行业：文化创意

担任职位：董事长

姓名：简××

毕业院校、时间：××学院、2022 年 6 月

毕业专业：产品设计

（一）个人简历

2016 年接触单反和设计，高中校××社第一任社长，参与学校社团××设计与宣传工作

2016 年加入龙岩 C 社团，参与举办龙岩大型×展

2017 年加入龙岩 W 摄影工作室，担任摄影设计师

2018 年暑假兼职于××××××美术机构，担任绘画助教与摄影设计师

2019 年担任××教育集团下××美术教育素描教师

2019 年担任××画室美术教师

2019 年 9 月建立××文创工作室

2020 年成立龙岩市××文化传媒有限公司

2021 年作为龙岩大学生××先锋接受《闽西日报》采访

（二）企业简介

龙岩市××文化传媒有限公司中的“××”名称取自《西游记》中九九八十一难的典故，寓意着我们这支团队历经磨难但终会取得成功。龙岩市××文化传媒有限公司以倡导文明、宣传公益、绿色环保、宣传新城市文化、推动乡村与城市品牌建设以及帮助乡村及城市提升品牌形象为己任，把墙景美化作为支持城市精神文明创建工作的一项载体，与改善、美化城市街景结合起来，把城市的形象品牌有效融合，描绘和谐、文明、人文、艺术的城市风景线。公司自成立以来除了墙绘，还专注于文创及旅游商品、非遗衍生产品设计，同时致力于美丽乡村产业的振兴及保护性开发文化遗产等领域。公司以“创意策划、创意设计、创意营销”为核心技术，积极探索设计助力乡村振兴的服务模式。

2022 年公司已拥有专业的设计与营销团队、丰富的媒体资源与专业渠道，已与××设计公司、福建×××××商贸有限公司、福建省××文化有限公司、龙岩市××文化传媒有限公司、龙岩市××文化有限公司、厦门市××××教育咨询等 56 个公司建立了良好的合作关系，完成美丽乡村项目 46 个。

（三）创业经历

2016年，高中时期的我已开始接触文创与彩绘。最初是因为高中学校社团需求，我便一边在网上自学一边教授社团里的成员。

2018年，我上了大学，学费昂贵，就算是助学贷款了8000元，家里也负担不起剩下的10000块钱。我开始接手社会上的商单，那时候自己单干，没有团队，接的大多是一些小商铺的需求。但是，我清楚，没有一个团队就接不了大的项目，给不了我一个稳定的未来。

2019年年初，我偶然看到学校里有创业支持的政策，便开始了自己的创业生涯。刚开始我是和班里几个志趣相投的同学一起做，申请营业执照建立了××文创工作室，我们没有资源，只有满腔的热血，在街上发传单，搞活动，发朋友圈，投掷广告等，效果都甚微。我发现问题的根源出现在我们的案例太过单一，于是我们开始接一些半公益性的项目，目的是增加案例、增加知名度。但是这还不够，我们开始打商业性的比赛，参加商业活动，扩充人脉的同时，也向其他成熟企业学习借鉴它们的一些商业模式以及商业思路。在以为一切都好起来的时候我与其他股东发生了分歧，他们开始想走家里安排好的路。我知道，因为我们还在创业阶段，还是只小鸡仔，没办法给他们一个看得到的未来，没办法告诉他们，我们以后一定会成功！我尊重他们的决定，但也真的伤了心。然而，我没有过多地去感伤，我知道，接下来的路只能靠自己。由于人手不够，流动资金短缺，我开始寻找一些兼职或者实习生，他们技术不成熟没关系，我晚上给他们上课、白天修改他们做出来的案例。本地线下的项目做足了，我就往周边城市发展，再做到线上。

2020年，我成立了公司，从学校里的孵化基地搬到了校外的创业基地，政府的支持减少了我很多压力，我也有了足够的流动资金去聘请能力更好的全职人才，好让我有多余的时间去交流学习、去谈项目。

2021年疫情还没过去，线下的项目大多都被搁置，我把重心转移到了线上。所有人的财政都不乐观，一些线下的项目尾款迟迟收不到，流动资金又开始紧张。原本计划建立的一个线上部门也泡了汤。我没停下，开始接一些二包甚至三包项目，利润不高，但是还能赚一些让我继续坚持下来。在年中我拿到了一项政府补贴，这让我在夹缝生存的时刻得到了一点喘息，让我更加有信心继续往前冲。

2022年线上项目逐渐稳定，线下的项目也逐渐恢复，我与这个行业也越来越紧密贴合。但我知道，这还不算成功，未来的路还很长，我也还在路上。

（四）感悟与寄语

在创业的这条路上有人觉得你风光，有人觉得你傻。你就像一张白纸，困难在你身上留下了阴影，喜悦在你心里点出高光，但是我希望你不忘初心，不要在自己的人生里失去独有的画面感。

## 二、龙岩市××文化传媒有限公司

所属行业：新媒体运营

担任职位：董事长

姓名：王××

毕业院校、时间：××大学、2018 年 6 月

毕业专业：法学

### （一）个人简历

2018 年我开始创业，曾指导、带领团队参加各项创业赛事，曾获第十一届“挑战杯”福建省大学生创业竞赛普通高校组金奖、第六届“互联网＋”福建省大学生创业竞赛本科生创意组银奖、第七届“互联网＋”福建省大学生创业大赛创意组铜奖、第三届全国大学生创新创业实践联盟年会暨第四届双创实践新技术高峰论坛大学生创新创业实践案例“优秀案例”、第七届“挑战杯·创青春”福建省青年创新创业大赛互联网初创组二等奖、福建省龙岩市第四届“中国创翼”创新创业大赛二等奖、2020 年“创业龙岩”大中专毕业生创业市级资助项目“二等奖”、第三届“创响福建”中小企业创新创业大赛龙岩赛区三等奖、龙岩市 2021 年“创业龙岩”乡村振兴创新创业大赛三等奖、第四届“中国创翼”创业创新大赛福建赛区省级选拔赛主体赛创新组“优胜奖”等奖项。

### （二）企业简介

公司团队是一个以大学生为主要成员组成的团队。公司以原创短视频内容创作、直播带货、新媒体账号代运营及企业宣传片等的接拍为主营业务，旨在通过对新媒体 IP 的打造，整合线下资源来实现 IP 的品牌化商业裂变。

### （三）创业经历

(1)原创短视频内容创作。通过拍摄户外美食、萌宠、美妆、情感等类的优质原创视频，打造专属于团队的新媒体 IP。

(2)抖音等账号代运营服务。以线下实体企业为抖音等账号代运营主要客户群体，通过提供从 IP 注册到短视频内容制作、日常策划、运营等的“一条龙”代运营服务，为客户实现对目标受众资源的精准化挖掘和规模化积累，助力目标受众对客户品牌价值认同的树立。

(3)接拍宣传短片。以拍摄视频广告、企业宣传片等方式，面向电视台、视频网站、视频 app 及微信自媒体大号提供原创内容，以配合各平台营销模式来为企业提供必需的品牌推广服务。

(4)直播带货接单。通过与供货商达成商业合作，利用抖音、快手等直播平台为粉丝近距离展示商品，并给予咨询答复，为企业提供最直接的推广服务。

依据经营理念，团队的发展主要分为生存期、成长期和成熟期3个阶段。各个阶段所应完成的战略目标要求如下：

(1)生存期：打造一个原创IP所需的时间、资金成本相对较高，在原创IP能够独立盈利之前，需要投入足够多的时间和资金。故而，如何汇聚资金支撑原创IP持续输出优质作品是这个阶段的关键。

在此阶段，团队计划通过二次创作内容、直播带货、国内外平台代运营、接拍线下企业宣传片等多种业务变现方式汇聚资金，以反哺原创IP的打造，令原创IP至少实现自我造血(独立盈利)。

2022年是关键的1年，团队正处于项目生存期。为了避免过度依赖平台流量分成和商业推广等较为单一的变现模式，团队在加速原创IP账号打造的同时，积极开拓直播带货业务，已获取带货佣金近八十万元。此外，团队还积极开拓国内外平台账号代运营业务，同龙岩××科技及龙岩×××××科技已达成合作协议，与××××龙岩创作空间在孵团队中的海外(YouTube)账号代运营方面也达成初步合作意向。

(2)成长期：原创IP能够凭借自身盈利独立存活并不意味着该IP已具备品牌效应。在成长期阶段，团队的主要方向在于继续精细化原创IP作品的优质化输出，深耕IP垂直领域，培养、汇聚更多信任IP的共同属性粉丝群体。在这一阶段终端，团队至少应具备一个成熟的知名原创IP。

(3)成熟期：通过与线下厂商合作等的形式整合资源，融汇线上线下渠道，在保证原创作品继续精化的同时，潜移默化地植入品牌商品，实现至少一个新媒体IP的品牌化裂变。

目前，团队依靠短视频创作、直播带货等业务，累计获益百余万元，其中直播带货获益七十多万元，平台流量收益近二十万元。团队打造短视频账号20余个，全网粉丝数达六百多万人次，累计曝光量破10亿次。其中，单抖音平台粉丝数超20万的账号就有5个，获得平台"优质视频创作者"等认证的账号有4个。单个账号的最高粉丝量近一百五十万人，获观众点赞数达八百多万次，且曝光量远在两亿次之上。

团队打造的短视频原创作品屡获奖项，被多方认证。团队在"遇见土楼·抖出精彩"第二届永定××全国抖音挑战赛中获三等奖；在第二季抖音短视频赛区中被评为"内容优质奖"；在"温暖××新媒体创作大赛"年度盛典中被评为"年度杰出抖音短视频"；在2019年度××××举办的"最美大学生宣传者"活动中获"年度十佳人气王"奖。此外，团队账号"×××"的优秀作品也曾被湖北卫视的栏目展播；账号"××"作品在全国正能量话题大赛(总播放量600多亿)中排名第一；账号"×××××"优秀作品在××短剧人计划中排名第四。

团队在开拓平台账号代运营与企业宣传片接拍业务方面收益颇丰。2019年12月，团队联合××房地产集团有限公司签订宣传短片摄制合同，初步获益43000元。此后，团队与龙岩××食府、龙岩××科技等企业达成代运营与宣传短片接拍初步合作。此外,团队同××××龙岩创作空间在孵团队中关于优质原创内容海外(YouTube)代运营方面也达成初步合作意向,同龙岩×××××等多家餐饮企业正在洽谈抖音账号代运营的业务。

团队有专业的直播梯队,累计带货品种达数百种,在5个月内为团队带来佣金收益近八十万元。团队响应国家"打赢脱贫攻坚战"政策,先后为浙江××杨梅及四川××柑橘贫困果农无偿提供直播带货,并计划以村落、乡镇为单位打造直播账号,通过实地直播的方式为本地贫困农户的滞销农产品提供线上销售渠道,实现精准扶贫。目前,团队与龙岩市上杭县××镇的部分村已达成初步合作意向,将于2022年12月深入实地选品。

互联网时代急需打造版权交易概念,原创内容要求我们更应注重版权的保护。目前,团队正计划申请"××啊""×归""食××"等多个原创账号的商标版权,以保障项目版权得到法律的充分保护。

当网络媒体以一种全新的姿态呈现在人们面前并向传统媒体行业发起挑战时,我们逢机而入,抓住商机。未来,我们的项目前景依旧非常可观,盈利空间也是非常巨大的。

### (四)感悟与寄语

21世纪是一个创新的世纪,当今社会迫切需要大批具有创新创业能力的人才。可以说,创新创业能力已经成为社会向前发展的源动力。创新,是一种能力的培养,而这种能力就是创新能力。创新能力是指运用知识和理论完成创新过程、产生创新成果的综合能力。创新能力的表现形式是发明和发现,是人类创造性的外化。创新能力包含着创造性思维能力和创造性实践能力,主要包括4个方面的内容:创新意识、创新思维、创新技能和创新人格。

创业,是残酷的。创业者,需要忍受寂寞。在创业还没有成功之前,你是没有任何说话权利的。如果真的要说,那么请你成功后再说,因为创业者需要有低调做人、高调做事的风格。倘若你想成为一个高调的人,我想你不适合创业,更适合去做一个吹牛皮的人,或者说好听点,你适合去做故事编剧。另外,初步创业的人,说出的话没有任何的力量。因此,创业需要低调、稳重、踏实、沉着、沉默……创业者的痛苦只有自己知道,创业者遇到的困难,也只有自己来解决。于是,创业者必须懂得忍受寂寞。因为,在路上,除了自己的团队,也就只有你自己了。

创业,是很多大学生的梦想,简简单单的两个字,其中包含着太多的挑战和困难。创业具有高风险,存在机会成本、时间成本、经济成本等,在我们做出决定并付诸实践之前,我们必须做好充足的准备。

古人云:"无规矩,不成方圆。"戴高乐曾经说过:"眼睛所看到的地方就是你会到达的地方。伟人之所以伟大,是因为他们决心要做出伟大的事。”只有制定自己的人生目标,然后脚踏实地地去完成自己的目标,这样才能成就自己的人生。计划固然重要,但是我们不能夸夸其谈,只说不做。

要想成为一个成功的创业者,首先要提高自身的创业素质。创业者要具备良好的信誉,有脚踏实地的工作作风,有非常强的沟通能力,并具有熟悉本行业的专业知识;对待周边人群具备开放的心胸和一颗同情心、关怀心。创业者要树立自我创业意识,实现自身价值,更要树立为社会服务而创业的意识、为国家艰苦创业的伟大理想与坚定信念,以及为人民服务的精神。创业者不能把一切希望都寄托在父母、学校和接收单位上,要有敢为天下先的动机和信念,凡创业成功者莫不如此。

最后,也是最重要的是提高自己的创业能力。如何将自己的理想和希望变成现实,就要有对市场的分析、判断和预测能力,根据自身实际情况科学合理地规划未来职业的能力,不断提高生产与经营的能力、独立生存和终身不断学习的能力,让这些能力作为实现目标的手段和方法。创业,是平凡的人做平凡的事情。很多人都说创业者不容易,创业者了不起。

## 三、莆田市××文化传媒有限公司

所属行业:文化传媒

担任职位:总经理

姓名:林××

毕业院校、时间:×××职业技术学院、2016 年 6 月

毕业专业:计算机应用技术

### (一)个人简历

莆田市××文化传媒有限公司创始人

共青团福建省委大学生创业之星

莆田市婚礼灯光设计师

莆田市音响系统工程师

莆田市声学相位校正技术工程师

### (二)企业简介

莆田市××文化传媒是一支由大学生创立的舞美音频技术团队,致力于舞美音频技术服务,经过 7 年的付出,目前拥有一支专业的舞美音频技术团队,数百场大型活动案例经验,服务于众多知名企业;××文化传媒工作室在大学生创新创业大赛中屡获佳绩,积极做好创新创业榜样,带动在校大学生创新创业发展,获得学院及社会各界的支持和认可。

（三）创业经历

2016 年，国家提出大力支持大学生创新创业，林××回校自主创业，创立××传媒。在学院的大力支持下，其成功入驻×××职业技术学院大学生创新创业园接受孵化扶持，并受到莆田市各单位领导的重视及指导，创业方案正式开始实施。××传媒成立之后，服务于×××职业技术学院的大小活动，在学校的活动中积攒经验、改进不足，愈发熟练地服务好学院的每一场活动。

2017 年，经过一年的磨炼，××传媒慢慢走出学校，进入××市场，面向社会接单。我们从小型活动做起，刚开始并不顺利。同行的排挤、客户的不信任、资金的短缺、技术的瓶颈，使得××传媒陷入了低谷期。我们开始反思、重新规划、进修学习，为后续的发展奠定了基础。

2018 年，我们对××市场进行了新的市场调研，以更加完善的服务，重新回归××市场。机缘巧合之下，我们遇见了创业路上的贵人——××婚礼。在××婚礼的带领下，我们经过不懈努力，取长补短，从每一场活动中吸取经验与教训，服务质量得到了明显提升，并受到了××市场众多婚庆公司的关注与认可，慢慢在××市场打出了知名度。

2019 年，××传媒逐步突破，业务稳定增长，经过一段时间的市场验证，团队决定再次投入资金，购买设备，扩大规模，提升服务质量，填补××市场演绎行业设备的空缺，从刚开始的只能承接小型活动，到现在成功转型承接大型活动。

2020 年，疫情暴发，面对这一严峻形势，政府下令停办了所有的聚集性活动。为了积极配合国家的抗疫政策，××市场停办了所有活动，××传媒遇到了前所未有的困难，没有承接活动导致没有营业收入，团队入不敷出，我们只能咬牙坚持。9 月，工作室跟随学院搬迁到新校区，入驻全新的创业园接受孵化扶持，并通过学院的推荐加入××市青年创业协会，与××市创业青年一起共同交流学习。同年，学院承接了××省大学生创新创业大赛，我们很荣幸接到为大赛提供技术保障的任务。我们整合了所有技术力量，完美地为大赛提供了音视频技术支持，为此次大赛的顺利举行贡献了一份力量，并且受到大赛组委会的一致好评。通过这次大赛，我们进一步掌握了大型赛事线上直播音视频系统的搭建与操作。

2021 年，疫情形势依旧严峻，我们带着最初的梦想，怀着满腔热血依然咬牙坚持，每一场婚礼、每一场活动，我们都尽力做到完美展现，客户给予我们的服务与技术力量充分的肯定。虽然公司无法像之前发展得那么顺利，但是我们心怀梦想，朝着统一的目标与方向不懈努力、砥砺前行，相信在党和国家的领导下，全国人民的共同努力下，疫情将进入尾声，各行各业将复工复产，我们也将迎来新的春天。

2022 年，这是公司创立的第七年。我们展望未来，依旧努力、依旧认真、依旧怀着最初的梦想，朝着未来的方向，砥砺前行！

（四）感悟与寄语

兴趣爱好是通向成功的基础，热爱一件事情，才会用心把事情做好。只要肯吃苦努力，一定会有收获，付出与收获永远成正比，成功在于坚持。面对困难，我们要有一颗勇于探索的心，才能突破困难，取得成功，达到心中的目标，造就精彩的人生。

## 四、武夷山××文化艺术有限公司

所属行业：艺术培训

担任职位：董事长

姓名：李××

毕业院校、时间：××学院、2012 年 6 月

毕业专业：旅游管理

（一）个人简历

武夷山××文化艺术有限公司创始人

武夷山市××吉他屋创始人

××少儿吉他教学服务体系研发人

赛维洛斯品牌××代言人

××市青年创业导师

团省委（××）特聘创业导师

共青团××省委“创业之星”

××学院客座讲师

××学堂金牌导师

全国××大赛评委

××市关心下一代委员会青少年教育辅导员

闽北××音乐教室器材捐赠发起人

××文创音乐助学公益发起人

中国（武夷山）××艺术节总策划

（二）企业简介

武夷山××文化艺术有限公司，是××学院 2012 届毕业生李××于 2010 年开始就地创业的项目。2010 年 5 月，其成立于世界双遗产地武夷山，是一家集少儿艺术教育、演艺经纪、职业技能培训、线上知识付费、教育服务咨询、教材研发、线上音乐栏目制作于一体的文化型教育服务公司。旗下项目有××吉他屋、××鼓堂、×××非洲鼓、××青少儿教学服务体系、××学堂、××传媒、×××尤克里里、××映画等。目前，其已在武夷山、建阳、建瓯、泉州、厦门、宁德、漳州等地开设了 16 个教学点，在学学员达

4600 人，团队成员超过 100 人，均为大中专及本科以上学历。

公司自创立以来，秉承着脚踏实地的创业精神已获得一系列荣誉，主要有：于 2012 年荣获武夷学院创业示范店荣誉称号；2014 年荣获福建省人力资源和社会保障厅创业资助项目一等奖；2014 年荣获共青团福建省委“创业之星”提名奖；2017 年获南平市人力资源和社会保障局批复成为大中专毕业生就业见习基地；2018 年荣获共青团福建省委第四届“挑战杯·创青春”福建省青年创新创业大赛商工成长组三等奖；2020 年获南平市关心下一代工作委员会批复为青少年教育基地；2020 年获南平市人力资源和社会保障局、南平市委人才办批复为“南平市人才驿站”；2020 年获南平市文明委批复为南平市新时代文明实践公益音乐传播示范点。其连续与政府联合举办中国(武夷山)××艺术节暨全国××××××邀请赛；是闽北××小学音乐教室器材捐赠公益活动发起单位，同时发起培优、圆梦优秀学习助学项目。

公司以音乐为载体，以提高当地青少儿艺术特长为己任，以满足不同层次、年龄段学员的学习需求为目标，秉承着“舞台属于所有人”的教育培养理念，致力于打造各种大小平台，发起音乐助学公益项目，连续举办青少儿艺术展演，用舞台的方式让孩子们更好地去体验和表达，让家长们更好地见证孩子们的成长，同时为普及青少儿艺术教育事业贡献一份力量。

武夷山××文化艺术有限公司以线下直营店和项目研发经营发展为基础，结合 5G 时代新需求，构建以线上知识付费平台为主和线下校长班培训平台为辅的两种经营形式，致力于打造新型“互联网＋”的商业模式。其通过“体系加盟＋线上微帮＋线下训练营”等指导方式，帮扶全国超过 4000＋“创业型艺术教培机构”，体系加盟超过 1200＋。同时用创业的思维方式，做琴行运营管理，争做全国行业标杆。公司旗下琴行学堂定期举行××线下校长创业训练营，邀请业内知名导师进行授课，汇聚全国各地的××校长，提供交流平台，携手共进，辅佐××校长成为优秀××的创业者。第一届全国“琴行学堂校长班”于 2020 年 10 月已经顺利在武夷山市悦华酒店举办，组织了全国 200＋艺术培训学校学习交流，培训艺术培训校长如何做好教学、管理、行业特色音乐会体系。

(三)创业经历

时光流逝，如白驹过隙，思绪飘飞，时光回到了 2010 年。这一年大二，阳光灿烂，年华正好，我常日里也捧着书在教学楼、宿舍间穿梭，却始终向往着外面的繁华世界，也为内心的躁动，也为现实生活。逢周末，晨出晚归，不断奔跑，酒店、客房、西餐服务员，婚礼现场打杂，琴房扫地、拖地、端菜、送饭。直到那一天，我应聘兼职了球童，在高尔夫场看到了电视上的场景，真的可以这么体面，谈笑之间优雅地就把事情给办了。当夜不能眠，辗转反侧，问自己，告诉自己，我有机会吗？我可以吗？我想，我可以，我行。于是，我带着未知和期待开始了创业生涯。

这一天是 2010 年 5 月 11 号，东拼西凑 1500 元，我租下 27 平方米的场地，没有玻璃窗,没有教室,没有前台。每当冬天风起刺骨的冷,卷帘门拉下,抱着吉他,唱着歌,围着围炉也暖和。我给它取了个名字:××吉他屋。当时我还没有远大的规划,只是觉得暖心,除了想缴纳学费,还有内心的一点点欢喜。

2011 年,这一年冬天,我计划着去龙岩找刘××,被×姐阻拦:她说我的店面到期了。隔天起来,凑巧这一家房东和房客在吵架,我去安慰了租店的阿姨,表达了感同身受。她说我儿子如果有你这么懂事、努力就好了,于是免去了大量的转让费,我们扩大了店面。远在深圳的表弟说,给我设计一个 Logo,我没当回事,3 个月以后,××的图形首次面世。

2012 年这一年,国家鼓励大学生创业,我赶上了好时代,成为第一批享受校园福利和国家政策的新创业青年。荣誉是一种鼓励,也是一种认可。闲聊时,学院的杨老师说,得想个标语。都说如果可以选择自己的兴趣做事业,那么就是飞驰一般的人生。那么它就叫:音乐,是一种生活方式吧。这一年,团队有了雏形,有几个不错的徒弟,林××、沈××、陈×、魏××、张××、胡××、达××等。这一年,陈××离开去了上海,我的大学同学郭××辞去了德邦的工作开始了鼓堂,小××跟她的同学一起来旁听学吉他。

2013 年这一年,有一个晚上特别让我印象深刻,吃完阿顺烤鱼的同事的妈妈走进了吉他屋,我们一起唱了《送别》,他们开始学吉他。伯乐常有,千里马难寻,我们很幸运遇见了这一群品学兼优的孩子,杨××、黄××、陈××、林××、胡××、祝××、林××、占××、王××、徐××等,如数家珍,记忆满满。我们开始办音乐会,做各种活动,让孩子们可以有更多的舞台锻炼成长。

2014 年这一年,是历史性的一年,我们因为兢兢业业被团委看中,推荐参加了人社厅的创业资助项目路演。我发挥得还行,运气不错,拿了第一名,奖金颇丰。我通过比赛,长了见识,开阔了眼界,打开了思维。这一年,我们上了报纸,上了电视台,上了一个台阶。

2015 年这一年,更多人看见和知道了××屋,我们进行了品牌升级,设××宫总部。这年秋天,团队商谈再三,远离舒适圈,进驻×××市区。

2016 年,一切只为更好的你。这一年我们探索了很多的学员展示方式,户外的、室内的、大型的、小型的,慢慢通过舞台也展现了一批优秀的学员。这一年,我们做了颁奖典礼,这一年的小×突飞猛进,全能型人才,于是,武夷山度假区校区开业。

2017 年,是××屋第八年,走出×××,来到了××。从筹备到设计再到具体落地,200 个日日夜夜,我们跑了十几趟,也开始尝试摸索一条特色道路。

2018 年,不断努力,就会不断被看见。这一年做了很多让我们感到骄傲的事,获颁市人社局大中专毕业生就业见习基地。××吉他屋泉州水头校区正式开业,××吉他屋厦门湖里校区正式开业,举办第三届中国(武夷山)海峡吉他艺术节暨全国××××

××邀请赛，更庆幸的是，××团队慢慢有了默契的战斗力。

每个孩子都可以有一个音乐梦。2019 年这一年，我们获批为××音乐学院省考级统筹办，在母校举行了第五届××××××艺术节，启动闽北“××”音乐教室器材 300 万元捐赠。同时，××吉他屋建瓯校区正式开业，××吉他屋厦门翔安校区正式开业。

2019 年，这一年我们做了很多事，印象最深的应该就是艺术节启动了××音乐教室器材捐赠，作为第一所被捐赠的学校——××小学，还特别做了一个仪式，那个戴红领巾的小女孩给我鞠躬敬礼的时候，我知道，我还有更多的事可以做。

我们坚信舞台属于所有人，团队从 1 人到 100 人，校区从 1 家到 16 家，学员从 1 人到 4600 人，体系从没有到全国 3000 多家的琴行校区。我一直坚持每个孩子都可以有一个音乐梦，于是我们启动了圆梦·培优丨音乐助学，闽北××音乐教室器材 300 万的捐赠。疫情防控期间我们转战了互联网，打造全国艺培行业的平台：××学堂，邀请全国的艺培校长一起交流。我们愿意为青少儿艺术教育保驾护航，贡献自己微薄的力量。

（四）感悟与寄语

创业需要踏实肯干，勤奋努力，顺势而为，多学多看。

学会感恩，不忘记初心，不拒绝商业，尝试多做公益。

有条件多帮助身边的人，赋能身边也是给自己储能。

# 第三节　科技类

## 一、香港××金属控股有限公司

所属行业：贸易

担任职位：副总经理

姓名：胡××

毕业院校、时间：××学院、2005 年 7 月

毕业专业：促销与广告专业

（一）个人简历

上海××国际贸易有限公司，副总经理

香港××金属控股有限公司，副总经理

宁德××工贸有限公司，总经理

（二）企业简介

香港××金属控股有限公司是××学院 2005 届毕业生胡××于 2013 年与合伙人共同创立的公司，2013 年成立于香港并于 2014 年在上海成立上海××国际贸易有限公

司，是一家专业的欧美金属材料进口贸易公司，为国内分销商提供更好的资金支持、仓储物流服务，成为欧美原材料厂商与国内分销商的纽带和桥梁。

公司作为德国××诺贝丽斯(Novelis)建筑产品在中国内地、香港及澳门地区的总代理，××金属依托诺贝丽斯的资金与技术支持，与广大经销商一起进行各种市场推广和营销活动，形成了一支有影响力的经销商及业务团队。我们专注于铝合金在机场、会展中心、会议中心、体育中心、中央商务区(central business district, CBD)、高端酒店、幕墙、室内装饰的应用。

公司先后承接诸多大型项目，如大连国际会议中心、武汉中心、上海JW万豪侯爵酒店、珠海仁恒、深圳中广核大厦、杭州来福士广场、长沙大王山冰雪世界、苏州吴江大剧院、南京新国际博览中心、杭州奥体中心、杭州亚运会电竞馆、广州NBA馆、央视CCTV大楼、福州海峡会展中心等。

(三)创业经历

时光飞逝，从踏入××学院校门到现在已经过去整整20个年头，我在感叹时间如流水的同时也回顾了这20年的点点滴滴。时间是最公平的，它不会因为你的出生而对你有偏倚，更不会因为你的乞求而对你特别宽容。回想大学生活还历历在目，老师的言传身教、同学的纯真友谊都成了我现在最大的财富和最美好的回忆。

那是在2004年下半年，我们都将在下一年步入社会，开启人生的另一个篇章，找工作、找什么样的工作成了同学们讨论最多的话题。我也不断地在问自己，我适合做什么？我能做什么？在没有任何家庭背景的前提下，刚刚毕业的我只想着先减轻家里的负担。结合自己的专业并通过和老师长时间的反复沟通与交流，最后我还是选择了和自己专业对口的营销行业。在营销管理这个行业中不断打磨和提升自己，当中我经历了8年的不断试错，在这个过程中也交了许多学费，但是一直都没有放弃那颗想要完善自我的心。我于2006年加入中国××企业负责福建省的食品销售；2009年加入×××集团担任销售总监，负责全国的纺织品销售业务；2012年和合伙人共同在杭州成立公司经营××××市场，管理直营与加盟店铺约300家，销售额约2亿元；2013年准备多元化发展，也由于在经营的过程中遇到了好的合伙人，因此共同成立了××金属。刚开始的几年间我主要负责纺织品贸易的管理，后来因为淘宝、京东、拼多多的盛行对实体贸易销售行业造成了非常大的打击与阻力，最后才做战略调整，将经营重点转移回金属贸易版块。出于对国家政策的自我解读，近几年来因为疫情的影响，国家拉动经济的举措之一还是会放到基建上来，所以建筑金属材料对于公建项目而言还是有很大的空间和机遇的。2021年，在行情不太乐观的前提下我们还是承接了杭州亚运会的两个场馆幕墙的材料加工，也相信在党和国家的正确领导下，本着不躺平的精神，积极面对，响应号召，配合管理，最后我们一定会战胜疫情，迎来胜利的曙光。

（四）感悟与寄语

没有一蹴而就，更不要想着坐享其成，厚积薄发并不断地去完善自我，相信自我，踏实地去做好每一件事情，不要想有了结果才去努力，而是要努力了去等待和争取好的结果。前期不要害怕失败，去摸索和寻找适合自己发展的道路尤为重要，不可盲目地“心急乱投医”。创业的路上多风雨，然而，不见风雨怎能遇见彩虹呢？每一次的经历都把它当作人生的财富，希望回首过往的时候，你不会遗憾说自己曾经不够努力。

真心祝愿您在创业的道路上收获满满。

## 二、福建××园林建设有限公司

所属行业：建筑业

担任职位：董事长

姓名：彭××

毕业院校、时间：福建××大学、2002 年 6 月

毕业专业：园林

（一）个人简历

福建××园林建设有限公司创始人

园林专业高级工程师

福建省招标与采购中心专家库评委

龙岩市农业学校客座教授

（二）企业简介

福建××园林建设有限公司是福建××大学 2002 届毕业生彭××于 2009 年开始就地创立的项目。2009 年 3 月，其成立于具有优良传统的闽西红土地龙岩，是一家集园林绿化工程的设计、施工，市政公用工程、房屋建筑工程、建筑装修装饰工程、古建筑工程、城市及道路照明工程、环保工程、土石方工程、体育场地设施工程、机电设备安装工程的施工，营林造林工程的设计、施工，苗木、花卉、盆景、人工草坪、园艺专用工具、石材、工艺品的销售，园林技术咨询服务的工程设计、施工及咨询于一体的服务型公司。公司承接过房地产及市政工程项目的设计和施工，如承接汇盛花园园林绿化工程、漳州华元小区、南靖 110 指挥中心、登高公园园林景观工程、龙岩大桥景观绿化工程、福利中心景观绿化工程、解放北路、东环路绿化工程、厦蓉扩容适中服务区和东肖收费站景观提升工程、石狮风炉山景观绿化工程、两山栈道连接线绿化工程等。公司目前承接的设计和施工的项目成百上千个，为市民和居民创造良好的出行和居家环境。公司团队成员超过 50 人，大部分为本科以上学历，福建多地设有分支机构。

公司自创立以来，本着诚信、坚持、奉献、创新的精神已获得一系列荣誉，主要有

2016年至2019年连续3年被龙岩市工商局和市政府评为重合同、守信用先进企业称号，2020年被龙岩市慈善基金会评为抗疫先进企业，2021年被龙岩市住建局评为抗旱先进企业，2017年被住建部评为3A信用企业，2017年与龙岩市××学校校企合作，为学校提供实训基地。

公司致力于为人类创造环保健康的环境，研发新产品、新工艺、新技术，不断提升服务水平和专业知识。十年树木、百年树人，公司为创造良好的人居环境和培养优秀的人才贡献自己的一份力量。

（三）创业经历

以梦为马，不负韶华，重回首，去时年。时光回到2009年，这一年，阳光灿烂，年华正好，常日里早晨起床准点上班，努力工作所付出的劳动与收获并不能满足我。我是一个来自农村的少年，父母亲起早摸黑地干农活，辛辛苦苦一辈子，平日的基本支出都满足不了，入不敷出，于是乎，让我浮出创业当老板的想法。出来工作了几年，积累了专业知识，凭着自己的满腔热血，带着未知和期待，我们开始创业之路。

刚开始我们承接私人业务，随着业务的增长，我们积蓄了资金和团队，2009年3月注册了福建××园林建设有限公司。注册完后，我们又开始筹备证件。因为当时政府工程要有资质才能投标，资质需要有工程师、岗位证等证件，筹备了4个月，我们终于于2009年7月通过审批拿到了绿化资质三级，就这样，慢慢开始了承接市政工程之路。

2010年，我们人员配齐，开始参与政府公开招投标，当年投中了龙岩市福利中心景观绿化工程，组织了人员开始实施该项目。因为该项目，我们人员从最初的3人发展到5人；因之前在厦门上班时积累了一些新工艺，用于该项目的实施，把厦门学到的技术运用于龙岩项目，最后得到××中心业主的认可，也让我们积累了宝贵的经验，搭建了更有凝聚力的团队；因对施工工艺的极致追求，赢得了社会的广泛好评。

2015年这一年，我们开发了很多新技术和新工艺，其中的垂直立体绿化，结合藤本、开花植物和外挂式花箱等容器，不仅增加了绿化率，又美化了空间环境，让墙体不再尴尬。

2017年，市政府尝试提出××绿化指导性意见，建议城市绿化少用大直径苗木，建议用胸径低于15 cm的苗木。而××北高速出口作为指导性意见的第一个项目，那么开阔的场地，小规格苗木要配置出大园林景观效果，实属不易。经过一段时间后，公司几个专业人员凝心聚力，讨论采用小口径苗木群植配置法，边上再配置更小的苗木，找到对标的对象，形成反差，最终造出大园林景观。这个项目得到了表彰，历练了团队，也让我们建立了自信。

我们抱着创造美好的人居环境的愿景，不断升级团队的专业度，不忘初心，向着人类健康环境出发，为社会贡献自己的绵薄之力。

（四）感悟与寄语

勤劳、坚持、专注，一生只做好一件事。领导力表现于下属对你的信任感和认同感！真正的人格魅力是利他，帮扶他人，以诚相待，懂得关怀身边的人，大格局做人，不计较得失，做事严谨；不忘初心，牢记行业使命，永不偏离方向，多做一些对社会和人民有益的事情！

## 三、武夷山×××生物科技有限公司

所属行业：茶行业

担任职位：董事长

姓名：郭××

毕业院校、时间：××学院、2017 年 6 月

毕业专业：计算机科学与技术

（一）个人简历

武夷××创始人

武夷山×××生物科技有限公司董事长

武夷山市××××投资发展有限公司董事长

武夷山市××文化传媒有限公司投资人

武夷山茶×××文化传媒有限公司投资人

×××茶业天猫旗舰店 CEO

福建省省级创业导师

新疆生产建设兵团第二师×××市青年创新创业导师

福建省“挑战杯·创青春”大赛、福建省青年创新创业大赛评审

××市市级创新创业导师兼创业大赛评审

××学院创新创业导师

××学院商学院就业指导老师

福建省××职业技术学院创新创业导师

共青团×××委员会委员

福建省首个大学生创新创业基地（×××）街区主任

福建省五四青年奖章获得者

福建省青年企业家协会常务理事

福建省青年促进会常务理事

×××院创业联谊会副会长

××市青联委员

×××十大杰出青年

×××青年企业家商会副会长

××健康长寿研究所副所长

(二)企业简介

武夷山×××生物科技有限公司成立于2011年,是以经营武夷山生态茶业,传播武夷茶文化为主的创业型公司,从2011年开始实体茶店销售,2012年线下实体批发,2013年电商大爆发,直至2021年介入直播销售,10年间销售茶叶近1000万斤,帮助茶农脱贫致富,助推乡村振兴,以武夷山为中心,经销商遍布全国。2018年公司开始研究武夷白茶,成功注册武夷白茶叶商标,拥有红茶、岩茶、白茶三大类生产资质,在武夷山××乡高山区种植30亩武夷山××试验基地,1000亩备用基地,是集生产、销售于一体的公司,公司负责人郭××,入谱建阳××传承人叶××,2022年申请××非遗传承人。企业将成为武夷山唯一一家有名有实的武夷××企业。公司注重社会使命,2020年适逢国家遭遇新冠危机,及时从国外大量买进防疫口罩捐给国家,多次响应学校、政府号召进行捐款捐物扶贫工作。近年来,公司为社会培养了一批又一批人才,为武夷山经济做出贡献。公司总部目前在福建省武夷山市××××××茶业基地。

(三)创业经历

郭××,××学院创办以来首个在校生成立正规企业的创业者,2008年大一接触股票投资,并正式参与证券交易,获利后,于2009年创办××××超市;2010年创办××大学城创业中心,成功探索了“平台+”创业新模式,帮助学生零成本创业;2011年开始茶叶实体批发,帮助茶农销售大量囤积库存;2011年创办武夷山×××生物科技有限公司;2012年承包武夷山××片区汇通快递,投资住宿行业,完善产业生态链;2013年开始从事茶叶电子商务;2014年经营茶叶别墅会所,实现高端会员预售制,收购×××茶业品牌并成功入驻天猫商城;2015年创办武夷山市××××投资发展有限公司;2016年投资武夷山××电子商务有限公司,投资武夷山×××文化艺术酒店;2017年投资武夷山××××服务有限公司;2017年投资大学生团队,武夷山市××文化传媒有限公司,一路资金与资源扶持,一度成为××地区影视行业领军者;2020年投资武夷山××文化传媒有限公司;2021年投资武夷山茶×××文化传媒有限公司,主打短视频直播带货,涉及网红经济。

2011年获得首届福建省海西大学生创业MBA“创业之星”;2012年获得福建省省级创业资助5万元整,受聘于××学院商学院任就业指导教师;2013年成为团中央“我的中国梦”主题讲师,获得《福建日报》“创业英雄”栏目专题报道《创业路上,我一直前行》,获得“武夷山十大杰出青年奖”;2014年获得“南平市五四青年奖章”,获得南平市我们身边的“创业·致富”好青年荣誉称号,受聘于××学院校团委任创业指导教师,获得×××电视台关于创业成功青年专题采访,获得共青团《创业天下》杂志以“打造茶叶王国的勇者”专题采访;2015年选举成为共青团×××委员会委员,成为××学院创业联谊会副会长，获得“福建省五四青年奖章”，受邀前往新疆生产建设兵团做创业指导，受聘于新疆生产建设兵团第二师×××市任创业指导教师；2016 年获得《今日中国》杂志采访，成为福建省首个创新创业基地(×××)街区主任；2017 年受聘于××技术学院任创业指导教师，选举成为××市青联委员，成为××市市级创新创业导师兼创业大赛评审，成为×××青年企业家商会副会长，成为××省省级创业导师；2018 年成为××市创新创业导师，成功研发武夷××，并在 2021 年开始量产；2019 年成为××省青年企业家协会常务理事、××省青年促进会常务理事；2020 年及 2021 年连续受邀成为××省青年创新创业大赛评审。

(四)感悟与寄语

从大一开始创业，至今 13 年，我悟出了做任何事情都要顺势而为，趋势很重要，选择大于努力，创业要选在风口来临前的产业。创业就像练武功，天下武功唯快不破，快速进入新兴产业才有机会跑赢市场，时代变化很快，只要认真学习，始终会迎来属于你的机会。我希望更多的创业者在完成原始积累后，积极进取，开拓事业，不忘初心，为社会、为国家多做榜样、多做贡献。

## 四、福建省××园林工程有限公司

所属行业：建筑工程

担任职位：董事长

姓名：谢××

毕业院校、时间：华南××大学、2000 年 6 月

毕业专业：观赏园艺

(一)个人简历

福建省××园林工程有限公司创始人

××职业技术学院风景园林专业讲师

园林高级工程师

福建省综合性评标专家库入库专家

福建省科技特派员

龙岩市科技特派员

(二)企业简介

福建省××园林工程有限公司由华南××大学 2000 届毕业生谢××于 2013 年创建，是一家服务于闽西本土以创有灵魂景观为特色的创作型园林企业。公司创立之初就以“创有灵魂的景观”为己任，立足本土，服务地方政府与企业，协调“天、地、人”三者的关系，将室外景观打造得有特色、有生命、有活力。

公司在龙岩园林行业具有较高的知名度，属于技术型服务类企业，具较强的技术实力，拥有完整的各类园林专业人才，公司的每个设计师至少精通一项以上能力：文案策划、方案设计、效果表现、土建设计、结构设计、水电设计、植物配植、工程预算……专业团队的配合，使得团队拥有很强的战斗力，涌现了许多优秀的作品，获得各级领导的认可与肯定。公司的许多作品已成为龙岩的标杆样品，近年公司参与大量的乡村振兴规划设计、公园景观设计、道路绿化设计、古建修复设计。下面摘取龙岩本土10个典型案例：

(1)高速公路××服务区、××服务区景观设计(高速公路)。

(2)龙岩××公园景观设计(城市公园)。

(3)龙岩专用车××公园景观设计(主题公园)。

(4)长汀××书院景观设计(古建庭院)。

(5)上杭县城××提升设计(城市绿化)。

(6)长汀××人家及××山庄规划设计(农庄规划)。

(7)长汀红军长征第一村规划设计(旅游景观)。

(8)上杭××美食街规划设计(主题策划)。

(9)上杭×××××公园景观设计(乡村振兴)。

(10)靖永高速××服务区景观设计(旅游景观)。

(三)创业经历

专业萌芽：自己选择从事园林行业源于初中时一个好朋友家的阳台，他家的阳台上种满了各种好看的花卉，一下就吸引了自己的眼球。那是1993年，我读初三，正是一个充满憧憬的岁月。改革的春风使大家对未来的生活都充满了激情与想象，而当年自己还住在土坯房里，很渴望拥有像样点的房子，那时最大的梦想就是建一幢别墅，拥有属于自己的花园。那时我在梦中会想着给乡村邻里的家设计布局花园。

择专业：高三填报志愿，第一是想去看看外面的世界，所以选择外省；第二家境不富的我首选公费；第三受一年级语文里读到的“美丽富饶的海南岛”这句话的影响，再加上当年海南岛为经济特区，所以选择了海南；第四要与园林专业相关。综合以上因素，我第一志愿填报了华南热带农业大学观赏园艺本科专业，在当年自己的想象中，园艺就是设计庭院、种植花草的专业。

专业实践：毕业后的第一年春节是在工地过的，跟农民工一起住在了自己参与搭建的工棚里，参与海南凤凰花城的设计及施工，这也算是我第一次的专业实践。2001年9月，我进入龙岩××学校任园林专业老师，通过一年的专业实践，重新回到学校，在传授知识的时候才发现自己的专业知识是那么不足，于是我开始了对专业知识的恶补，只要不上课的时间，基本都是待在房间里自学，从而熟练掌握了AutoCAD、3DMax、Photoshop等园林设计类软件，还尝试着帮人绘制了一些简单的平面方案及效果图。那时一个月一千来块的工资，只能勉强维持自己个人的生活开支。为了增加收入，我就拿着自己的作品去园林企业寻求兼职工作。

专业提升：2003 年 9 月，我来到××职业技术学院任职，当时学校出台了鼓励在职教师攻读研究生的政策，于是我来到上海攻读并获取了上海同济大学风景园林的专业硕士学位，自己关于专业上的许多困惑在课堂上得到了解答，并在求学期间在两家专业园林设计类企业上班，从而得以全面了解中国的园林设计行业，此时从教的经历给了我很大的帮助。因为善于总结、提炼并发现项目中的闪光点（老师在传授课程时，需要对知识点进行消化、吸收与总结，然后通过自己的语言组织对学生进行传授），所以我很快就可以独立带领团队开疆拓土。我们在国内许多的大项目竞标中战无不胜，树立了自己的专业自信。

专业实践：因为有了独立带队的项目经验，再加上那时全国各地园林项目均在开建，园林行业迎来发展的黄金时光。2013 年前我经常奔波于全国各地，在三家甲级设计院兼职主创，主持了许多上亿规模级别的项目规划及设计。

创业：2012 年年底之前，因为都是兼职工作，所以都要自己动手进行文案策划、方案设计与文本排版，经常加班加点，而长时间保持一个坐势，引起腰椎刺痛，为了及时交稿，我还得咬牙坚持，有了健康危机意识，就有了组建自己设计团队的想法。当时龙岩还没有专业的园林设计团队，大家把园林设计师等同于室内设计师，认为设计师一个人就可以从方案到施工图再到现场服务完成全部的工作。于是 2012 年 12 月我在龙岩的五洲财富租了一个小小的单间办公室，开始了团队组建计划，从刚开始只有自己一个人办公，到后面慢慢地有了 3 个设计师，分别从事平面方案、效果图制作及施工图设计，承接了一些山庄、别墅及村级小型公园的设计；2013 年 6 月，办公室迁到东肖××商务区，我们拥有了一个较宽松的办公环境，团队也开始承接一些较完整的园林设计项目，可以提供项目策划、方案设计、效果表现、施工图设计及预算编制等工作；2018 年 9 月，我们自购了万达中心的写字楼，拥有了一个良好的办公环境，公司团队也得到壮大，拥有了强大的方案策划、方案设计、效果表现、土建施工图、植物配图、结构及水电设计、预算编制、项目施工服务等能力，为龙岩的本地政府与企业提供完整的园林设计一条龙服务。经历几年的发展，公司服务的项目遍布 7 个区县，特别是参与了自己家乡×××镇、××××井、××××校址、××县城老城区、××高速出口养护站及××服务区的景观设计，自己感到特别骄傲与自豪，因为这是一条自己走出乡村的路，也是从龙岩回老家的路。

（四）感悟与寄语

创业要有梦想，为自己的梦想努力会是一件幸福的事。

创业不是目的，只是为了实现自己梦想的一种手段。

创业成功的标志是自己内心的充实感，能帮助别人，能获得社会及身边人的认可，能获取相应的报酬。

## 五、福建省×××技术有限公司

所属行业:技术服务业

担任职位:董事长

姓名:朱××

毕业院校、时间:××大学、2006年6月

毕业专业:土木工程

### (一)个人简历

朱××,男,中共党员,本科学历,市政及电气工程师。创业以来,非常重视强化理论学习,注重个人综合能力的提升,2013年参加厦门大学管理学院高级管理人才(executive development program, EDP)培训班,2017年参加浙江大学现代企业家高级研修班,2018年参加中央党校2018年度全国青年创新与领军人才研修班,2019参加行动教育"浓缩EMBA"高级研修班,2021参加厦门大学管理学院EDP中心"北极星计划"。现任福建省×××技术有限公司董事长、××市××检测协会会长、××市建筑业协会常务副会长、××市工程建设质量安全协会常务副会长、××市福建××商会名誉会长、云霄县××镇商会名誉会长等。

### (二)企业简介

福建省×××技术有限公司成立于2004年,公司已取得省市场监测管理局颁发的检验检测机构CMA资质认定证书,具备建设工程质量检测"4+1"资质(综合类)、公路工程质量检测、水利工程质量检测、消防设施检测、防雷装置检测以及生态环境领域检测、环境影响评价、环保竣工验收、在线监测、土壤调查与评价、公共场所卫生检测与评价、职业卫生检测与评价、食品检测等资质。公司现拥有实验室、办公场所8000多平方米,配备3000多台(套)国内外先进的检测、科研仪器设备。

公司设施齐全、功能完备、人才集聚,拥有国家知识产权局颁发的专利56项,先后获得国家级高新技术企业、福建省科技小巨人领军企业、福建省省级新型研发机构、福建省科技型中小企业、福建省中小企业公共服务示范平台、漳州市重点科技服务机构等荣誉,是厦门大学、福州大学、华侨大学、福建农林大学、集美大学、福建工程学院、闽南师范大学、漳州职业技术学院、漳州卫生职业学院的校企合作单位,同时也是福建省工程建设地方标准《混凝土结构耐久性现场检测与评定技术规程》的编制单位。

公司自成立以来,以"用一流的检验检测技术服务社会"为使命,秉承着"专业、诚信、服务、创新"的企业价值观,始终坚持"以客户需求为中心,为客户提供全面优质的检验检测服务和解决方案"的经营理念,凭借对行业发展方向、全面的检验检测服务、精细化管理思想以及对客户需求的精准把握,全力将"×××"打造为国内一流的综合性检

验检测集团。

（三）创业经历

2008年我与厦门×××工程技术有限公司合作开设漳州分公司，连续多年在漳州市交易中心年度排名前三。2011年，国务院办公厅以国办发〔2011〕58号印发《关于加快发展高技术服务业的指导意见》，首次将检验检测作为独立的行业进行定位，并确定为国家重点扶持的"高技术服务业"。当时××本地的检测检验机构仅寥寥几家，福建省××工程检测服务有限公司就是其中一家。××检测公司位于漳州市芗城区××村的民房里，仅有一个建筑材料专项资质，员工约15名，年产值70多万元，2011年由于经营不善，濒临倒闭。我全资收购该公司后，于2013更名为"福建省×××技术有限公司"，同年成立公司研发中心。

创业的路途上充满了艰辛和坎坷，由于自己从学校毕业后就一直在政府部门工作，从没有过经商的经历，更没有想到初涉商海会碰到扑面而来的重重困难和多方面的压力：资金如何解决、场地怎么落实、技术人员如何引进、如何打开市场、怎样招揽客户、面对竞争对手又该怎么办……这么多的问题，忽然间摆在你面前，一下子不知从何入手，我第一次感觉到了商海的习习冷风。

2015年因实验室场地不足，我几经周折，全资收购××纱业（现已更名为福建省××工贸有限公司）进行改扩建，占地约9000平方米，检测基地雏形基本形成，2016年完成总部搬迁。同年，我带领团队获得高新技术企业、科技小巨人领军企业、建设工程检测AA级信用机构等荣誉。

为了满足市场需求，公司不断加快发展步伐，2017年取得幕墙、钢构、节能、智能化、可靠性鉴定、桥梁检测等专项资质，新增环境检测领域资质。2018年公司成立××××常山及龙岩分公司，入库科技型中小企业，获批省级新型研发机构、漳州市重点科技服务机构。2019年公司取得建设厅综合资质，是××唯一一家具备建设工程质量检测综合资质的企业。2020年公司设立××××泉州分公司、古雷分公司，以及福建省××食品有限公司。

就这样，在不断的创新中，经过10年的不懈努力，员工人数增长20倍，营销总额增长40倍以上。公司现有员工300多名，检测实验室、办公场所8000多平方米，共配备3000多台（套）国内外先进的检测、科研仪器设备。业务范围涵盖建设工程、交通工程、水利工程、消防工程、防雷装置以及环境检测、食品检测等多个领域。

为了更好地为客户服务，也是为了能够在这个高技术行业中站稳脚，我始终秉承"专业、诚信、服务、创新"的价值观，不忘初心，以"脚踏实地，艰苦奋斗"的精神务实经营企业，不断推动企业创新发展。2013年公司组建研发部，研发投入逐年稳步增长，2020年度研发费用744万元，主营收入5183万元，研发支出占年度主营业务收入的14.35%，近3年购入约900万元的大中型仪器设备，用于公司的研发。截至2022年，我带领团队共申报国家专利70余项，已授权国家专利56项，4项发明专利目前正在实质审查阶段。

随着与古田××××学院的合作，我们将在这个平台上，有效整合多方资源，实现优势互补、资源共享、合作共赢、共同发展。

（四）感悟与寄语

创业感想：①不要轻易满足现状，不断创新的同时，其实也是在成就自我；②只有保持学习的习惯，才能有源源不断的动力；③永远不要自我否定，要相信“相信的力量”可以带领我们走出低谷、攀上高峰。

寄语：相信自己，相信未来。

## 六、福州××食品有限公司

所属行业：食品类

担任职位：董事长

姓名：陈××

毕业院校、时间：福建××学院、2019级在读

毕业专业：食品科学与工程

（一）个人简历

陈××，执行董事，食品科学与工程专业，自律，上进心强，善于团队合作，思维严谨，曾获校“优秀学生干部”、校“三好学生”荣誉称号，校一等奖学金。其具有较高的设计水平和丰富的管理经验，比赛经验丰富，曾获2020年“我享创业”大学生创新创业路演大赛三等奖，校“第六届互联网＋”比赛铜奖，校“第七届互联网＋”比赛银奖，第七届××省“互联网＋”高教主赛道本科创意组铜奖。

（二）企业简介

2019年7月公司正式注册，主营其他预包装食品的零售（不含国境口岸）、其他散装食品的零售（不含国境口岸）、食品科学技术研究服务等业务。公司依托我校食品研究中心的技术，展开线上线下互动的扩展型市场发展战略。公司的目标市场初期瞄准福州及周边地区，逐渐扩散到南平、厦门、龙岩3市，覆盖福建城市群，后期往全国发展。初期采取直接进入战略和向前一体化战略，以线上支付、线下提取结合作为主要渠道，并不断寻求发展机会，渗透品牌理念；中期采取成本领先战略和产品差异化战略；后期采取向后一体化战略和产品多元化战略，建立生产工厂，控制生产权，以满足消费者更高层面的需求，同时带动600人就业。

（三）创业经历

福州××食品有限公司，由××工作室发展至今，2019年7月正式注册公司。公司

在 2017 年 9 月份的××省大学生创新创业比赛中获得优秀奖；2018 年获得××省“挑战杯”大学生创业计划竞赛银奖、校大学生“挑战杯”创业计划竞赛获“一等奖”；2018 年 11 月，代表学校参加首届××国际食品产业园美食文化节，获得最佳创意美食奖，并受邀参加×××路演比赛，受到××集团高层领导的一致好评；2019 年获得校大学生“互联网+”金奖。目前我们已经受邀入驻×××创新空间，借此机会，我们也将依托××平台，入驻××孵化园基地并开始经营××商城。

2022 年是乡村振兴全面展开的关键之年，推进农业全领域科技创新，是发展乡村振兴的途径之一。豆类产品助农正成为研究的前沿，对助力智慧农业发展、赋能乡村振兴逐渐显现出巨大潜能。

为积极响应“乡村振兴”，围绕“自主创业、加速转化”，本项目精心组织开展了富有工作室特色的××××展销会。团队在校园进行设点宣传，运用专业的知识、通俗易懂的语言，向老师、同学介绍了团队所研发的各类产品，普及了×制品对人体的作用与功效，激发各类群体的购买欲望。

我们通过举办校园展销会，向老师、同学宣传展示了工作室的各类产品，引发了大众对×制产品的重视。展销会得到了学校师生的支持和欢迎。

（四）感悟与寄语

第一，任何创业都是有风险的。

大学生对创业也要有清晰的认识，创业成功与失败的风险是并存的，没有人敢说 100％会成功。

第二，大学生创业，项目的选择很关键。

对自己的产品或者服务定位清晰，对市场也要有准确的定位，找到未来发展的大方向。

第三，在创业团队中，管理者一定要善于沟通。

产生分歧的时候，求大同存小异。在大的事情上讲原则，小的事情上讲风格，善于采纳别人好的建议，进而更好地做好项目。

第四，大学生创业者的抗压能力一定要好。

有人说“创业苦三年”，不一定是苦三年，反正前期是比较辛苦的，因为你可能会面对很多未知的问题，待你的项目和团队步入正轨后，就柳暗花明又一村了。即使项目失败，也可以当成锻炼，总结心得，重新找到目标和方向。创业者最重要的品质是大胆和坚持。移动互联网发展速度非常快，高校的校园市场大有可为，有志者大胆迈出第一步吧！

# 第四节 信息与教育类

## 一、×××校园综合服务平台

所属行业:综合服务

担任职位:平台负责人

姓名:周××

毕业院校、时间:××学院、2019级在读

毕业专业:软件工程

### (一)个人简历

2020—2021年,负责“饿了么”校C端运营

2020—2021年,担任“转转”app××学院片区校园大使

2021年至今,××校园综合服务平台负责人

### (二)企业简介

××校园综合服务平台关注校园分类信息,为大学生提供一个综合性校园生活服务平台,帮助学校打造智慧食堂,由本校学生团队管理和运营,是一个以大学校园为单元,将学生需求和校园圈及本地商户进行高效整合,是对O2O商业模式的全新诠释。O2O将线下商务的机会与互联网结合在了一起,让互联网成为线下交易的平台,用户在互联网上了解到服务信息并且在线支付、预购服务的一种电子商务模式。目前创业的主要系统模块有校园外卖、校园商城、校园任务跑腿、校园信息发布、校园云打印等应用平台。

### (三)创业经历

大二那年,我担任“饿了么”校园大使,负责××学院和××职业技术学院的C端运营。在日常的学习和工作中,我发现取快递、买东西这类琐事浪费掉了太多的时间,在服务群找人很麻烦,又总是找不到人代办,校园里急需一个平台,将这些服务整合,既方便客户快速找到服务人员,又方便想要兼职的同学增加赚钱的机会。

在大二的暑假,一次偶然的机会,我接触到了××校园这个项目,通过长达一个月的了解,与总站的工作人员沟通,我发现这就是我们学校所缺少的平台吗?××校园综合服务平台涵盖了几乎所有的校园服务项目,又可以根据学校的特征去开发一些特色服务。我意识到了这是一个很好的商机,于是在开学前,我找到了一批志同道合的合伙人,我们根据各自的分工组建了一个创业团队,开设了“××校园××学院站”公众号和小程序。

大三开学后，我们每天想尽各种办法拉新用户：下宿舍，在操场举办线下小活动，举办线上活动。经过两三个月的不间断拉新，我们的公众号有了稳定的用户，并通过用户的口口相传，每天的用户量还在增加。在运营期间，因为没有经验，用户使用小程序时小问题层出不穷，但经过我们的耐心讲解和积极改正，公众号和小程序逐步稳定。

2021 年 10 月，我们了解到××学院大学生创业基地正在遴选项目。经过不断地写材料，对计划书不断地打磨润色，和合伙人完美的路演，我们最终入驻三创楼。

2022 年 3 月，我们与学校 3 组食堂签订合同，正式启用我们小程序为他们搭建预订点餐平台，让学生们可以提前向食堂预订饭菜，然后到食堂的取餐柜自取，帮助学生们解决排队困难的问题。

经过半年多的打磨我们的项目正在稳步发展，我相信以后××校园会推出更多特色项目，发展蒸蒸日上。

（四）感悟与寄语

创业需要脚踏实地，一步一步稳着来，切忌好高骛远；创业之道阻且长，只要坚持下去，未来是光明的，同所有创业人共勉。

## 二、武夷山××教育科技有限公司

所属行业：科技、教育

担任职位：总经理

姓名：吴××

毕业院校、时间：××学院、2017 年 6 月

毕业专业：电子信息工程

（一）个人简历

吴××，现任武夷山××教育科技有限公司总经理，福建省大学生创业基地（武夷山）创业导师，南平市创业导师，××学院大学生创业联谊会理事，××学院校团委创业俱乐部荣誉会长，南平市关工委青少年教育辅导员，武夷山人工智能公益科普传播基地公益导师，武夷山实验小学校外辅导员，青少年机器人创客一二级指导教师。

（二）企业简介

武夷山××教育科技有限公司成立于 2020 年 5 月，由“90 后”大学生组建创办，主要从事少儿编程教育、行业师资培训、行业教备销售三大模块。截至 2021 年 12 月，公司已开设直营校区两家，校区在校学生达 300 人；公司服务当地 3 所小学、1 所幼儿园开设校内兴趣班课程，兴趣班学生人数达 150 人。除此之外，校区与武夷山多个单位联合开展公益普及课堂，已经为 336 名少年儿童针对人工智能、信息技术、少儿编程教育等相关内容进行普及教学，在当地积累了一定的知名度。同时，公司与××学院形成共

建，搭建大学生就业创业实习基地，为公司的行业师资培训业务板块进行赋能，公司也因此顺利启动该模块的业务。

（三）创业经历

我 2013 年就读于××学院电子信息工程专业，在校期间担任××学院团委创业俱乐部主席，协助团委老师服务校内外大学生创业团队、对接创业比赛、组织创业交流讲座等，学习许多创业的相关知识。2015 年注册创办武夷山市××图文设计工作室，业务范围涵盖全品类印刷材料制作、平面设计、广告材料制作等。随后公司继续发展壮大，组建完整的工作团队，业务范围调整为广告宣传物料制作、平面设计、活动商演策划执行、视频拍摄等业务，实现持续盈利且逐年增长。公司于 2015 年获评"××学院大学生创业示范项目"，2016 年荣获"南平市市级优秀创业资助项目"二等奖，2017 年在武夷学院校园之星评选活动中被评为"创业之星"，2019 年获评"福建省高校毕业生创业省级资助项目"优胜奖。

2020 年疫情防控期间，人工智能优势突显作用。本人源于电子信息工程专业出身，凭借自己敏锐的商业嗅觉，我认为可以从 3～13 周岁小朋友开始培养人工智能意识，于是继续二次创业，创办武夷山××教育科技有限公司，开展专业的少儿机器人编程教育。公司秉承"每个孩子都可以有一个科技梦"的美好理念，除了专业的教学授课，还在武夷山当地开展"四点半"公益课堂、进小学开设机器人编程科普兴趣班等，在当地业界建立起了自己的品牌知名度。2021 年我们已经开设两家直营校区。2020 年被授权成为武夷山×××编程考级考点，2021 年与××学院共建大学生就业创业基地，2021 年被授予××××公益科普传播基地。

（四）感悟与寄语

创业者，伟大而坚韧。从创业的第一天起，你要面对的不是成功，而是困难和挫折。但在我们的字典里没有失败，只有百折不挠，不屈服和不放弃。当无数个难关被攻克，当无数的人因你而一起享受美好，我们感叹，创业不单是成就自我的价值，更是因为责任。道阻且长，行则将至，行而不辍，未来可期。

## 三、福建省××信息技术有限公司

所属行业：信息技术服务业

担任职位：总经理

姓名：林××

毕业院校、时间：集美××学院、2013 年 6 月

毕业专业：机械工程及自动化

（一）个人简历

中国科普作家协会科普影视创作专业委员会委员

（二）企业简介

福建省××信息技术有限公司成立于2019年4月，是福建省档案局备案为数不多的档案服务机构之一。公司致力于为用户提供先进的档案服务解决方案，全力满足用户在新形势下档案管理的需求和一流的信息资源数字化服务。

公司主要从事纸质档案整理，包括文书档案、人事档案、会计档案、工程档案、业务档案、科技档案、声像档案及电子档案数据的收集、整理，档案数字化加工，纸质档案储存，电子档案数据储存，数据灾备，服务器租赁，云服务，智慧库房建设等服务，致力于为客户提供高效率的档案管理服务和高性价比的IDC专业服务。

公司承接过福建省××信息集团、福建省××监狱、厦门市××局、厦门××建设集团有限公司、厦门××游艇旅游集团、厦门××集团、厦门××城市投资有限公司、厦门创新××管理有限公司、泉州市××局、安溪县××镇政府、福建农林大学××学院等政府国企事业单位的档案项目。

（三）创业经历

2013年顺利从母校毕业后，我寻找的第一份工作是iPhone专卖店销售顾问，刚毕业时激情满满，曾连续4个月获得公司销售冠军，薪资自然也是店里最高的。

2015年3月，我辞去工作，开启了人生中的第一次创业，前往莆田与大学同学一起做电商。当时团队只有两人，管理十几家淘宝店铺，一步一个脚印，从零开始学习，选品、拍摄、修图、上架、推广、客服、打包、发货、售后等一系列流程，到逐步适应、完善、熟练、精通，最后运用自如。经常加班发货到凌晨4点，隔天早上继续接单。可惜好景不长，半年后店铺关闭，宣告第一次创业失败。

2015年年底我返回厦门准备找份工作，命运使然，碰到大学时期的学长。听了他的创业经历后，我一是被他的理念与热情所吸引，二是当时没有规划好下一步要怎么走，就暂时留下来为他的水族事业增添绵薄之力。除了负责公司产品的制作、包装、发货，我运用在莆田的经验开辟了电商的销售渠道（B2C），为公司创造了更多的利润。

2016年，公司已经渡过生存期逐渐步入正轨，可迫于家里的压力，8月我离开公司，从厦门回到漳州国企单位上班，领着微薄的薪资，度过第一年。

2017年，身体里不安分的因子开始躁动，思来想去，在不影响正常上班的情况下我搞起了副业（微商）。凭借良好的产品质量以及无可挑剔的服务态度，我慢慢积累起来客户，当然收入也慢慢增加，足以支撑我在漳州舒舒服服地过小日子。

2018年上半年的一段时间里，我在不断审视反问自己，我的人生规划是什么？我的目标、需求和追求以及人生价值又是什么？结论是我需要更大的平台，于是我决定回厦门寻找机会。恰逢当时学长的水族公司处于上升期，让我回去帮忙。我想是机会来了，沟通好各方后毅然辞职。

2018年8月1日，我回到厦门，满怀激情地迎接未知的挑战，尽心尽责地工作。

2018年10月我通过大学同学认识了另一个大学学长，接触后，我们进行了深层次的理念交流。

2019年年初，由他发起，我们3人筹集资金50万元合伙成立现在的福建省××信息技术有限公司。当时我还在水族公司任职，仅是股东身份，不参与经营。我邀请以前iPhone专卖店的同事加入公司，这时团队成员共4人。场地找好后，我们到泉州进行为期3个月的培训，10月参加省档案协会举办的培训班并获得档案从业资格证。

2020年4月公司接到第一单业务——厦门市××局，我们欣喜若狂，这更加坚定了我们前进的信念；6月接到厦门××游艇公司驻点业务；8月安溪县××镇政府；10月福建省××信息集团驻点，为期半年。

2021年4月，所有项目已全部验收完工；5月，我从水族公司离开，回归企业。有了两年的经验累积，公司的文书档案整理技术已成熟，但文书档案市场增量以及需求量相对较少，故需增扩业务板块到工程档案整理。6月厦门××××城投公司档案整理，7月厦门××集团数字化扫描，8月厦门××集团工程档案整理，10月厦门××××城投公司，11月厦门××集团，12月福建省××监狱、厦门××集团、福建农林大学××学院。随着业务量的增加，技术也在不断提升，团队由原先的4人发展到10人，公司的发展也进入另一个阶段。

（四）感悟与寄语

创业是条不归路，路上总是会碰到各种各样的问题，资金缺乏、人员问题、技术壁垒、大环境影响等因素都会成为创业路上的障碍。我们要做好心理准备，有信心排除这些障碍，披荆斩棘克服各种困难。这些经历都会是我们人生路上的宝贵财富。我个人给要创业的学弟学妹们提几点建议：一是紧跟国家的政策，做国家鼓励提倡以及扶持的行业，所属行业可参考相关部门的“十四五”规划；二是团队的组建要选择各有所长的成员，能力互补最好；三是要有风险管理意识，遇事谋定而后动，事半功倍，专业上没办法解决的问题不要一直钻牛角尖，可以寻找更专业的人来解决；四是要注重细节管理，拒绝拖延症，今日事今日毕。

以上建议希望能给学弟学妹们在创业路上带来些许帮助，同时祝愿大家不忘初心，事业更上一层楼！

## 四、龙岩市×××信息传媒有限公司

所属行业：人力资源服务行业

担任职位：总经理

姓名：张××

毕业院校、时间：××大学、2003年6月

毕业专业：市场营销

（一）个人简历

龙岩×××人才网创始人

龙岩市×××信息传媒有限公司创始人

福建省人力资源和社会保障厅创业导师

地方人力资源产业联盟副理事长

龙岩市人力资源服务协会会长

龙岩市人力资源和社会保障局重大决策咨询专家

龙岩市人社局市级创业导师

致公党优秀党员

（二）企业简介

龙岩×××人才网创立于2006年，隶属于龙岩市×××信息传媒有限公司，是龙岩市成立较早、规模较大的人力资源网站，是一家专门为企业解决用工、为人才解决就业的专业人力资源服务公司，也是一家通过线上线下解决人才与企业互通的互联网公司。公司提供网络招聘、手机招聘、微信招聘、现场招聘、委托招聘、简历推荐、HR沙龙等人力资源服务，同时还推出了拓展内训服务，为企业管理提供解决方案。公司始终秉承“成为一站式人力资源服务的运营商”的企业愿景，凭借“构建企业与人才的桥梁”的品牌使命以及“诚信、专业、创新、进取、感恩”的价值观，积极搭建各类用人单位与求职者双向对接的服务平台，是龙岩市极具影响力的人力资源服务品牌。

目前公司的主营业务有网络招聘、政府公招代理、劳务派遣、线上线下招聘会、RPO服务等人力资源服务，通过“规范化管理、专业化服务、职业化培训”等系列方式，为全市机关企事业、国有企业及各私营企业提供人才招聘、派遣、外包等服务，促进了更多求职者实现就业，推动就业信息和市场双向汇合。2021年，承办线上、线下专场招聘会73场次，其中现场招聘会27场次，网络招聘会46场次，超过4000多家企业入场，提供6万多个职位，达成就业意向超2万人次；在此基础上创新招聘形式，先后举办“青春同行，企校联手”、“职”在龙岩“就”有未来、“春风行动——海西招聘”、“援企稳岗”、“高校毕业生”、“武平学子家乡行”等网络直播带岗招聘会，单场最高人气20万人次；开展“送岗下乡”活动等，为各类回乡青年、退役军人、农村妇女解决就业问题并形成常态化。

直至今日，公司已走过16年的发展历程，目前拥有各类高素质人才信息资源和丰富的企业信息资源。公司以让企业和人才的需求对接为己任，以实际解决就业为目标，成为众多求职者广泛应用的求职渠道。16年来公司专注于人力资源，坚持为企业和求职者提供优质的服务。全新上线的手机端网站（如app、小程序、微信公众号、苹果安卓系统等）让好工作“尽在掌握”。公交上、电梯门口等随时随地找工作，引领求职新模式。

龙岩市×××信息传媒有限公司现今服务于整个龙岩地区，包括新罗区、上杭、武平、连城、长汀、漳平等各县市区，通过线上线下结合，为求职者和用人单位之间双向选择创造更好的条件和平台，服务上千家企业，其中比较具有实力的企业代表有中国龙工、龙净环保、福龙马、米兰春天、正大食品、泰成汽车、碧桂园等各个行业领域。同时还服务于龙岩市人力资源和社会保障局、新罗区人力资源和社会保障局的就业服务中心，通过平台的动态实时数据，为政府部门解决企业用工信息的收集和就业用工数据提供服务。每个月 19 日公司在××区人力资源保障局 1 楼举办现场招聘会以及每周六线下现场招聘会，为××市提供就业岗位信息和求职招聘信息。每年公司为市区人社就业中心春风行动招聘会辅助开展线下大型招聘会收集企业信息和就业人才信息。

2013 年 4 月公司开通龙岩×××人才网官方微信公众号，目前微信粉丝 50000 多人，优质的信息渠道为人才的职业生涯打开了一扇宽敞的大门。同时，龙岩×××人才网每年根据市场动态举办各类专题现场招聘会，现场招聘是企业进行人才储备不可多得的机会，并能从诸多的应聘者中为企业挑选合适的人才，提供了展示公司文化的机会，为广大企业会员和求职者提供更多的对接渠道。

16 年的风雨兼程，从初露锋芒到实力沉淀，是 16 年的坚持不懈与艰苦付出，使得品牌形成了独特的优势魅力，也收获了诸多荣誉。

2016 年 7 月，和龙岩市残联联合成立龙岩市×××××××信息工作站，不断提高服务残疾人的能力和水平，创新工作方式方法，助推惠残政策落实落地，真心实意为残疾人办实事、办好事，推动残疾人工作再上新台阶。

2017 年 7 月，龙岩×××人才网荣获“中国地方人才网十大影响力品牌、中国百强地方人才网”荣誉称号。

2017 年 8 月，龙岩市×××信息传媒有限公司（龙岩×××人才网）荣获龙岩市级“青年文明号”荣誉称号，使命当头，争当实干“主力军”，年轻的翅膀肩负着一份让人为之奋斗的责任。

2017 年 9 月，龙岩市妇联携手×××公司开展为龙岩市 600 名贫困妇女脱贫就业指导，并联合打造“妇女就业、千村计划”平台，进一步保障了更多妇女朋友平等、充分、高质量的就业。

2019 年 8 月，被授予“地方人力资源机构领军企业”荣誉称号。

2019 年 11 月，被授予“龙岩市人力资源服务协会会长单位”荣誉称号。

2019 年 12 月，被授予“服务妇女就业示范点”荣誉称号。

2021 年 1 月，被授予龙岩市人力资源服务协会 2020 年度优秀单位奖。

2021 年 8 月，被授予龙岩市级“青年文明号”荣誉称号。

2022 年被授予“福建省人力资源诚信服务领军企业”荣誉称号，围绕优质服务与诚信经营，积极履行社会责任，践行诚信服务，树立诚信品牌，持续推动人力资源服务业高质量发展。

2022 年被授予“省级党员诚信示范企业”“区级组织工作成绩突出单位”荣誉称号。

在今后的发展中，龙岩市×××信息传媒有限公司也将继续本着对客户、对社会负责的态度，不断提升服务水平，恪尽职守，争创诚信服务品牌；进一步树立诚信服务意识，提升专业水平，为客户带来更多差异化的服务，努力创造出经济效益与社会信誉持续双赢的局面；真正把“稳就业，保用工，促发展”的理念贯彻执行到实际工作中，形成常态化，并将不遗余力地为企业输送最为渴望的人才精英，努力致力于人力资源服务，为社会贡献一份力量。

（三）创业经历

**1. 创业初衷：不忘初心，不遗余力**

依稀记得1999年来到福州的那个酷暑季节，伴随着毕业季，19岁的我怀揣着都市之梦，只身奔赴省城。为了生活，为了觅得一份适合自己的工作，为了承担起家庭的责任，辗转各个职介所，终于在罐头厂找到了一份工作。每天长达十几个小时工作，挥汗如雨，却只换来微薄的工资。就这样，我不辞辛苦，夜以继日地度过了6年。就是这样不简单的6年，它承载了我的梦想，最重要的是给我积攒了创业的资本。

在基层的扎根及早年艰苦的工作历练，我领略了青年就业创业之难，也体会到想找一份工作的不易。为更好地解决像我一样的青年人就业的问题，方便更多人在家乡就能找到好工作、好岗位，更为了让当代青年在找工作的问题上少走弯路、少碰壁，2006年，我带着打工积攒来的16000元钱回到家乡龙岩，创立了龙岩市×××信息传媒有限公司（龙岩×××人才网），从此开启了我不平凡的创业之旅。

**2. 初露锋芒：既然选择了远方，便只顾风雨兼程**

创办初期，公司只有两个人，身兼数职，我既是老板也是业务员，跑市场、拉广告、做技术，经常工作到半夜。渐渐地，公司的人气起来了，业务也多了，员工增加到了8人，但收支只能基本持平。为了节约开支，我们主要利用自行车等交通工具。为开展公司业务，短途骑自行车，长途乘摩托车，公司员工风里来雨里去，辗转奔走在龙岩的各个角落，品尝了一段难忘的酸甜历程，但是我们仍然没有想过放弃。为了心中的梦想，坚定信念、奋力拼搏、勇往直前，与企业同呼吸、共命运，我带领全体员工克服种种困难，开拓创新。在此过程中，我不断学习企业现代经营管理知识，参加培训班：2009年参加YBC创业培训、2014年参加团省委社会组织负责人培训、2014年参加中国教练领袖管理团队培训，从而提升管理水平，把握行业动向，不断进行突破管理，为产品适应市场的更新做足准备。

**3. 利好政策：与时俱进，顺势而为**

互联网在当今社会中发挥着重要作用，网络招聘逐渐成为国民的刚需行业。随着互联网能够解决越来越多传统招聘中存在的问题，人们更愿意在便捷、高效、灵活、成本低的网络上体验各种服务，互联网招聘已经成为当前国内主流的求职招聘模式。

当下网络招聘的趋势已经势不可挡，若我们不去发展，就可能落后，就可能被淘汰。

如何让公司在“网络江湖”中打出一片天？这是我们一直思考的问题。通过深思熟虑，公司进行了一系列的改革，为企业和人才提供一站式专业人力资源服务，结合线上线下提供更多更好的产品和服务，通过 PC 端、手机端、微信公众号、精准简历推荐、现场招聘、委托招聘等提升服务。

同时，公司也得到共青团××市委、致公党团队、各个部门(如市人社局、总工会、工青、妇残联、退役士兵管理局等)的大力支持，得到了团干们的热心帮助、积极引导和鼓励支持；为了鼓励更多的优秀青年返乡创业，实现巩固拓展脱贫攻坚成果，同乡村振兴有效衔接，共同打造有温度的幸福龙岩；公司成立了××市青年创业实训基地，凝聚青春力量，助力青年就业创业。至今，公司已成为××市解决广大青年就业问题的最大服务平台之一，在各大搜索(百度、搜狗、搜搜、360 搜索)上都排第一。

在时代浪潮的推动下，公司逐渐走向黄金发展期。截至 2021 年，公司拥有海量的高素质人才信息资源和丰富的企业信息资源，汇聚了龙岩所有实力企业，十万多个职位，一万多个会员单位，二十五万多份简历累积，人才数据以秒计更新，是当地求职者首选的求职渠道，也是企业网上招聘的最佳选择。公司利用所掌握的数据为企业、人才做精准的匹配和更好的服务。随着×××人才网访问量的逐年上升，人气不断，现已成为××市必不可少的互联网招聘网站。公司经过前期的商业打磨正进入发展上升期，从目前公司的财务数据来看，公司 2021 年营业额 300 万元，与 2020 年相比，增长 1.4 倍左右，预计 2022 年×××人才网的总营业额将达到 600 万元，整体保持稳定增长的态势。

**4. 一起向未来：永远相信团队的力量**

蚂蚁从来不会单独作战，因为它们明白，在面对强敌的时候，自己的力量远远无法超过敌人。所以，面对一次次的竞争，蚂蚁都能团结一致，共同战斗，共渡难关。

2013 年突如其来的重病，让我焦急不安。卧病在床的我无法与团队并肩作战，有心无力的感觉，让我一度陷入低迷状态，害怕公司会因此坚持不下去。但让我出乎意外的是，我的团队让我看到了曙光，他们勇于担当，把握大局。我卧病在床的这段时间，不仅业绩没有下滑，相反有了突飞猛进的增长。感恩这群可爱的人，让我永远相信团队的力量。

我深知在这个竞争激烈的时代，小到一个家，大到一个国，团队合作与沟通都是极其重要的。它能够把一股孤立的力量集中在一起，为了一个共同的目标，齐心协力地将团队的力量最大化，以获得最大的利益。

任何时刻个人的力量都是渺小的，唯有融入团队，与团队一起奋斗，才可实现个人价值的最大化，才能成就自己的人生价值。团队，是为了实现一个共同的目标、共同的期望而集合起来，需要的是大家心往一处想、劲往一处使；团队需要的是分工协作，优势互补；需要的是团结友爱、关怀帮助；需要的是风雨同舟、甘苦与共。只有完美的团队，才能成就平凡的个人。团结产生力量，凝聚产生希望。

（四）感悟与寄语

## 致挣扎奋斗的创业人

作为“80后”，这个社会赋予了我们太多的责任，用苦来形容我们，不足为过。

相信大多数人，像我一样，一直怀揣创业梦，因为这是我们能过上更好生活的有效手段。而我想说，创业很苦，但不创业会后悔。

创业不仅是一件很苦的事情，同时也是一件需要勇气的事情。世界上有两种人：95%的人每日循规蹈矩地过着上班族的生活，5%的人创造未来。

为什么说需要勇气？在创业初期，我们不得不顶着极大的压力，甚至是亲朋好友的反对，会遭到一堆的质疑，但这确实也是现实问题。比如，创业初期收入被切断，房贷便会很紧张，或者创业也不一定成功等，诸多问题让我们犹豫不决，这时候你需要的是勇气。下面的创业建议，希望可以给你们一些帮助。

**1. 创业是艰苦的过程**

创业苦的原因更多的是你将忍受你从未有过的痛苦，比就业更加艰辛，每天不仅拿不到薪水，很有可能每天一睁眼就是欠银行的高额贷款。到处借款，四处碰壁，而且即便是一切做得很好，最后失败的可能性还会很大。真正做成伟大公司的概率可能是几万分之一，这方面，你要问自己是否真的已经想好了。

**2. 创业者是真正的“狠”角色**

就像刚开始提到的，你可能会遭到亲朋好友的质疑，如果你总犹豫不定，担心父母的认可、女友的期望等诸多问题，你可能缺少“创业基因”，或许根本就不适合创业，即使你狠下心走了下去，之后遇到的问题也很有可能令你崩溃。真正的创业者，是真正骨子里不惧风险、自信并且有主见的，因为他们相信自己一定会成功，是积极主动的。换句话说，他们骨子里是个无所畏惧的“狠”角色。

**3. 团队是不可缺少的部分**

一个人不管是精力还是能力都极其有限，因此在创业期，一个优秀的团队是不可缺少的。这些人要充满激情且理性，热爱自己服务的产品和用户，要知道用户的感受大于一切，要充分抓到用户所需。这个团队的成员要善于学习，工作勤恳，全力以赴，聪明睿智，专注，具有创新精神，不惧风险，最重要的是，要具有同甘共苦的精神。

**4. 行动是创业的根基**

要知道创业家不是靠凭空想象的，点子一点都不值钱。你的点子如果是拍大脑想出来的，就几乎没有一点价值，执行力则是验证一切点子的试金石，不要最后抱怨让别人抢占了先机。

**5. 创业需要一个志向**

做生意能否坚持不在于生意好坏，而在于追求的理想是否高远。理想就像茫茫大海中的领航灯，要时刻坚定心中的信念，不要因此迷失。创业就是找不舒服，就是在不舒服中习惯，把不舒服当舒服。一个好的创业者就是会享受痛苦。因此，创业者需要一个志向，指引着自己前行。

**6. 面对企业中的挣扎怎么办**

所有出色的企业家都会遇到这个问题，经历挣扎并且是苦苦挣扎。要知道人人都会挣扎，面对创业中的挣扎，我给出了以下几条小建议：

不要扛下所有责任：当你无法承担所有负担时，你要将某些负担分出去，与团队一起探讨解决方案，而不是逃避。

要记住：这不是国际跳棋，而是国际象棋。天无绝人之路，总有一步棋可走。只要坚持下去就有转机，明天和今天看起来完全不同。如果你能坚持到明天，也许就会发现，在今天看来似乎毫不可能的解决办法会赫然出现在眼前。

16 年的点点滴滴，将公司凝聚成一个强有力的战斗团队，在日益激烈的市场竞争中，乘风破浪，向着更广阔的目标迈进。站在时代的潮头，面对人才市场日新月异的发展，虽然前进的征途并不平坦，但我深信，在各级政府部门、企事业单位的正确领导下，我一定能够带领公司全体职工，为真正解决人们就业问题做出应有的贡献，从而带动更多身边的朋友就业、创业，实现心中梦想，为新时代人才强国战略贡献力量。

## 五、龙岩××信息技术服务有限公司

所属行业：IT 服务

担任职位：创始人、项目主管

姓名：刘××

毕业院校、时间：××学院、2020 年 6 月

毕业专业：计算机科学与技术

### （一）个人简历

龙岩××信息技术服务有限公司创始人

福建××物流有限公司项目负责人

### （二）企业简介

××信息，全称龙岩××信息技术服务有限公司，前身是福建××物流有限公司的核心部门——软件技术服务中心，坐落于福建省大学生创新创业基地(龙岩)。2019 年 12 月以××物流的名义提出入驻申请，在克服疫情防控期间的种种困难后，于 2020 年 3 月成功入驻。

福建××物流有限公司，简称××物流，是 2019 年××县政府总部经济招商引资的网络货运总部经济项目，也是闽西首家融合线上、线下运营的民营物流企业。公司为广大用户提供大宗商品承运、城市城际配送、智慧物流平台运营、企业物流解决方案等

综合服务，致力于实现全产业链覆盖；已同京东物流、合创环保、农夫山泉、康师傅集团、海天酱油、立白日化、广东三技、华辉石业、闽发铝业等多家大中型标杆企业签订合作协议，年物流合同金额达数十亿元。

与此同时，在园区各项配套扶持政策的有利条件下，我们积极配合园区的规范管理，有序发展。渐渐地，核心部门的运营模式已经无法适应我们的成长和发展，为了构建更强大的团队，拓展更广阔的市场，实现更长远的目标，2020 年 10 月，龙岩××信息技术服务有限公司正式注册成立，并且我们的团队也在逐渐发展壮大。

2025 年我们争取在全国设立 5000 个货源收集点，实现 500 万辆货车的整合，以提供精确广泛的货源和车源信息，致力于打造成闽西乃至福建省网络物流软件信息服务产业的领跑者。

我们在创收的同时，也创造了更多的就业机会，成为闽西技术、市场等各类型人才理想的成长摇篮。

（三）创业经历

2020 年年初，受疫情影响，我从福州公司离职，回到龙岩，受××物流所托，任职××智慧物流平台的项目负责人，并在龙岩组建软件研发团队。在入职之前，我还是有些犹豫(原因是：现岗位的经验不足，工作面临挑战，自己没有把握可以胜任这个职位)，经过几天的思索，最终决定把握这个机会，虽然项目负责人这个担子很重，但我还是选择迎难而上。

第一次做项目负责人，我在很长一段时间都是蒙圈状态，没有方向，不知如何下手。目前能做的事情就是了解软件开发团队需要哪些职位、需要多少人手，于是我就开始了招聘、制定团队规则、研究项目需求。

受疫情影响，长达一个多月的招聘，团队终于入职第一个人——吴××，由于带人经验不足，我先将自己学到的知识慢慢分析给他，经过一段时间的磨合，两个人开始摸索项目所需要的技术栈、搭建框架基础配置、项目需求解析功能、数据库设计。

这样持续到同年 5 月，公司来了两名前端开发——王××、石××，才稍微有些团队的样子。项目终于可以开工了，后端开发环境，基础架构已经搭好，前端系统架构也已经搭好，我们开会确定了前端 app 使用的框架。由于时间短、任务重，他们熟悉一周后，就开始上手开发了，开发周期安排得相对紧张。(这个阶段问题比较严重，主要体现在：①前端不够熟悉项目需求；②没有制定前后端配合流程；③忽略了适应时间；④没有好好开会讲解，只给出一个参考 app。如果我可以更详细地规划团队的每个岗位、每个岗位的职责，如何沟通、配合，制定好配合流程，这一阶段，我们会做得更好。)。

由于开发的时候没有标准的文档提供给开发人员，导致开发人员之间信息没有对称，因此团队于同年 6 月又招来新的产品经理——黄××。产品经理的到来原本以为可以减轻我的工作压力，却没想到，刚入职的这段时间，由于黄××经验不足，与他沟通的时间成本较高，工作期间，经常返工，效率和质量低。这个阶段属于开发拖着产品走，因为项目进度紧，开发没办法停下来等，所以我打算再招聘一个产品经理。（感悟：要给新来的同事一些时间适应，毕竟新人经验较少，刚到公司也是蒙圈的状态，要正确引导他该怎么做，告诉他岗位职责，让他慢慢融入团队。）

下一个产品经理——廖××，他的到来对团队的影响很大。入职第二周，他就与我谈团队现阶段的问题，并给出了一些建议，同时他还包揽了团队的大部分业务，减轻了我的工作压力，给团队带来了很大的变化（由于之前主要投入于开发和业务，没有意识到目前了解的相关管理知识已经不够，需要加强学习，找到符合团队的工作流程）。

之后，团队招来了新 UI——黄××。app 和系统的界面终于可以改版了。第一版的 app 界面虽然不是很好，但对新人来说已经很不错了，因为第一次 UI 和前端的配合并不是很流畅，所以经过团队讨论设计出了一套前端和 UI 的配合流程。就这样，大家相互磨合、突破、进步，最终形成了一套符合我们团队的工作体系，团队也越来越强大。

（四）感悟与寄语

遇上没碰到过的事物时，要保持冷静，可以通过网络、朋友、书籍等方式了解，多想多看，权衡利弊，找出最优方案。遇到苦难时不要总吓唬自己，要懂得做减法。停止内耗，立即行动，别犹豫不决；活在当下，别思虑太多；坚持运动，别透支身体。发现别人工作失误时，要先组织好语言，换位思考，避免争吵。开会要明确主题，控制时间，会议过程中要把控主题方向不偏，尽量减少不必要的争论。

## 第五节 贸易类

### 一、福建龙岩××贸易有限公司

所属行业：跨境电子商务

担任职位：董事长

姓名：李××

毕业院校、时间：××学院、2020 年 6 月

毕业专业：国际经济与贸易

（一）个人简历

福建龙岩××贸易有限公司创始人

全球“××”品牌创始人

（二）企业简介

福建龙岩××贸易有限公司，是××学院 2020 届毕业生李××于 2018 年开始就

地创业的项目。2018 年 3 月,公司成立于著名革命老区龙岩,通过供应链深度整合,强化产品功能创新和品质改善,结合线上和线下,为国外消费者提供独特的个性化定制服务,并利用互联网大数据分析,对消费者各方面的消费数据进行精确分析定位,进一步研发、包装具有针对性的产品,并制定相应的定价策略和推广策略。公司自成立以来始终秉承“合作、服务、共赢”的经营理念,构建了与优质厂家、商户深度协同合作的生态系统,××贸易自主全球品牌“××”通过自有平台以及 Amazon、Shopee 等第三方平台销往北美、欧洲、东南亚、亚洲等国家和地区。××贸易对于产品拥有完整的设计权及品牌专利,产品通过 FDA、CE、UL 等国际认证。目前,团队成员超过 15 人,均为大专及本科以上学历。

福建龙岩××贸易有限公司发挥设计、运营、零售、服务于一体的零售品牌企业优势,以其“Made in China Be Unique(中国制造,独一无二)”的品牌形象风格成为国外成长表现出色的国内出海品牌之一。公司的产品涵盖运动服饰、油画、海报、钻石画、礼品等,旨在为国外消费者提供独特的个性化定制服务,以“优雅、奔放、温馨”等主题为核心设计出国外消费者喜爱的产品。截至 2022 年 4 月,公司自主研发产品达 1520 款,与 NIKE、adidas、speedo 等一些国际品牌相比具有鲜明的特色,获得了国外消费者们的一致好评。

公司自成立以来,多次参加由市政府、省教育厅主办的各类大学生创新创业大赛,并荣获“福建省大中专毕业生省级资助”三等奖,市级资助一等奖;“互联网+”大学生创新创业大赛省级三等奖;“创响福建”创新创业大赛省级三等奖等数个奖项。与此同时,公司也没有在业务上停滞发展,团队管理日益完善,团队建设稳步提升,公司效益逐步提高。2020 年 6 月,公司顺利入驻福建省大学生创新创业基地(龙岩),同年销售业绩总额同比 2019 年增长两倍。截至 2021 年 12 月,公司累计与 52 家供货商签订合作协议,签订劳动合同 11 份,兼职合同 8 份,并招收××学院附近村镇居民十余人从事贴标、打包、发货、物流等工作,为数十个贫困家庭带来了一定经济上的支持。公司注重人才梯队的搭建与培养,成立期间,带动××学院、××职业技术学院和××技师学院共计 7 个专业,近 30 名大学生参与创业,分别负责运营、财务、设计、物流等公司基础运作方面的工作。在疫情防控期间,绝大部分公司面临资金链的困难,公司为在职员工全额缴纳医社保并绝不延迟薪水的发放,为员工提供了基础的生活保障。

(三)创业经历

思绪回到 2017 年 12 月,大二那年,我年华正好,踌躇满志,向往着毕业后走向社会的精彩生活,也为在学校无忧无虑的日子感到满足,同时对将来与日俱增的生活压力感到些许焦虑。闲暇时光,我送过外卖,当过替课老师,也做过服务员。在兼职的时光,偶然在一个跨境电子商务公司兼职运营网店店铺,发现原来本专业今后从事的行业是如此这般,国外也有类似于国内“淘宝”“京东”等电商购物平台,我们只需要通过互联网即可将中国的商品销售至国外，赚美金。3个月后，那家电子商务公司因预期收益不佳结束了我们3个月的运营兼职工作，但在这段时间的接触与学习当中，我对该行业产生了浓厚的兴趣。每天晚上躺在床上的时候，总有一个声音在脑海里回响：我能自己去做吗？我大概能赚多少钱？我需要投入多少时间以及金钱成本？年少的我懵懂无知，并没有想以创业、创办公司等高大上的字词来定义这些问题。作为一个现实主义者，综合考虑做一件事情的所得所失、既得利益以及损失的机会成本才是对大学生涯最好的负责。就这样，我纠结着，度过了大二的暑假。而辅导员——段××老师的一句话点醒了我：听说你上个学期做过跨境电商，要不要我们一起试着做做看？他的话语以及接下来的行动打消了我对金钱成本、时间成本的顾虑。于是，怀着两人的共同期许以及对未来的不确定性，我们开始了跨境电商创业之路。

说干就干，2018年3月，我们将办公场所确定了下来。在此我非常感谢××学院××与××学院，为我们的初创提供了场所。虽然那时正值夏日，虫鸣很吵，蚊虫狠咬，但是看着窗户内的办公桌椅、电脑等，一切汗水都值得了。我们为了宽带、电脑等问题辗转多处，最后的解决办法是使用移动网卡，每次开始办公前都需要连接半个小时的宽带。现在回想起来，当初的我们颇有些不易，现在轻而易举的种种，在那时居然是奢望。

青涩的少年，时光总会予你磨难。在上传了一些产品后，出了第一单——价格为39.99美金的花盆。正当我们为第一单欣喜若狂，更着急如焚地想要把产品发货出去时，一封“您的账号被封禁”的邮件如晴天霹雳一般直击我们的心脏：由于个人账号问题，被永久停封。遇到此事，我们事后用一句话来调侃：“先帝创业未半而中道崩殂。”在放弃与继续的纠结中，××老师再一次给了我希望，让我们注册企业再干一次！

2018年4月，福建龙岩××贸易有限公司正式成立，由我担任法人。大起大落的经历，让我的性格变得更加坚毅。有道是：“不成功、便成仁。”在准备好一切事宜后，由福建龙岩××贸易有限公司为主体的第一家海外店“××”正式开立。1个月后，我们将第一批货从学生宿舍发至美国的海外仓并开始顺利出单。

2019年，我们的仓库和办公场地由院办办公室搬迁至学院宿舍楼下的创新创业区域，虽然还是有蚊虫侵扰，但是卷帘门拉下，也自成一派，小具规模。同时，××老师也鼓励我去参加国家的一些创新创业赛事，除了学校十分扶持，国家也出台了一系列的政策鼓励大学生创新创业，我们赶上了“大众创业，万众创新”的好时代。于是，除了每日白天上课，晚上运营店铺事宜，我又增加了一项修改项目策划书，打磨项目的任务。我们历经了数月的通宵达旦，赶在最后时间将项目提交到了“互联网＋”大学生创新创业大赛组委会。这一年，我们有幸获得了一些奖项。公司整体的商业模式也在逐步地打磨并走向成熟。

2020年，是公司最特殊的一年，毕业后，公司正式入驻了福建××大学生创新创业基地，慢慢地从学校步入了社会，有两个小伙伴加入了我们。突如其来的疫情打破了我们原有的计划,也给了我们当头一棒,让我们走出了舒适区。我们考虑再三,决定2020年不再扩张,活下来是唯一的期望。我们坚持给员工发放工资,并缴纳五险一金,同时思考今后个人、公司的路如何去走。

抱有希望,向死而生。2021年,是公司发展性的一年,我们重整旗鼓,重新上路,加入我们的小伙伴增加到10人,做了许多的事情,印象最深的是有一位外国客户发邮件感谢有这样一个平台能够让他买到很多优质、实惠的中国商品。我知道,我们除了销售给国外消费者产品,也肩负着弘扬中国优秀文化的责任。

我们是时代的幸运儿,团队成员从两人到数十人,我们从校园走向社会,我们明白,小小的××承载着公司所有人的期望,我们肩负着巨大的责任。在未来的日子里,我们将一如既往、开拓进取,以专业的能力和一流的团队,为消费者们提供优质的商品和服务。我们也将秉承诚信、服务、创新的初心,砥砺前行!

(四)感悟与寄语

自助者,天助之。越努力,越幸运。

海纳百川,居安思危!

## 二、龙岩市××贸易有限公司

所属行业:跨境电子商务

担任职位:创始人、总经理

姓名:李××

毕业院校、时间:××学院、2020年6月

毕业专业:计算机科学与技术

(一)个人简历

龙岩市××贸易有限公司创始人

厦门市××贸易有限公司创始人

2018年度龙岩市青年五四奖章获得者

(二)企业简介

龙岩市××贸易有限公司成立于2018年6月8日,坐落于福建省××市,××分公司于2021年11月成立。公司潜心深耕Amazon、Shopee、速卖通等国际跨境平台,是一家以大数据驱动和智能化运营平台相结合的跨境电商出口企业,助力中国制造走向全球,让客户足不出户地享受无国界的品质生活。我们奉行以人为本的理念,肩负“助力优质国货走向全球”的使命;始终秉承着客户至上、合作共赢的服务宗旨,致力于成为全球TOP级跨境电子商务生态公司。

公司发展期间,团队获得国家级荣誉1项、省级荣誉4项、市级荣誉3项等。2018

年公司获得“××市青年五四奖章集体(青年创业团队)”的荣誉,2019 年获得××省人力资源和社会保障厅资助项目,同年被中国邮政国际物流有限公司授牌为高校跨境电商人才孵化基地。

公司的前身是由××学院××院 2016 级计算机科学与技术专业的钟××同学和我于 2018 年 2 月(大二下学期)组建的“××××”工作室,在学校诸多老师的细心指导下,项目得到了评审专家的认可,于 2018 年 5 月入驻××学院××××创新创业孵化基地××号工作室,更名为“××跨境贸易工作室”。我们于 2018 年 6 月成立公司,经过一年多的孵化沉淀,于 2019 年 11 月入驻“××省大学生创新创业基地”。在学校和老师们的支持下,团队逐渐扩大,为公司往后的发展奠定了基础。

至 2022 年,公司主营鞋服箱包、小家电和 3C 消费电子等产品,我们严格把关产品质量,肩负“助力优质国货走向全球”的使命;始终秉承着客户至上、合作共赢的服务宗旨;产品主要销售到东南亚的泰国、菲律宾和俄罗斯、西班牙、美国等国家。

期初团队于 2018 年 2 月搭建自建站,在 facebook 投放广告,2018 年 4 月入驻东南亚第三方平台 Zilingo,5 月成交第一单,跨境电商之路从此拉开了序幕,往后陆续入驻 Shopee、Lazada、亚马逊、速卖通等主流的第三方平台。2018 年第一个“双十一”单日销售额突破 2 万元,2019 年营业额突破 100 万元,2020 年营业额突破 200 万元,2021 年营业额突破 400 万元,“双十一”单日营业额突破 20 万元,是 2020 年的 10 倍。每年营业额呈 2 倍增长趋势。

2019 年公司被中国邮政国际物流有限公司授牌为高校跨境电商人才孵化基地,我担任××学院跨境电商学会秘书长并代表公司为学会培训了 80 余名会员,与此同时公司吸纳了跨境电商学会 15 余名学生加入团队,参与创业。公司直接带动了就业人数 40 余人,接纳××学院毕业生 30 余名,与 3 家供应链和 2 家物流公司达成长期合作关系。

未来,我们依然奉行以人为本的理念,公司将会不断吸纳和培养更多的高校毕业生。同时公司将持续突破常规的跨境电商运营销售模式,打破跨境电商常规的运营痛点,如定位市场难、打造爆品难、售后难、囤货压力大、运营效率低等一系列痛点。公司将以大数据驱动,利用智能化运营平台,整合更多的产业链,建立本土与海外仓合作模式,从而进一步实现市场和产品精准化、效率最高化、服务最优化,最终实现销售最大化。

2023 年我们争取成为亿级大卖家,10 年内致力于成为全球 TOP 级跨境电子商务生态公司,跟着“一带一路”的路线助力中国品牌走向全世界!

(三)创业经历

**1. 创业起因:不甘平凡,改变现状**

我来自贵州省××县,是一个偏远山区的农村学子。初次出省,来到××学院,我就被这里浓厚的创业氛围深深影响。曾因意外事故没钱做手术,拖延伤势险至瘫痪,我立誓要改变现状，坚决不再让自己的故事在亲人身上重演，同时也不甘平凡，想创造想改变，于是便立志要创业！

**2. 意外事故：恍然醒悟，应该有梦**

2015 年，我因意外事故受伤，为了给父母减轻负担，找了江湖郎中医治。一开始没重视，不料留下隐患，后越发严重，拖延至大一结束的那个暑假，我终于借到钱去做了手术，每天强忍剧痛的日子终于可以结束了。手术前主治医师告诉我，再晚来几天就会瘫痪。我算是捡回了一条小命，住院那段漫长的日子，让我恍然醒悟。我告诉自己要学会敬畏生命，人生短短几十年，转瞬即逝。这短短的一生都将逝去，为什么不让自己的生命绽放光彩呢？我一定要活成自己想要的样子。我应该有梦，不论大小，但一定要有，这样的人生才算有意义！

**3. 人生除了诗歌和远方，还有眼前的苟且**

出院之后医生叮嘱我应在家卧躺静养一个月再去上学，我却转身就爬上了返校的火车，开启追梦的旅程；但不曾想到追梦的旅程没踏上，倒是开启了还债之路。晚上和周末，我拖着伤病，忍着疼痛去干销售、兼职、联合创办艺术培训班等。几乎整个大学时光我都在养伤，出院不久外出兼职差点晕倒在斑马线上，毫不夸张。大学四年我几乎都在还债和追梦的路上跌跌撞撞，早出晚归，虽然过得很狼狈，但很充实，至少被社会教育过。那些没压垮我的，必然使我变得更强大。不忘初心，一直在路上，一切都是值得的！

**4. 明确方向：选择一定比努力更重要**

2018 年的一天，晚自习后，同学钟××随意打听起我创办艺术培训班的情况，我们的话题渐渐开始延伸至互联网，最后是跨境电商，聊得津津乐道。聊着聊着，我们发现跨境电商是未来的一个风口，刚好他也有创业的想法，后面我们决定一起做数据分析和市场调研，最终认定跨境电商未来定有大好前景，便抱着试一试的心态开启了跨境电商的创业之路。说罢就干，2018 年 2 月 2 日，我们成立了跨境国贸团队，两人激情满满，像打了鸡血一样，各自分工，挑灯夜战筹备起来。他专业技术比较强，负责开发搭建平台，我负责进一步的数据分析和市场调研。

**5. 首次受挫：流量和资金从哪里来**

经过几个月的奋战，我们搭建的自建平台终于完善了，准备依托自建站把优质的国货销售到海外。我们以为万事俱备，只欠东风，后来才发现我犯了大忌，问题层出不穷。产品上架后，平台没有浏览量，免费赠品居然没有人领取。辛辛苦苦筹备几个月，难道就这样结束了吗？我们当然不甘心，经过摸索，找到了曝光产品的渠道。我们花了几个月的生活费去做推广，令人激动的是，赠品终于有人领取了，产品也有流量了，但迟迟没有人买单，真是悲喜交加！后来我们很清楚地意识到这个项目需要一大笔钱，钱从哪里来呢？不得而知。2018 年 4 月，该项目在××省大学生创业基地（龙岩）路演没有获得专家认可，项目以失败告终。

**6. 心有不甘，从头再来：入驻第三方平台，轻资产起步**

失败是成功之母。路演把我们瞬间打回原形，我们带着专家和导师们的建议又回到起点重新摸索。既然失败跟流量有关，那就从流量入手。怎么样才能不用投入大量资金去获取流量呢？我像无头苍蝇一样去网上寻找答案，大概一周后我偶然在“雨果网”看到了一个可以以个人身份入驻的海外第三方平台，这个消息让我瞬间热血沸腾，也又一次点燃了我的希望。我立即通宵达旦地开始学习东南亚 Zilingo 平台的入驻测试，没想到第二天就通过了，于是我开始筹备在平台上销售鞋、服、箱、包。运营了一个月后，我们于 2018 年 5 月迎来了店铺的第一单，这是我们的第一个订单，来自印度尼西亚的客户，记得那是一双 28 码粉色的 LED 童鞋，货源来自 1688。听到这个消息，大家的欢喜和好奇的样子像极了没有见过世面的孩子。这个订单给了我极大的信心，我内心一直告诉自己，一定要相信，相信才会拥有。过不久，这个项目参加校内路演答辩，得到专家和导师的高度认可，拿了第一名。随后团队获得入驻校内创新创业孵化基地的机会，我当时情绪高涨，兴奋了一整天。团队入驻的是一间 20 平方米左右的店铺(水电免费)，正式更名为××跨境贸易，我们终于有了自己的工作室，新的模式就这样开始了。每天下课我就往那边跑，像家一样，同学们羡慕不已。

**7. 越过门槛，敢想敢干**

我知道入驻一个平台是远远不够的，况且还是一个小平台，于是有了继续入驻其他海外主流平台的想法。但是入驻这些大型的第三方平台需要企业资质，是基本门槛，这道槛让我犹豫了好几天。成立公司需要承担风险，需要更多的资金，乳臭未干的我们有抗风险的能力吗？资金又怎么办呢？我犹豫了许久。最后我又想起当初的创业初心，便开始安慰自己：本来就一无所有，失败了又能怎么样呢？于是我又开始到处借钱启动项目，这次真正踏上了追梦的旅程，于 2018 年 6 月 8 日成立了××市××贸易有限公司，入驻了东南亚平台 Shopee，欧美平台 Amazon 和速卖通等。与此同时，王××和王××也陆续加入了公司，当时重点培养他们，如今他们已经是公司的核心骨干。

**8. 扩大团队，得到认可**

公司成立的时候，我们正好大二，资金薄弱，需开源节流。任何事情我们都是亲力亲为，不会就学，不懂就问，埋头苦干，拼命加班，直到累垮。那时候思维很局限，身体累垮了才觉悟。我们深知项目处于风口期，但是当时的认知和执行驾驭不了这样的风口，我们错过了最大的红利期。互联网时代瞬息万变，发现机会还远远不够，要抓得住机会才有用。不过风口还在，为时不晚，后知后觉的我们开始拉拢身边的同学加入团队，众人拾柴火焰高，公司加快发展。随后我担任了××学院跨境电商学会的秘书长，2019 年公司被授予高校跨境电商孵化基地，我开始代表公司义务培训跨境电商学会学员，并筛选了部分优秀的学员加入团队。大家挑灯奋战，白天上课，晚上创业，每天加班到两三点，有时候甚至通宵。皇天不负有心人，公司终于逐渐开始实现盈利，并逐渐扩大。初创的第一年公司取得了不错的成绩，这一年我们获得了共青团××市委颁发的“青年五四奖章集体”，上了××市和××学院的新闻报刊，得到了市委和学校的鼓励和认可，我们信心倍增，又一头扎进去，继续前行。

**9. 赶上好政策**

创业一路走来都很顺利，离不开国家对大学生创新创业的支持和老师们的指导。因为国家政策的支持，我们在不同时期免费入驻校内校外的孵化基地(水电全免)，节约了很多成本，公司还参加了许多关于“创新创业”主题的比赛。在比赛过程中我们有幸接触到前辈们优秀的项目，不断优化打磨自己的项目，我也开始站上了领奖台，在大大小小的比赛获得了不少的奖金。最有印象的是2019年公司获得××省人力资源社会保障厅资助，奖金丰厚，这些奖金都投到了公司的项目中，加速了公司的快速发展。

**10. 突发疫情，寒冬来临**

创业总有磕磕碰碰和跌宕起伏。2020年，大四的寒假，突如其来的疫情让整个世界措手不及，所有行业都受到了致命的打击，实体店纷纷倒闭，我们也受到了不小的影响。那时候团队成员都还没毕业，响应学校的疫情防控管理，核心成员开始居家办公。当时的情况是国内的产品出不去，国外的也进不来。因为港口关闭，我们货物滞留，那时候每天的工作就是安抚客户，但是长达半年的疫情最终没有留住客户，他们纷纷取消订单，许多季节性的货物堆积在仓库卖不出去，成了废品。这半年算是公司的第一个寒冬，出现亏损。半年过去了，时间过得既漫长又飞快，疫情终于得以控制，一晃我们却毕业了。很遗憾，我们这一届没有毕业照。

**11. 熬过寒冬，便是春天**

疫情来临之际，正是我们面临毕业之时。大家从来没有想过当逃兵，直到现在都没有个人简历，更没有去面试过其他企业。所有人都坚信这是一个很有前景的行业，坚信我们走的是正确的路。疫情只是暂时的，我们坚信可以熬过去。事实证明，大家的坚持是对的，疫情过后，海外消费力暴涨，跨境出口迎来了春天，公司很快转亏为盈，顺势而为，逐渐扩大。

**12. 模式成形，项目裂变**

2021年，项目经过3年多的打磨和沉淀，终于形成了一个相对成熟的模式。这一年我们在几个地方有了重要的突破：定制化软件大数据分析市场和选品、智能补货代替人工、合作建立泰国海外仓、打通泰国本土化店铺运营等。公司开始施行每周例会，开始注重人才的培养和管理，随之诞生了企业文化，有了使命和愿景，统一了价值观和目标，定下了2022年1000万的业绩目标，又继续前行。年末项目迎来了第一个裂变的时机，2021年11月××分公司正式成立，2022年年初正式开始投入运营。公司接下来计划陆续在泉州、深圳、杭州等产业链设立仓库和成立分公司，并加大对泰国和俄罗斯海外仓的建设。

（四）感悟与寄语

时光荏苒，犹如白驹过隙，回想这近4年的创业旅程，能走到今天，我庆幸赶上了国家对大学生创新创业的大好政策，同时也感谢老师们的指导，在前辈们营造的浓厚创业氛围里打转，被潜移默化。一路走来，遇到过不少的坎坷，也积累了些许经验，关于创业下面我分享一些感悟。

**1. 选择大于努力**

初创最重要的不是资金，而是行业的选择和项目的构思，项目的可发展性和可执行性非常重要，倘若行业选错，构思不对，所有的努力都将白费。同时，我们也要认清自己适合做什么。构思项目需要创新、顺应时代和拥抱市场。当时我们选择了跨境电商，就是看好它的大好趋势，当然疫情推动了跨境电商的发展是任何人都没预料到的，就算没有疫情，跨境电商仍然是未来几年的风口。

**2. 一定要做你最擅长的领域**

一个人做自己擅长的事，脚踏实地是做成大事的另一法宝。人与人之间的竞争，不是聪明与不聪明的比赛，而是不同专长的比较。如果一个人能在自己的专长上发挥86％的能力指数，那么他已经可以成大事了。对很多人来说，发现自己擅长做什么事，是一个比较困难的问题，因为他们宁可相信别人，也不相信自己。其实，你不必看轻自己，要相信你的能力是独一无二的。社会上大多数的人，只会羡慕别人，或者模仿别人做的事，很少有人去认清自己的专长，了解自己的能力，然后锁定目标，全力以赴。据调查，有28％的人正是因为找到了自己最擅长的职业，才彻底地掌握了自己的命运，并把自己的优势发挥到淋漓尽致。这些人自然都跨越了弱者的门槛，而迈进了成大事者之列。相反，有72％的人正是因为不知道自己的"对口职业"，做着不擅长的事，所以不能脱颖而出，更谈不上成大事了。实际上，世界上大多数的人都是平凡人，但大多数平凡人都希望自己成为不平凡的人。成大事者，梦想成大事，才华获得赏识，能力获得肯定，拥有名誉、地位、财富。不过，遗憾的是，真正能做到的人，似乎总是不多。

**3. 要选一个赚钱的行业**

毛利率高的行业，就是我认为比较适合做的行业，如果是刚刚创业，一定要选择这样的行业。那怎么能知道呢？很简单，现在互联网这么发达，信息检索能力对创业非常重要。比如说你想做一个行业，你一查这个行业的毛利率低得可怕，百分之十、百分之五甚至更少，那作为一个初创者，就不要进了，一般毛利率很低的行业都是靠精细化管理、资源型经营、长年累月的平台规模化经营才能够赚到钱。同时你也不要选择天花板太低的行业，比如做到行业第一，每年也只能盈利十来万元的行业。

**4. 创业初期，要轻资产运营**

创业初期不要投入太多，一定要轻资产运营。现在我们的创业门槛很低，可能一部手机就创业了，一台电脑就可以创业，所以说创业初期要轻资产运营，千万不要因为创业而产生不合理的负债。万一因为创业失败而使自己债务缠身，我们可能就会失去东山再起的勇气和机会。没有债务负担，即使第一次创业失败，我们也能很快找到二次创业的机会和勇气。

所有创业成功的那些商业大佬，你会发现他们基本上都是连续创业者，资深创业者做了好多个项目，但是可能在一个赛道、一个领域、一个行业一直在做好几个项目。

轻资产创业，先去尝试一下，感受一下创业的过程和艰辛，看看自己是否适合这条道路。

**5. 制定一个创业的目标**

先要了解自己到底想要干什么，然后看看自己还要准备些什么，最后才是你放手去干的时候。所以，制定一个目标，让自己为这个目标而奋斗。我们肯定会有好几个目标，但还是建议先定一个目标。管理学上有一种理论叫"手表定律"，大概讲的是人有一只手表的时候，他能很准确地判断出时间，而当有很多只手表的时候，每只手表的时间都有差异，那他将无法判断时间。这上面说的就是单一目标的好处，它能让我们专心、坚持，这样你成功的机会也就越大。

**6. 坚持，坚持，再坚持**

做什么事情都不是一蹴而就的，那些成功的创业者也是十年磨砺，才有今天的成功。创业是一项很复杂的长期工程，首先，心态要摆正，要在各方面做好充分的准备。什么事情在做成之前都要有个计划、流程，创业这样繁杂的事更需每个人都要有足够的耐心，如果准备得不充分，没有一定的时间积累，那创业是不可能会成功的，草率创业失败的案例不胜枚举。其实很多同学也知道创业要吃苦，可很多时候自己说得容易，做起来就不容易了。现在吃苦不是说像以前风餐露宿、有上顿没下顿的那种，而是一种心态和面对困难的准备。长风破浪会有时，直挂云帆济沧海。

最后借用韩寒的一段话结尾："这世上，没有毫无道理的横空出世，如果没有大量的积累，大量的思考，是不会把事情做好的。这世界上有太多的能人，你以为的极限，弄不好只是别人的起点，所以只有不停地进取，才能不丢人。"

## 三、厦门××××进出口有限公司

所属行业：制造与出口

姓名：王××

担任职位：董事长

毕业院校、时间：××学院、2005 年 6 月

毕业专业：思想政治教育

（一）个人简历

2005 年毕业后于台企××集团就职国际贸易岗位。

2012年创办厦门××××进出口有限公司，至今，专业制造及展示货架销往美国、加拿大、欧洲及澳洲，年产值人民币5000万元左右。

（二）企业简介

厦门××××进出口有限公司，创办于2012年，至今，企业始终如一地坚持“独立自主，产销一体”，系统化、精细化、人性化的团队运营作风，以及协调、流畅、稳定的上下游配合机制，在业内积累沉淀了良好的口碑。办公室地址位于福建省副省级市、中国经济特区厦门，厦门市××区××××，注册资本为1000万人民币。在公司发展壮大的10年里，我们始终为客户提供好的产品和技术支持、健全的售后服务。公司主要经营各类商品和技术的进出口（不另附进出口商品目录），但国家限定公司经营或禁止进出口的商品及技术除外。批发零售：展示器材、货架、家具、工艺品、五金制品、健身器材、木制品、包装材料、电子产品、塑料制品。

（三）创业经历

**1. 就业探索阶段（2005）**

大学毕业后，我经过初步简短的就业实践，审时度势进行自我剖析、自我总结、自我抉择，坚定了从事“制造及国际贸易”的职业大方向。

**2. 行业确定阶段（2005—2012）**

为全方位快速自我提升在“制造及国际贸易”方方面面的基础、规则与运作，我在不同行业、不同企业、不同岗位之间，捕捉到并最终认定最适合自己的——展示货架行业。

**3. 创业发展阶段（2012—　）**

我基于多年在“产品”“制造”“管理”“业务”的积累沉淀与创新，等待创业时机成熟，适时收购同行企业，短期内让自己的公司步入快速发展的轨道。

（四）感悟与寄语

（1）如果坚定自我创业的构想，毕业以后，建议深入不同行业、不同企业、不同岗位，尽可能快速浸透到职业洪流中，经历各种洗礼，以更快更全面地看透自我，以更准更高效地捕捉机会，得以更早更可靠地创办企业。

（2）如果成功创办了企业，团队形成以后，建议深入企业的方方面面、上上下下、里里外外，尽可能快速浸透到企业发展中，经历各种实务，以更快、更准、更有效地形成“核心管理风格”。

（3）如果成功塑造了企业核心管理风格，建议尽快构筑职业经理人管理团队，培育团队内部晋升及奖励机制，以更快、更稳，更好地形成“企业内部核心”。同时，积极稳妥地延伸巩固公司的上下游伙伴企业，以更早、更牢、更可靠地营造“企业外部环境”。

（4）在企业的快速成长阶段，紧抓要务的主要矛盾，搁置杂务的次要矛盾。

（5）在企业的平稳发展阶段，紧抓顽固矛盾的主要方面，淡化新生矛盾的次要方面。

(6)在企业的任何阶段,都要在自己的产品或服务的认知上,了然于胸,与时俱进;都要在公司关键事务或者核心问题上,养成提前做“假设因素与预判结果”的习惯,在偏差中积累遗憾及教训的经验,在正确中积累勇气及肯定的信心。

最后,祝愿学弟学妹们在创业的道路上,事业与家庭,团队与自己,酸苦辣咸,回味甘甜。

## 四、××滋补商行

所属行业:滋补、健康、养生

担任职位:法人

姓名:张××、王××夫妇

毕业院校、时间:××学院、2006 年与 2008 年

毕业专业:促销与广告

(一)个人简历

**1. 张××**

2006—2020 年从事房地产行业,先后加入××集团、××地产等上市公司及央企。岗位:历经销售—企划—部门经理—签约中心负责人。

2009—2013 年同期兼职淘宝店主。

2012—2020 年同期兼职滋补健康领域。

2016 年取得××师范大学人力资源管理学士学位。

2020 年 10 月成立漳州××滋补商行实体门店。

2021 年 3 月成立漳州××房地产经纪服务部实体门店。

2021 年 10 月取得高级健康管理师职业技能等级证书。

2021 年 8 月拥有满堂雨燕、燕沁灏、燕享灏、燕倍倍、八八哒等 7 个商标。

**2. 王××**

2005 年 7 月××学院××系促销与广告专业毕业,同年 5 月入职××可乐福州分公司漳州销售业代。

2009 年 9 月创立漳州市××贸易有限公司(股东之一)。

2012 年 8 月重回职场,入职××科技厦门人事主管。

2013 年 4 月入职×××纸业集团有限公司(清风)漳州主管。

2017 年 4 月入职××××(中国)商贸有限公司漳州经理。

2020 年 9 月××师范大学函授食品工程与安全专业。

2021 年 10 月取得高级健康管理师职业技能等级证书。

(二)企业简介

××滋补商行,结合城市快节奏的生活步伐,以线上“代理”形式的经营发展为基

础，构建以线下预约交流为辅的两种经营形式，秉承着"绿色健康""无添加""个性定制"的养生理念，致力于打造绿色、健康、无污染的食品，专注个人的不同体质，个性配制药膳汤包、调理包、功效型糕点及各种养生零食。以追寻适合上班族、老人、小儿日常调理为导向，研发便捷携带、易吸收的产品，采用个人定制等创新型商业模式。

主营：燕窝、虫草、石斛、高丽参、洋参、海参、鹿茸、鱼胶、新会陈皮、手工零食、红菇、农副产品等日常滋补产品。

本着货真价实的经营理念，获得消费者的一致认可。

（三）创业经历

起点应该从我高中毕业开始说起。2004 年 6 月高考结束，我和高中同学从县城到××市区找老乡，巧遇这位老乡的公司正在招聘迎宾员。这是一家连锁的火锅店，想着大学也不知道能不能考上，于是就跟老乡说，我想来应聘迎宾员岗位。老乡很热心，便联系他们现场的管理人员给我面试，通过面试后，现场经理让我隔天就办理入职，而且还包吃包住，从此开启我人生的第一份工作。

入职前一天，我给家里人和亲戚打了电话，当时心中无比开心。办理入职第一天，现场经理安排了一位师傅带我学习日常基本注意事项，以及上岗前培训，我都十分认真地做笔记、练习、实操，通过自己的不懈努力，3 天后我便正式上岗。上岗一周后，我得到了同事和现场经理的认可。上岗 3 周后，部门经理找我谈话，让我讲讲自己的人生规划，分析目前大堂存在的问题，说出自己的见解和看法等。通过上班这段时间的观察，我认真且严肃地说出自己的真实想法，部门经理很开心、很欣慰，表扬我说得很好，不掩饰，夸我前途无量。谈话完 5 天后，也是我上班的第 26 天接到公司通知，把我转岗前厅担任"领班"。

因为本身经验不足，加上老员工及 2 个组长不服，也没人愿意带教，当时这个岗位对我来说压力非常大。每天我都在委屈中不断摸爬滚打，晚上睡觉还经常做梦，特别容易惊醒，整个人的状态都不是很好。认识到打工的不易，自己的内心开始慢慢体会到生活的不易、父母的不易，心中怀有感恩，想以后要好好孝顺他们，赚很多钱用于家庭生活开支，不要让他们太辛苦。

上班一个月后，下班时间我接到父亲的电话，说家里收到"××学院"的录取通知书，让我去读大学。我在接电话中，憋住自己的眼泪，压抑着沙哑的声音，那不是激动的眼泪，而是难过的泪水。我在电话里跟爸爸说，我不想读大学，就想打工赚钱，爸爸在电话那头非常生气，各种劝说，我都听不进去，就是不同意去上大学。最后，在不愉快的通话中，我挂了电话。

第二天中午爸爸带着录取通知书，坐班车直奔市区，到我上班的地方找我。那天阳光明媚，太阳高照，但我的内心有说不出的痛。其实，我主要考虑的是给爸爸妈妈减少经济负担，不想让他们一把年纪了，还要在外面奔波，靠打工供我上学。我舍不得他们辛苦付出，并不是真的不想去上大学，在我们那里作为农村的女孩子，能读到高中毕业也算是高学历了。经过几轮的对话，老爸明白了我的用意，更是铁了心，必须让我去上大学。最后谈到大学期间的费用问题，老爸说：他可以贷款供我读书。

次月，老爸老妈为赚取我的大学费用，一起去深圳打工，赚钱供我上大学，同时委托表哥开学带我到××学院报道，于是我和表哥在 2004 年 9 月 1 日到达××学院××校区。进入校园的那刻我整个人都释放了，无法用言语表达，内心发誓一定要好好学习，每学期都拿奖学金，减少父母的压力，一定要好好珍惜这个来之不易的大学生活。

由于学校正式报道定在 2004 年 9 月 3 日，我和表哥是提前 2 天到校的，因此学校还未统一安排住宿，于是热心的学姐(2003 级旅管专业)让我在她们宿舍住。接着，热心的学姐又联系了一个叫“大伯”的人，请他帮忙安排我表哥的住宿问题。我当时以为那是学校的门卫，便问她是学校的阿伯吗？然后，这位学姐带着崇拜的眼神认真、严肃地向我解释，他是 2002 级“促广”的学长，是系干，学生会的，很优秀，很热心，待人友好，也很乐于帮助学弟学妹们，所以大家有事情第一个想到的就是他，想着这么好的一个人等会儿一定要好好认识认识、结交一下。

2004 年进入××学院读书，是我人生的一大转折点，入学第一周参加学校军训，军训后参加学校组织的各种竞选活动。记得，在一个大教室里，竞选的是系干部，规模有点大，参选同学也很多，也包括了学长学姐，系里的评委老师坐在讲台下第一排，氛围有点严肃。竞选开始前，其中一个老师走上讲台，先介绍竞选规则以及竞选注意事项，参加竞选的同学逐一上台，用 3 分钟时间做自我介绍，重点讲述胜任竞选岗位的优势是什么。

这次我竞选的是系学生部：社会实践部副部长，坐我旁边的几个同学都有点紧张，上台时表达得也不是很清晰。然而，历经暑假“领班”每天晨会的锻炼，我上台一点都没感觉紧张，很淡定，仅用不到一分钟时间，便做完自我介绍，说明胜任岗位的优势。评委老师听完都点头，以同样的竞选方式，我当选为学生会社会实践部副部长、班级团支书、宿舍楼长、宿舍长等岗位，并加入校团委礼仪协会、市场营销协会等多个社团。

在校期间，我担任的岗位较多，只要合理安排好时间，学习成绩是不会受到影响的，心中意志坚定，遵循自己的原则，不管做什么事情都要用心去对待，用心去完成。功夫不负有心人，在校期间每个学期的考试，我都能获得“奖学金”。

大学校园丰富多彩，我保持着积极、向上的态度，跟着多位学长学姐取经，学习经验，并积极参加校级组织的各种大型活动，如学校领导接待胡博士访校，担当礼仪小姐；善于利用周末时间到市区做临时促销员、校外大型企业开业仪式担当礼仪小姐、学院宾馆餐厅部做服务员、联通公司做校园客服经理(主推 UP 新势力手机卡)、移动公司做校园客服经理(主推学生校园手机卡)；作为××学院集卡学会会员，负责推广及销售本校出品的 IP 电话卡(面值 5 元、10 元、20 元)，整合爸妈日常给我的生活费，到市区进货 IP

电话卡，让班里的同学利用晚上或周末空余时间，到各个宿舍销售 IP 电话卡(按 0.5 元/张抽成)，国庆长假到石狮进货短袖、T 恤衫等。以上种种的校外活动都离不开 2002 级促广、2003 级旅管、2003 级促广学长学姐的悉心教导和帮助，才让我的校园生活如此充实和美好。

由于校内职务，我与同学、老师之间增加了很多沟通的机会。凡是系、班级组织的各种活动，我都积极参与其中，比如每年的迎新晚会、班级校外野炊、爬山等活动。因为我也是校团委的一员，经常和其他系同学一起共事，从而结识了很多非本系的同学，至今许多都成为我商行的忠实客户。

总结：资源是人生数字叠加积累的过程。

结合校内和校外各种经历，为给家里减轻负担、减少生活开支，我每个暑假都回老家市区打暑假工，赚下一个学期的生活费，在不断磨炼中成长，不断挑战自我、提升自我，让我成长得更快。打工中学习了更多经验，累积了更多的阅历，为毕业后的我奠定了很重要的基础。

大学毕业后，我成为村里的第一个女大学生，也给家里带来了荣耀。怀着一颗积极向上的心，我来到××市区寻找工作。很多应届生都面临着两大难题，先择业还是先就业？我毫不犹疑地选择先就业，先管饱，才有力气干活。

在网吧搜寻招聘网站各家企业的招聘信息，我发现招聘岗位最多的城市在厦门，而且同班很多同学也都去了厦门。我对厦门的印象：特区、环境优美、企业多、薪资高、挑战大，颇有打拼动力。于是，我怀着一颗朝气蓬勃的心去了厦门人才市场，那里是一个人才聚集地，本科、研究生满满皆是，我第一次感觉到大专文凭的不堪一击，而且招聘岗位最多的是业务代表，零底薪、不包住宿、不包吃，这对于一个无家庭背景、无经济基础的应届毕业生来说，无安全感、无保障，连基本的生活开销都无法保障。人生地不熟、无人脉、无经验，加上每天的生活费、公交费，我一直努力想找一份能包吃包住的工作，面试了许多家企业，没有一家符合我的这种需求，全部积蓄 500 多元，两个星期的时间基本快花完了。

我带着沮丧、失落回了××。××就业机会虽然少，但物价相对厦门低很多，最起码的生活开销能减轻不少压力。

在网吧，我用一天时间阅览全××招聘企业，筛查出适合自己的企业，同时都投上简历，接到电话就面试，一天面试多家企业：IT 行业、快销行业、教育行业等，最终选择了快销行业。薪资方式：底薪＋抽成，我选择了××啤酒漳州分公司促销主管助理岗位，每天协助促销主管管理每个销售点，监督促销员每天的出勤情况，以及销售业绩的统计等，上班时间是下午 4 点到晚上 12 点，有时到偏远的销售点，骑自行车回到宿舍都要到凌晨 1 点多。回来的路上经过路灯不明亮的路段，我都会很害怕，没安全感。几个月过去了，我还是不能适应这样的作息时间，每天的精神状态都很差，长期颠倒生活作息，睡眠质量差，吃饭没胃口，脾胃也变差，消化不好，身体日渐消瘦，那会儿已初步感受到身体健康的重要性。

试用期3个月即将到期，很明显感觉到这份工作不适合我，我果断在转正前提出离职。由于在上班期间也经常关注各种就业动态，离职后我很快就找到了新的工作。我用了1天的时间同时面试3家地产公司，对自己说看哪家先打电话给我，我就去哪家公司上班。果然当天就有2家企业的HR联系我，通知我去复试。第二天，我到2家企业参加复试，最后我选择了一家，我认为工资高，又比较有挑战的公司。这是整个市区最大的楼盘，规划都是大户型，总价高，抽成高，我从最基层的置业顾问开始做起。

2007年，正式进入房地产行业，也是我人生的一大转折点，彻底改变了我人生的发展轨迹，当年刚好是房地产业迈向高峰时期的起点，从业中接触的客户都有一定的经济能力，属于社会精英人群，他们的接触面广泛，资源丰富。每次跟客户交谈中我都学到很多新知识，新见解。这让我意识到要更好地胜任这份工作，必须不断提升自己，学习新的知识，扩大自己的信息量，才能更好地和客户进一步沟通交流，得到客户的认可，才能让我的销售业绩向更高一个层次发展。脚踏实地，一步一个脚印，下班时间我就在宿舍看新闻，了解基金、了解股票、学习汽车品牌等，只有自身知识面广泛，才能有更多的话题，与客户更深入地交流，得到客户的认可，增加客户的印象，他们有朋友买房，也会找我介绍房源。积累了半年的客源，公司决定先开盘1幢楼，我销售27套，业绩排团队第一名，抽成达到2万多元。

2008年，我申请调岗企划部，有了属于自己的卡座，协助总监处理日常事务，开始接触媒体、广告公司等外部人员。时而出差，我借此让自己主动走出去，见见世面。出差县城踩点、做市场调查，写报告等，正因为每天都要跟陌生人打交道，提升了自身的语言表达能力、沟通能力，也为今后自己创业奠定了可靠的基础。

2009年，一位开发商部门经理，看到我每天最早到、最晚离开，平时在公司干苦力活也特别勤快，对我印象特别好。半年后，他们公司新拆迁一片老城区，准备开发建设商品房，需要找一个形象好、会电脑、沟通能力强、工作态度端正、有责任心的员工，作为外联办事员，对接房管局、税务局、物管站、银行等相关部门，便推荐我去面试。我觉得这是一个机会，也是一个挑战。第二天参加面试，通过几轮面试、软件实操，我成功被录用。

从未接触的岗位起点，没人带教，我只能厚着脸皮，每天到各个对接单位请教工作人员，跟他们学习各种办理流程所需的材料、注意事项等一系列基本常识，遇到不理解的地方就上网查阅各种资料，晚上下班时间提着水果、零食到同行家里取经学习，每次都带着笔记本，认真记录，如按部门与对接人员，进行系统的分类，按每个人性格、做事风格、爱好、特长等信息完整地记录下来，再根据每个人的不同情况，投其所好地整理相应材料，空余时间主动帮他们复印、整理内部资料等。几个月后，大家相处都很融洽，配合也很顺畅。因我熟悉各个流程的办理，得到了各个相关部门工作人员的一致好评，与我们领导一同外出办事时，他们就会表扬我，开玩笑让我们领导给我提薪，加深了领导对我的印象。入职不到一年，我晋升主管岗位。

总结：做事要脚踏实地，积极勤快，不求回报，终究能得到回报。

因2年外联部工作经验，我业务上也算得心应手，最终在这个岗位站稳脚跟。楼盘接近尾声，我不用加班，有了更多的课余时间。当时淘宝商城、聚划算等平台特别火，我本身也喜欢在平台上购物，在平台上看到了商机，有了新的想法。于是，我开淘宝店，在淘宝上销售日化用品、亲子装、手工产品、特产等，这个兼职得到我的直接上级领导的大力支持，他还特意整理出了好几个铁皮柜让我放货，这给了我很大的动力，身边同事、同学、朋友也会捧场选购。小小的创业经历，让我认识到互联网的强大，线上平台的重要性，而且商机非常大。

2011年，微信时代来了，新社交软件的上市必定引起很多人下载使用，朋友圈是很多人每天必看的圈子，我要好好运用微信这个社交平台，着手开启微店。我对现有客户群体和工作环境做了全方面的分析，运用目前的客户资源和人脉可以带动一波人流，认为健康行业未来发展潜力很大，所以往健康、养生行业发展，将来会有很好的发展前景。

结合淘宝店经验和家人们探讨、分析健康滋补行业的发展前景，我得到家人们的一致赞同，无条件支持，利用家族资源，向从事滋补、医疗行业的亲戚、朋友，以及长辈们学习经验。虽说跨行又要从头开始，但我的心态很好。我觉得自己已经不是大学刚毕业那会儿，没经验、没人脉、没资源，现在的我更加有自信，起码在这座城市我认识了很多企业家、朋友。

合理安排作息时间，我到亲戚店里学习各种药膳食材搭配、药材切片、磨粉、用量等，每天都会把当天学到的知识详细记录，整理分类，包括每个季节适合养生的各种食材。信念告诉自己，只有自身够专业，才能驾驭这个行业，才能让客户信服、认可。通过几个月的学习，我已掌握了几十种独特配方，对配方的用量、禁忌等基础知识都能够根据客户自身的情况合理调整剂量，生活小常识、日常配料、基本的炖法，都能独立跟客户一一解答。

2013年，开启了微商时代。我在微信朋友圈开始销售养身产品，侧重朋友圈的维护，比如正能量的分享、生活点滴的分享等，无形中提高关注度，夹杂发一些产品介绍，带动阅览流量，偶尔搞些小活动，如点赞送福利等，引流部分新客户，好友逐渐增加到3000人以上。有了客户流量，我以淘宝店客户、微店客户为导向，把客户慢慢嫁接到微信朋友圈，做针对性推广，从而增加一部分成交额。

成为微商1年后，有了固定的客户群体，稳中求进。偶然有次拉企业订单，认识了一个新朋友，她是专业做网上平台的，她让我了解“裂变”销售模式，信息共享、资源转化、合作共赢等经营理念。晚上回家，我开始认真钻研、思考如何把这种销售模式运用到我的产品上？如何去管理？如何去运营？经过几个星期的思考，我尝试推出新的运作模式：①购买500元产品，享受批发价；②预存500元，成为代理商，有效期1年，但500元必须在3个月内抵完货款。以上两个方案执行不到1个月问题就来了，原本有很多客户需要购买产品的，也纷纷加入预存活动中，代理增多了，销售额上去了，但没利润了。这样下去我的所有客户都可以享受代理价，其实这些“代理”都是买自家日常所需产品，并不是真的拿货去卖，这种销售模式等于白忙活。

总结经验，梳理思路，分析原因。重新调整方案：①一次性预存3000元，且每天转发朋友圈2条关于产品的宣传资料，如被检查无转发朋友圈，下一次进货就必须重新预存3000元，方能再享受代理价，代理期1年。此方案执行1年，又出现新的问题，多数代理由于工作、家庭问题经常漏发朋友圈，这样给他们增加了很多压力，待他们把预存的3000元消费完，就不再续存，出现老代理不再续期，新代理不敢加入的局面。

结合前两次失败的经验，重新梳理原因，分析代理与客户之间的联系，重新调整方案：①一次性预存3000元，且每天转发朋友圈2条关于产品的宣传资料，每月有5次漏转发的机会，如每月超过5次漏转发的，下一次进货就必须重新预存3000元。②一次性预存5000元，且每天转发朋友圈2条关于产品的宣传资料，如每月超过5次漏转发的，下一次进货就必须重新预存5000元，此外可额外享受一对一带教，手把手辅导，现场示范，传授产品部分配方，解析产品功效，日常生活食材搭配，季节性针对产品推广，销售技巧等。

经过几年的实践证明，只要你愿意花时间和精力总结、提炼，事情就不会白做。所以预存5000元的小白套餐，得到了很多小代理的追捧。

2020年，我成立第一家实体店，采用线上为主、线下为辅的经营模式。开业当天以请吃卤面的传统方式发出邀请，很多同学、同事、老客户、亲戚、朋友都前来关心、捧场，开业3天销售额突破15万元，这让我小有成就，当中有很多都是特意过来捧场加油、鼓励的。

总结：人品很重要，人与人之间相处不能太计较，凡事给自己留一条后路。

2021年进驻抖音平台，刚开始我也是想着自己开播，经过多方面调查、收集资料，发现现有抖音号不适合开播，粉丝量、流量等都少。于是我重新梳理思路，最后决定以供应链方式给抖店主播提供货源，首次推广一款自有品牌、价格低、功效型糕点。第一天新品推广强调产品的特性，适合脾胃差人群，告诉客户这款是手工产品、零添加、保质期短，建议消费者先购买一小份试试口感，好吃再购买，当天日销售量113份。第二天，同样按第一天的宣传模式推广，日销售量330份。第四天，前2次开播购买的客户均已收货确认，前后隔2天，此次开播已有回头客，故推出购买2份送1份套餐，当日日销售量突破1000份。我们以这样的方式逐渐推出其他产品，整体效果都不错。

实体店的经营，会吸引一些陌生的过路客，进店了解、选购。然而，问题又来了，在不断接触客户后，发现门面的第一感官很重要，比如品牌、专业证书等更能让客户第一时间放心，陌生客户和线上客户不同，线上客户有认知期，偶尔会互动、沟通、了解，从而判断客户的需求，针对性推荐合适的产品。

转移关注点，如何快速提升客户的认可度、信任度？寻找教育机构，学习关于健康方面的知识，报考高级健康管理师；了解知识产权相关信息，动员全家参与，申请注册商标。一连贯的学习和操作，我们于 2021 年 8 月成功注册了 7 个商标，2021 年 10 月取得高级健康管理师职业技能等级证书，用于门店品牌提升。

商标有了，下一步就是寻找食品代加工工厂，生产属于自己品牌的产品。首先投产特色、功效型养生零食，材料和配方由我们提供，按要求定量生产，减少中间商。此策略：把控原材料，保证产品的真材实料，根据现有客户群体分类生产，适合他们的产品，有针对地推广，减少囤货风险。第一次新品推广后，效果都不错，接下去下单采用预订方式，依据客户下单情况，累积到一定数量再生产，从而保证产品的新鲜度，客户吃得放心。定制产品特点：绿色、健康、稀缺、独特，获得很多老客户的肯定，价位低，可作为家庭日常小零食、伴手礼、送礼等，推行当下新型送礼观念，不是贵才好，而是适合对方才是最好的。

定期客户分析、客户分类，针对性推广适合对方的产品。例如，金融业 35 岁以上女性上班族的特点：压力大、经常开会、熬夜、加班、非常忙、少煮饭等。身体特征反应：脾胃差、气色差、皮肤差、生理周期不正常等，适合推广：抗饿、不上火、健脾养生糕点。气血茶：黄芪＋党参＋红枣＋枸杞，即时鱼胶，药膳四物等。考虑重点：便捷、即时。

本商行规模不大，但注入了夫妻俩的青春血液。长期的职场生涯，是人脉积累的过程。我们是寒门学子，没有雄厚的经济基础和社会背景，只能不断提升自己，时刻给自己充电，了解社会发展趋势，融入社会，务实参与，勤恳工作，诚实待人，长期“吸粉”，为成长的社会阅历和人生资金筹筑。最后选对产品，自主创业，在经营过程中，货真价实，卖赠分明，账目清晰，售后可靠，长期共赢。

### （四）感悟与寄语

夫妻创业需要夯实经济基础，同心协力，一致抉择。

学会感恩，不忘初心。

每份工作经历都是成长的过程，都是人生数字叠加的运算过程，翅膀丰满了才能飞得更高、更快、更远。

珍惜拥有，不要浪费奋斗所得。

拒绝自我膨胀。

# 第五章　大学生创业模式案例

## 一、龙岩市×××科技有限公司

公司目前主要产品为拥有原创“××”互联网平台，服务于××地区线下实体商家店铺，市场占有情况10％～15％。平台服务于商家店铺承租至转让所有环节，利用大数据分析，向客户最快捷地提供相关店铺数据、街道人流配套设施情况，正在开发地图实景实时展示店铺周边情况。2022年该平台向所有用户免费开放。2022年，国内的餐饮服务，普遍是人工中介形式的服务提供给客户，效率低且不精准。虽然说线上消费更有趋势，但是对于餐饮行业等需要体验性及时效性的行业来说，线下实体生意更为重要，人群够大。公司运营的主要成本来自人工及平台日常维护和升级改造。公司利用服务的粉丝客户群体，实现相关联产品变现和相关电商平台发展。当本地商业服务停滞时，公司利用客户下单发展的电商平台相关店铺可以面向全国源源不断地盈利，以预防其他业务突发风险。

### （一）背景介绍

龙岩市××科技有限公司成立于2019年8月16日，运营至今，公司发展状况良好，正稳步成长中。截至2022年，公司总人数11人，其中全职人员5人，兼职人员6人。公司创始人于2018年9月获得福建省第十届“挑战杯·创青春”大学生创新创业计划竞赛铜奖；于2018年10月获得福建省大学生创新创业训练计划项目创业实践组国家级立项；于2019年12月获得龙岩市打造特色载体推动中小企业发展创新创业大赛一等奖；于2018年10月获得校“互联网＋”大赛金奖。我们团队的成员均有在行业工作至少半年以上的经历，都具有丰富的此专业类目经验。我们团队曾经在原公司创造过3个月时间从0业绩、0渠道到月70万元的销售业绩。我们具有强烈的创新及开拓意识，我们的愿景是让店商轻装上阵，愿做店商的后勤保障部队。

××项目为自主研发并拥有专利著作权的互联网平台，项目主要通过商业经营场所的大数据进行平台的构建，利用VR实景地图技术将商铺信息及街道人流、周围配套设施信息以数据化、图表化动态图像的形式呈现在平台上面。平台将店铺信息以免费方式提供给店商，店商通过手机便可轻松查看。平台作为获取客户流量的渠道，完善及提供客户产品供应链是我们的盈利模式。项目经营场所为福建省大学生创新创业基地(××)创客楼,项目团队于2019年10月入驻该场地至今。

(二)市场分析

**1. 目标客户特点分析**

目前不管国内国外,土地用地一般主要分为居民住宅用地、政府机关用地、商业娱乐用地这三大块。居民住宅用地和商业娱乐用地具有商业价值,毫无疑问居民住宅用地是兵家必争之地,也就是竞争最为激烈的;而商业娱乐用地竞争较为缓和,主要是用于商家开店经营。我们的主要客户为实体经济店商群体。

店商客户痛点:对于目前国内开店的人来说,想要寻找到一家合适的店铺是比较困难的,因为寻店的方式主要为以下几种:第一,通过熟人朋友介绍,但是这种方法信息比较局限;第二,通过线上各类信息分类平台去找,但是这种渠道不够专业化,是属于单向的(只有说是其中一方找另外一方),而我们平台是双向的,是可以从中促使条件适合的双方链接到一块的;第三,是大街小巷地去找,漫无目的地寻找合适的,而且可能没有办法及时互相联系,这样效率是最低的。目前国内店铺想要出租或者转让的除非地段非常好,要不然其展现量不管是放在线下还是线上的某信息分类平台都是不够专注或者展现量不够的,换句话说也就是合适的信息没有办法更快速地直接到对方那里。另外,相关产品供应链太过于分散,导致客户无法降低成本,需要花费比较多的时间去对接不同的供应商。

**2. 市场体量及总体发展情况分析**

受2020年疫情影响,实体经济虽遭受重大打击,但是目前国家正在大力扶持实体经济发展,出台相关政策扶持:2020年4月,中国人民银行宣布,决定对中小银行定向降准1个百分点,并下调金融机构在央行的超额存款准备金利率至0.35%。当日人民银行有关负责人就定向降准和下调央行超额存款准备金利率的相关问题进行了解答。人民银行有关负责人介绍,此次定向降准可释放长期资金约4000亿元,平均每家中小银行可获得长期资金约1亿元,有效增加了中小银行支持实体经济的稳定资金来源,还可降低银行资金成本每年约60亿元,通过银行传导有利于促进降低小微、民营企业贷款的实际利率,直接支持实体经济。

据统计,2019年1月至9月市场主体延续较快增长势头,全国新设市场主体1561.6万户,平均每天新设5.72万户;新设企业501.2万户,平均每天新设1.84万户。私营企业数量保持增长,新设私营企业469.4万户。截至2019年9月底,全国实有市场主体1.06亿户,其中企业3362.8万户。商事制度改革以来,新创立市场主体已占总数的73%,新创立企业已经占总数的72.2%。

**3. 市场内竞争者情况**

目前市场内主要竞争者来自实体传统中介及某同城网。传统店铺中介主要是依托主营业务房地产中介发展,传统模式采取店群及人海战术模式,也就社区底商模式。此模式必然造成人工成本及运营成本的增加,因为主要是人工进行店铺信息的采集优化,所以导致客户无法直观地感受到店铺信息情况,无法用数据或图像的形式进行分析和体验,并且是收费模式,最终导致客户耗时长,体验感差,成本高。某同城网主要为线上信息共享模式,比传统意义上的中介效率较高,客户体验度较好。但是某同城网的客户其实是低频次消费方式,无法做长期高频率的平台消费,这样就导致平台开发客户成本高,回报率低,且平台的盈利模式比较单一。

(三)核心优势

(1)拥有广大××本地及全国各地商户资源,平均每天接触100~200的商户,其中10%可转化为精准潜在粉丝客户;通过近两年在××本地对接连锁商家资源,可以马上转化为平台忠实的粉丝资源。2022年平台已和×××时光、×××烧烤、××××烧烤、××牛排等餐饮连锁公司达成初步合作意向。

(2)通过平台商户及铺源大数据的双向匹配可以双向解决以下问题:第一,解决目前个体商户和连锁餐饮及连锁店找店难的问题;第二,解决目前房东转店难的问题;第三,可以解决商户前期筹备开店难的问题,以建材市场为突破口;第四,解决建材实体商家低流量的问题。

(3)打破传统中介主要靠交易佣金获利的单一盈利模式,打破重资产运作模式;鼓励商户与房东线下见面,减少中间经济人,从而大幅减少人工成本,进行轻资产运作。

(4)打破传统中介平台一锤子买卖,通过构建生态供应圈获得客户的长期高频率买卖。

(5)打破传统中介平台重房源轻服务的现状,鼓励商户与房东线下见面,鼓励自主线下商谈,鼓励线上平台交易。

(6)平台鼓励线上交易,为商户及房东作第三方保障,解决商户与房东或商户与供应商之间的纠纷问题。

(四)商业模式

**1. 价值定位**

我们要解决的客户需求是,第一,如何让想要开店的商户或者连锁公司门店快速、高效、低成本地找到一家合适的商铺,如何找到合适的接手人;第二,"一站式"解决商户所有问题,包含前期的设计、装修、广告、家具、原材料、人力资源和中期的营销、广告活动策划、店铺引流优化及后期的转店转让、寻找下家分店等服务;第三,解决商户后期供应链问题,我们提供高效、可靠、稳定的产品(食品原材料、包装耗材)供应,形成自营模式。

**2. 目标市场**

我们的目标市场是服务于国内外所有需要开店或者已经开店的商户或连锁企业,

以此将各个城市划分为不同区域。一手或二手房东在我们平台上发布铺源信息,意向开店的商户在平台上发布自己想要的店铺信息,系统进行数据分析,将目前资源库中符合条件的铺源推荐给商户,再向商户展现相关实景信息及人流量图表分析信息。

**3. 营销手段**

开展初期我们通过以下方式获得铺源:第一,最开始通过兼职人员、外卖骑手兼职寻找××现阶段待转让转租店铺,获得铺源数据是有效降低人工成本的方式。第二,通过与万达、万宝、京华中心等商业广场合作,获得铺源资料。有了铺源资料后我们首先依托平台进行店铺数据分析和图表数据生成,其次开始对接合作连锁店或连锁公司以及我们××本地的忠实粉丝群体,帮助其寻到最适合的店铺。

**4. 服务**

我们的服务通过平台免费提供优质信息给商户,供商户随时随地查看目标数据。我们通过整合平台上的商户,结合自营供应链模式向客户提供最优质最具性价比的产品进行变现。

**5. 市场大小、增长情况及份额**

2022 年,我们的市场是以××市为试点,因其暂时没有专门做这块的业务。根据市场调查发现,很多商户还是需要自己花很多心思去找店及转店;国内暂时还没有一家是专门做店铺服务+生态供应圈的企业。

**6. 风险应对**

(1)关于资金风险:公司运营的主要成本来自人工及平台日常维护和升级改造,前期属于轻资产运行模式。利用服务的粉丝客户群体,实现相关联产品变现和相关电商平台发展,当本地商业服务停滞时,公司利用客户下单发展的电商平台相关店铺可以面向全国源源不断地盈利,以便其他业务突发风险时两大业务相互扶持。

(2)关于人员风险:公司人员主要控制在以核心成员 10 人左右,其余为外部协作人员或者外包人员为主,减少人工成本的风险。若遇到旺季,我们将提前布置外部临时协作人手。

(3)关于其他风险:我们将减少一切不必要的囤货铺货模式,回笼资金,紧抓技术核心和服务。

(五)发展规划

第一阶段(1~2 年)以××市区为试点,完善平台 VR 实景地图技术功能及图表呈现技术。2022 年我们通过前期线下宣传及广告营销已成功占领××10%的市场,开发了 5%的长期合作供应链客户。公司已完善供应链产品,为装修建材耗材产品、家具、广告宣传用品三大供应链,供应产品由低频次消费转向高频次消费,以此增加客户对平台的使用率及黏性。此阶段的目标主要是积累及维护好平台现有的第一批忠实粉丝客户群体,通过忠实客户的体验进行平台的完善和服务的改进与提高。

第二阶段(2～3年)主要以××市为发展中心,市场逐步向厦门、福州等城市扩展。平台在VR全景技术及图表呈现技术完善后提高信息的价值及有效性,同时主要将供应链的食品及生鲜这块完善,由此进一步提高客户的消费频次。此阶段的两个目标:第一个是完善食品及生鲜供应链,第二个是尽可能将依托平台店铺信息进行找店转店的客户流量消化,尽可能让客户的消费渠道形成闭环一站式效应。第二阶段预计拿下龙岩60%的市场,厦门、福州各20%的市场。

第三阶段(3～5年)主要将平台客户进行完全闭环,与其他互联网平台商业中心达成合作,进一步将商场、街道的客户数据进行脱敏、建模,形成更加详细的客户轨迹图,提高核心技术竞争力。同时,依次开放各大城市合伙人制度,开放各大主流城市市场,如平台数据运行良好的情况下将进行第一轮融资,主要为完善平台核心技术及市场推广。此阶段将预计打开各省一线城市市场。

## 二、莆田××漆艺

### (一)项目简介

"××漆艺"创业项目是×××职业技术学院师生同创项目。作为国内首批掌握文物复原工艺的创业团队,可以做到古法新用。针对不同客户需求,其将大漆产品系列化、对大漆技术优化革新、进行流程化标准化生产,并与五轴机械技术相结合,通过现代设计与技术创新,更好地传承、弘扬国家级非物质文化遗产。该项目曾获第五届"互联网+"创新创业全国赛铜奖、第三届中华职业创新创业大赛全国金奖、十佳人气奖、"挑战杯—彩虹人生"全国职业学校创新创效创业大赛全国铜奖、福建省首届返乡大学生创新创业金奖、第四届中国女大学生创新创业金奖、福建省文创奖金奖。创始人获得2020年××奖学金,项目获得省级、市级创业资金13万元,创始人于2021年被破格录取至福建省××学院。

### (二)梦想照进现实

或许是一种缘分,早在少年时期,我的生活就和大漆交织在一起。家里的木床裹着厚厚的大漆,数件经过岁月冲刷的漆器……这些本不起眼的物件,都成了我童年宝贵的记忆,让我自幼对传统文化情有独钟。做大漆,成工匠,这是我童年的梦想。带着童年的梦想,19岁的我来到×××职业技术学院,进入向往的玉石鉴定与加工专业(大漆首饰方向)学习。

我在这里得遇良师,还有一群志同道合的小伙伴,余××老师、林××老师(××珠宝有限公司企业导师)和吴××、陈××、陈××、曾××、魏××等同学。余××老师毕业于××大学××工艺美术学院漆画专业,多幅作品获得各类美展和文创大赛金奖,也是福建省首批创业导师和全国优秀创新创业导师;林××老师是高级工艺美术师、国家金镶玉非遗项目的主要传承人之一,具有较强的首饰设计和制作能力。他们两人强强联合,在××美术学院积极开展工作室教法改革,联合成立××××文创工作室,通过专创融合,培养学生的技能,提高学生的创新创业创造能力。在工作室里,我接受了系统的技能培训,并在漆艺方向孜孜探索。×××职业技术学院一直以来高度重视创新创业教育工作,学院建设3000平方米的创业园,无偿向创业师生开放,开设“创新创业基础”等创业课程,启发学生的创新创业意识。基于这种大好趋势,我的创业梦想一下子被点燃了。作为“国漆”,大漆的传统工艺已经绵延了数千年。但时至今日,掌握这项工艺的人已经很少了。“大漆是祖先留下来的绝活,是富有魅力的传统文化,这项绝活不能在我们手上成为绝响,我要做弘扬大漆文化的人。”我开始下定了决心。我首先找到校内的余老师,谈了我的创业想法,我的一些想法在××工作室里引起了巨大反响,小伙伴们个个摩拳擦掌、跃跃欲试。

(三)让大漆走进人们的生活

我们开始以余老师的××工作室为基础,很快就聚起了6个志同道合、喜欢漆艺的小伙伴,大家怀揣着相同的信念汇聚在一起,一边不停地摸索着创业的方向,一边参与各类创业竞赛来丰富和巩固自己的人脉与知识。我们开始参与大学生“互联网+”创新创业大赛,通过大赛的锻炼,积累商业思维,扩展商业见识。大家放弃了假期时间,在创业园区日夜不停地攻坚:一边修改大赛所需要的材料,一边研发自己的大漆产品。大家每天都在讨论着如何应对未来会发生的问题,很煎熬,也很充实,很满足。比赛结束后,我们正式成立了××××工作室以延续漆艺手工创业,购进了一些设备,也招募了很多新人。

然而,由于大漆原料稀有,加之制漆工艺本身极为复杂,这就导致了该项工艺已经慢慢远离了日常生活。“要想传承,首先就要让更多的人认识大漆、了解大漆,让大漆走进人们的生活。”这个灵感,来自《×××》。

自从接触大漆开始,我就把大部分的精力投到制作大漆作品之中。结合自己本身的专业,我做出不少××的首饰类作品,先让自己周边的人认识到大漆,再让大家慢慢去接受大漆。

“让大漆走进人们的生活”,这个坚定的目标让我一次次地推广大漆工艺。在展览中,我会不停地向大家介绍:大漆制品从来没有离开过我们的日常生活,哪怕小到一个碗……

在坚守大漆工艺品制作的3年中,学校免费给我们团队提供了独立的创作空间,我也在校内创办了自己的××工作室。如今,这间工作室不仅向外输送着一件件精美的××艺术品,也成为学弟学妹们很愿意光顾的地方。空闲时间,我还会无偿地将手艺传授给他们。此外,我们工作室还举办了多次活动,向师生们普及大漆工艺。

但创业之路从不平坦,一开始产品不温不火,销路始终是个大问题,创业眼看难以为继。随着短视频热潮的兴起,厦门××文化传媒有限公司、厦门××互娱有限公司等多家新媒体公司通过互联网大赛了解到我的项目，主动找上门寻求合作。公司以新媒体运营平台为主，融合线上和线下人才的发掘培养，致力于传媒文化宣传和文创产品营销，如厦门××公会、厦门××××文化传媒有限公司（拥有十几位百万级流量策划者）。××公会（抖音TOP10450亿＋的播放量）合作伙伴可提供的支持：知名艺人培训导师入驻公司进行技术培训，管理公司等。2020年厦门××文化传媒有限公司、厦门××××有限公司与我们团队合作成立××××区××互娱传媒有限公司，入驻×××职业技术学院大学生创业园，我本人占股51%。公司成立以来主营100多个账号，基本上每个账号都有100w＋的播放量，销售额800多万元，净利润200多万元，这对我们团队是一个不小的激励。

（四）传统遇上现代

文物美术复原是××漆艺产品的一大特色。此类型产品于漆器行业内鲜有商家涉足，我们的产品填补了市场空白。产品在工艺技术上做到了领先水平。文物复原技术运用在产品上实属创新，其中多个产品被多家博物馆收藏，并且参与展出。

设计创作原创工艺产品。工作室入驻×××职业技术学院，刚好学院××××系的数控专业是全省的示范专业，工作室主动与××××系陈××和陈××省级技能大师工作室合作，结合"多轴联动加工技术"高精度、批量化制作工艺品器型，降低器型制作成本。我们将传统手工艺对接现代工业工艺，突破传统手工艺的局限性，因此大大节约了成本，且价格远低于市面上的价位。我们对高精度加工生产的胎体再进行大漆艺术的深入加工，提高产品附加值；通过改变做底起花的高低、疏密、颜色的搭配适当减少髹漆层数，达到减少产品的制作周期。

我们通过构图设计，改变做底的高度与密度，更符合现代审美品位；减少髹漆层数，通过分组制、责任制的生产模式，降低报废率。因此，我们将产品的制作工艺流程、配色方案、产品质量标准化，以大大缩减产品的制作周期以及成本，形成批量化生产，又能保证产品的质量，让更多物美价廉的大漆商品能够被大众所接纳，使大漆艺术不再束之高阁。

我们的工艺可以达到在红木、皮革、金、银、铜、陶瓷等不同材质的器物上髹漆，并在不同材质的器型上进行工艺升级和创新，符合现当下跨界组合的设计潮流。对此我们加深工艺研究，在不断查阅资料以及大量的工艺试验下，逐步解决各种材质上的髹漆技术难题，使产品更加多元化、个性化，更好地将大漆艺术多方面结合到日常生活，满足不同客户的需求。

（五）借势再出发

再有就是，我们的项目位于中国最大的红木集散地福建××，2022年我们与××县××××家俬有限公司、×××××红木产业园、××之家、××红木等当地企业合作，并且我们有着丰富的器型材料资源及广泛的经销商客户，在××红博会上售出并签订

28.6万元的订单。我们立足于集散地优势,优化供应链,借力红木载体的全国销售网络将大漆红木家具推广出去。

我们也入驻淘宝、京东、抖音网络销售平台,并定期参加平台的众筹、拍卖等活动。同时运营一家旗舰店:让人们了解大漆相关的历史并参与到制作大漆的过程,在店内设有专柜与我们在线上店铺的二维码,实现线上线下相结合。新用户购买时附带一份大漆历史文化手册,里面会详细地为大家介绍大漆是如何贯穿中国历史的。

(六)展望未来

完成产品系列化,原创产品品类达200种以上,深入完成产品生产的标准化,进一步提升产品质量,继续优化流程化生产模式,使产品达到时尚国际化,年销售额突破120万元。

依托×××职业技术学院,开展订单班办学,教授学生传统手工艺,并将其传承下去,签约订单班提高产能。

扩展销售渠道,线上:将入驻天猫、京东、亚马逊等网络销售平台,通过抖音小视频让人们更加直观地了解大漆文化。线下:将参加各大知名展会,将实体体验店先开到北京、南京、西安等文化历史古都,并不断优化企业内部管理结构,不断调整企业的经营方向及资源分配的合理性,扩大市场规模,形成覆盖全国的销售网络。

## 三、福州市××区×××网络科技有限公司

企业简介:本公司于2015年6月注册成立,公司类型为有限责任公司,注册资本108万元。公司成立至今一直专注于××趣味××教育智慧平台的研发,以"创新产品,用心服务"为核心价值,目标是"成为最受好评的幼儿产品研发公司"。公司的宗旨是:让幼儿在快乐中学习、在学习中快乐,抓住幼儿潜力挖掘的关键期,让祖国的花朵赢在起跑线上。主营业务:软件开发、母婴产品代理销售、教学器材、智能玩具、幼儿教育课程销售、电商代运营。

(一)产品介绍

**1. 产品简介**

《××乐园》幼儿趣味启蒙教育系列软件是我们打造的综合性的学前智慧教育服务平台。它依托优质师资及多名教育领域专家开展并设计科学的课程规划、功能全面的学习模块,让幼儿从小就得到美的启迪和思想情操的陶冶,让幼儿在德、智、体、美、劳上全面发展。

《××乐园》幼儿趣味启蒙教育系列软件,包含《快乐××》《快乐××》《××快乐》3个系列,涉及7大类:①趣味学习知识教育;②双语教学教育;③兴趣培养与艺术教育;④亲子互动与趣味游戏教育;⑤天赋预测与潜能开发教育;⑥心理健康与品德教育类;⑦肢体语言表达教育共计,共计19个功能模块。幼儿可以通过软件学习入门汉语、英

语、数学、国学等知识内容，还可以通过软件中的测试模块对学习过的知识进行巩固，获得成就感，激发学习兴趣。同时可以通过软件中的游戏、艺术教学模块锻炼思维、审美、理财等能力。软件融入了智力、创意、文化、审美和知识等因素的培养内容，不仅可以激发幼儿的学习兴趣、维持幼儿的学习动机，还可以从不同的方面提升幼儿的知识素养、想象力和创造力。

产品注重趣味性和启蒙功能，寓知识学习与娱乐游戏为一体，赋心理启蒙与智力开发双功能，让幼儿在快乐中学习、在学习中快乐，让家长因儿女快乐学习而幸福。

注重用户体验，操作简单，一键式操作。人性化的设计风格，其通过分析幼儿接受能力和心理特点设计软件风格。使用性强，软件构建基于位置的社区台，贴近生活。丰富的文化内容，软件融合了节日和中国传统文化。

**2. 功能模块简介**

软件共有 19 个功能模块，分别是古诗朗诵、绘画涂鸦、亲子互动、看图识字、动画学字、涂鸦生字、临摹练字、游戏辨字、经典国学、趣味数学、基础英语、测试、智力游戏、音乐、舞蹈、演讲、社区共享平台、在线咨询、天赋预测及开发模块。

主要功能模块一：语文（包含国学和临摹练字）

用户点击“语文”，就可以学习《三字经》和练习汉字。“语文”模块将《三字经》用卡通的界面展示，配以愉快的背景音乐和可爱的配音，让幼儿可以很轻松、快乐地学习国学《三字经》。

临摹练字包括衣食住行等，做成卡通图片的形式，配上专业读音，幼儿可以自己点开这些图片，然后学习图片事物所对应的汉字及读音。临摹练字：进入该模块，幼儿可以通过临摹字帖练习汉字，加深对汉字的印象，提升对汉字学习的兴趣。同时模块配合系统的语音提示书写正确与否，可以从小端正幼儿的书写态度，培养规范书写的习惯。

主要功能模块二：数学

我们将数字 1～10，通过卡通图像、声音、实际数量的事物来表达，让这些数字的学习更加直观，幼儿可以通过理解来接受新的知识，易于记忆。

主要功能模块三：英语

幼儿可以通过点击“英语”模块中树上的苹果，学习 26 个英文字母，再通过点击图片就可以学习字母相对应的英语单词，点击×××就可以学习 26 个英文字母歌。

主要功能模块四：美术

用户可以通过点击“美术”进入绘画涂鸦模块，开启自我绘画之旅。这个模块不仅可以实现汉字书写练习，而且可以实现画画的功能。每个人在幼儿时期都喜欢涂涂画画，这个模块就可以满足小孩子充满想象力的双手，让他们无限量地书写、作画，不仅不会弄脏衣服，而且也不会浪费纸张，既节约了资源又可以满足幼儿的需求，同时还减轻家长的担忧。

主要功能模块五：测试

用户可以通过点击“测试”进入趣味数学的测试模块。同时可以通过找数字、比大小、数水果、算术等来练习逻辑能力，从小锻炼算术本领。这个模块有简单的数学题如比大小、找数字，可以加强用户对数字的记忆；也有趣味的数水果，锻炼用户的观察能力和培养用户细心的习惯；最后的算术小天才中有加减乘除的练习，是属于比较难的测试题，锻炼用户学习钻研的精神。

主要功能模块六：看图识字

该模块设置60个汉字与其相应的图像，让幼儿通过图像记忆汉字，配以正确的读音和有趣的背景音乐，增加趣味性和学习性。

主要功能模块七：自我组合

该模块通过拆字和组字的环节，开发幼儿的想象力，增强软件的趣味性，让幼儿对汉字的记忆更加牢固。

### （二）基本概况

公司的前身为2014年组建的“××网络科技”××教育工作室。2015年，其通过分析国内外幼儿教育软件产品，重新规划产品的研发路线，独创天赋预测技术模块，提升产品的核心竞争力。它依托多位幼儿教育领域专家，以优质的学习内容和课程设计为出发点，开发了寓知识学习与娱乐游戏为一体，赋心理启蒙与智力开发双功能的软件系统《××乐园》。团队也由最初的5人发展到现在的21人，并取得了显著的成绩。

2014年团队研发的《××乐园》软件系统先后获得以下奖励：2014年荣获“省软设计大赛二等奖”；2015年荣获“厦门（银行杯）全国大学生创业创新大赛实战组第三名”；2015年荣获“中国创翼青年华南赛区银翼奖”和“省软设计大赛创业·创客组第三名”；2016年荣获“福建省互联网经济创新创业大赛团队组第十名”。

### （三）产品市场分析

随着我国社会经济的快速发展，幼儿教育越来越受到国家的重视，尤其是家长为了让孩子赢在起跑线上，更是高度重视幼儿的早期教育，幼儿教育软件产品的开发市场前景非常广阔。据有关资料统计，中国目前0～8岁的幼儿约有2.2亿，但是目前市场上比较受家长欢迎的幼儿教育软件还比较少，其中最为突出的问题就是内容设计不科学，不能做到知识性与趣味性的有机统一。所以，本公司依托优质的师资力量，开发的《××乐园》教育软件，规划设计系统及科学的教学内容、功能全面的学习模块，加入多个维度的互动娱乐模块，增强软件的趣味性、可玩性、易操作性。该教育软件集知识学习、娱乐游戏、智力开发于一体，深受市场欢迎，市场占有率必将逐步提升。

2016年公司营业总额达300多万元，净利润60余万元，共计用户量13万多，用户遍及全省各市区，幼儿教育机构客户总数达到120家。

（四）商业模式

本公司的盈利模式包括自主营销和授权委托营销。自主营销包括：一是对获取天赋测试报告、天赋开发咨询收费，实现天赋开发专题课程收费；二是对幼儿教育机构用户提供定制软件服务收费；三是与大型的母婴商家合作进行商城开发服务收费；四是通过发布有益于幼儿身心健康的产品、广告获取收益；五是通过产品 IP 进行衍生产品的设计、销售盈利。授权委托营销方面，通过授权软件内容模块、IP 卡通形象等一次性收费或年度收取产品营销授权费。以上收费均由本公司财务人员按国家相关财务规定统一核算管理，本公司营业收入主要用于市场调查、产品研发、设备购置等方面，其中最大支出为产品研发、产品推介、人员工资。

公司所有人员一直秉承着“以我青春创新业，利他为国圆梦想”的宗旨，同心协力，奋发进取，开拓创新，争取更大的业绩，争创更好的明天，为幼儿教育贡献我们的力量，让每个幼儿把握启蒙的最佳时期，快乐学习，健康成长，让祖国未来的花朵赢在起跑线上！

（五）发展现状及规划

**1. 发展现状**

公司成立于 2015 年 6 月，当前主营产品：××启蒙教育软件产品研发、×××软件定制服务、为各类××产品提供互联网解决方案、教学器材的销售、智能玩具、大型户外玩具、××玩具及各类才艺培训课程等。

在互联网时代，在国家保持宏观经济政策相对稳定的同时，我公司在国家政策的指导下，利用国内外社会资源，开发《××乐园》××趣味启蒙教育软件系统，积极进行市场的选择、产品的前瞻性研究，寻找市场空隙，支持有价值、有前瞻性、有潜力的产品以及技术的创造，加强产品技术实验、技术创新以及产品的升级研发，保证产品的可持续性。

**2. 发展规划**

近几年，幼儿教育市场如火如荼，但是目前我国还没有一家幼儿教育软件市场的占有率超过 10%。市场上幼儿教育软件还存在产品结构单一、操作程序复杂、过于注重知识灌输、注重娱乐游戏、幼儿适应性差、喜爱度低等问题。所以，本公司一直在努力研发出更好的幼儿启蒙趣味学习产品。注重用户体验，操作便捷，功能全面，以优质的学习内容和课程设计为出发点，寓知识学习与娱乐游戏为一体，赋心理启蒙与智力开发双功能的幼儿趣味启蒙教育软件系统《××乐园》，让幼儿在快乐中学习、在学习中快乐，让家长因儿女快乐学习而幸福；抓住幼儿潜力挖掘的关键期，让祖国的花朵赢在起跑线上！企业的目标是“3～5 年内市场占有率达到 10%，成为最受好评的幼儿产品研发公司”。

## 四、厦门×××信息科技有限公司

厦门×××信息科技有限公司是一家全球食材直采机构，货源均来自福建××集团、上海×××食品有限公司等大型企业，无中间代理商与分销商，有冻品肉类、海鲜、果蔬等，达400余种，是市场最全的冻品食材公司之一，安全配送到店，致力于服务中小微餐饮企业的民生工程，冷冻食材一站式采购。公司通过移动互联网技术，对冻品传统流通过程中产生的信息流、资金流、物流进行有效流程再造，提高流通效率，打造“轻平台、短流程、快模式”的O2O平台。

### （一）市场调研

以餐饮渠道为例，2021年中国餐饮营业额市场规模达到3万亿元，餐饮行业食材市场容量1万亿元以上，其中速冻食材占比30％左右，市场容量超过3000亿元。这其中的速冻猪、牛、羊、鸡等肉类占比45％左右，速冻海鲜占比15％左右，速冻米面占比20％左右，速冻火锅丸子烧烤类占比10％，速冻蔬菜占比5％，其他占比5％。

以点评、团购、地图等网站收录的厦门市12154家餐厅，未被上述网站收录的餐厅高达2万多家，厦门餐饮业市场一共有3万多家，且随着旅游业和厦门经济的发展，餐饮数量不断增加。其中，思明区餐饮占比42％，人均消费水平高达78元；湖里区餐饮占比20％，人均消费水平为68元；其余地区相对较低。

下游终端覆盖数以万计的麻辣烫、小吃店、烧烤店等小终端；上游，打通品牌厂家，产品由厂家直供，甚至量身订制，取消所有中间商。整个项目，紧紧围绕“轻平台、短流程、快模式”的O2O平台展开。

不论是对终端还是厂家，这个模式都是有利的。将所有中间环节取消，只剩一个层级，品牌厂家直供的产品，缩短层级的利差返利终端。对各种小终端来说，可以直接拿到厂家直供的超性价比的产品，同时手机下单便捷，送货上门，更多进货奖励和优惠活动，提高了客户的使用黏性；对厂家来说，可以更有效地推广新品，使厂家活动快速到达终端，节约了大量的人力和营销费用。对于这种模式，餐饮商家普遍表示愿意合作，市场规模迅速增长。

### （二）市场内竞争情况

传统冻品行业大小生产品牌此起彼落，但仍保留着非常传统粗放的营销模式。从厂商到代理商，再经过一级一级的分销商，中间通常要经过四五个流通层级才能到达终端，流通效率非常低。

冻品××：冻品××定位为“冷冻食材B2B供应链平台”，借助移动互联网，立足于数以百万计的小终端，力图重塑冷冻食品传统的销售模式。创业团队包含冻品行业专家、××××高管、××大数据中国区经理人、冷链物流配送专家等跨界大咖。冻品在线已获得多轮融资，包括××资本数千万元的A轮投资。

（三）发展规划

初期发展阶段（1～2年）：决心在一年内步入良性发展的市场经济轨道，在厦门市中小微型餐饮业迅速打开市场，保证食品安全，争取为厦门市80%的中小微型餐饮业提供服务；然后向福州、泉州等市场进军，在省内餐饮行业形成一定的知名度后，及时注意已有市场的反应，稳定全市及全省的正常运营，吸引省内著名品牌入驻。

中期发展阶段（2～4年）：在与中小微型餐饮业合作的基础上，自建研发团队，完善运营平台，开发SaaS系统，为餐饮点提供收银、监控、进货等服务，把控店面风险，收集中小微型餐饮店的大数据；与银行或投资方合作，为中小微型餐饮店提供供应链金融，同时为其提供SaaS系统，收取服务费；贷款通常以店面抵押，由SaaS系统收集大数据，即使欠债人无能力偿还，也可以把控店面，大大降低风险。

后期发展阶段（5年后）：目前产品主要采取全球采购的形式，待公司成熟后，自建上万平方米的食品加工厂（冷库），公司自己生产加工产品，达到最大利润；自建物流公司（冷链），待市场稳定，外包其他物流；自建软件公司，开发完善人工智能SaaS系统。

## 五、福建×××科技有限公司

在新时代背景下，“××”跨境电商创业孵化中心的设立初衷是为在校大学生提供一个专业实践、创新创业的平台，为其今后的就业创业奠定坚实基础。项目紧密结合人才培养目标，把跨境电商作为发展方向，发扬“传帮带”精神，以裂变方式，致力于组建、培育跨境电商团队，择优孵化，共创企业。

孵化中心团队人员组成强大，拥有丰富跨境电商运营经验的团队领头人，校内跨境电商专任教师，以及行业优秀创业导师。截至目前，中心已成功组建5支跨境电商团队，在跨境电商平台虾皮网上先后设立了5个站点，并分别与其中2支成熟培育的团队共同创立了跨境电商企业：福建××科技有限公司、福建×××科技有限公司。预计在2个月内中心还将培育成形第3支团队。

未来，“××”跨境电商创业孵化中心将结合跨境电商发展需求，拓展平台，细化团队，衍生出乡村振兴农产品跨境电商团队、电商产品设计团队、跨境电商直播团队、跨境电商物流服务团队、跨境电商创业生态社交服务团队等。

简而言之，跨境电商创业孵化中心能为学校、为企业、为社会提供人才培养、创业咨询、培育孵化、投资扶助、社交生态等服务。

（一）市场分析

**1. 跨境电商市场广阔**

随着互联网技术的不断发展革新，跨境物流运输日益完善，全球消费方式的转变都在推动着跨境电商交易规模迅速增长。依据海关总署的统计数据，2020年我国跨境电商进出口总额1.69万亿元，增长31.1%。其中进口0.57万亿元，同比增长16.5%；出口飞速发展，高达1.12万亿元，同比增长40.1%；通过海关跨境电子商务管理平台验放进出口清单达24.5亿票，同比增加63.3%。整体来看，我国跨境电商行业持续火热。未来5G技术进一步推广，市场环境不断优化，平台生态日渐完善，品质、品牌逐步提升，直播电商、社交电商的高增长，都将一直激发我国跨境电商行业不断发展。

**2. 跨境电商人才需求大**

在跨境电商快速发展的背景下，社会不仅在人才数量需求方面持续增长（从2012年的68.4万人到2018年短短几年内，就已经飞速增长至276.4万人），还进一步提高了对人才质量的要求：兼具外贸、电商、外语综合技能，学习能力好、实践能力强的"全能型"人才。根据教育部公布的《普通高等学校本科专业目录(2020年版)》，具有设立跨境电商本科专业资格的高等院校，目前全国共有7所，而福建省高校不在其列。虽然不少高校已在国际经济与贸易、电子商务等专业中增设一些与跨境电商相关的课程，但所增课程过于理论，缺乏实践性、实战性训练，所培养出的毕业生还未能满足企业的要求。孵化中心与龙岩、厦门两地的多家中小型跨境电商企业的HR交流调研发现，行业目前急需具有至少半年以上实操经验的跨境电商运营专员，以及营销推广专员(SNS、短视频、直播等)。

**3. 政府政策扶持强度高**

政策的助力扶持对于一个产业发展来说是至关重要的，近年中央陆续出台了一系列支持和促进跨境电商发展的政策。自2015年以来，就有5批跨境贸易电商综合试验区经国务院批准建立。2020年5月，国务院批复同意在原有设立59个跨境电子商务综合试验区的基础上，再新设雄安新区、龙岩等46个跨境电子商务综合试验区，至此，我国已有105个跨境电商综合试验区，遍布全国30个省份，形成了良好的发展格局。紧接着，国务院发布《关于新时代支持革命老区振兴发展的意见》，提出支持龙岩与粤港澳大湾区共建产业合作试验区，建设好龙岩跨境电商综合试验区。这对于龙岩市的外贸和电商融合发展来说是一个非常重要的里程碑，对培育和发展跨境电商产业起到了积极作用。

（二）产品介绍

尽管欧美仍是目前跨境电商的主要市场，但东盟已成为我国最大的贸易伙伴，接近4成的受访跨境电商企业已经进入东南亚市场，超过日韩和俄罗斯。东南亚地区约有6.5亿人口，其中30岁以下的人口占比超过50%，是全球年轻人口占比最高的市场之一，巨大的人口红利，互联网日益普及使线上购物成为主流趋势，电商市场呈井喷式暴增。

**1. 类目优势**

美妆个护：在美妆关键意见领袖(key opinion leader，KOL)的长期影响和直播种草下，美妆护肤类在东南亚各大市场迅速蹿红，各种护肤品、彩妆用品和美容仪器深受女性用户喜爱，长期霸居搜索热榜。

3C家电：疫情推动了家用电器品类的发展，长时间的居家，使该品类再次掀起购买热潮。空气炸锅、榨汁机、冰箱、扫地机器人及其他小型家电助力营造家居新环境，热度飙升，供不应求；耳机、USB数据线、摄像头、转接器等3C产品及配件也十分畅销，尤其受到男性消费者和电子达人的青睐。

**2. 区域偏好**

东南亚消费者在购买美妆产品时，有明显的地区偏好：马来西亚的底妆、唇膏销售额占比高；菲律宾热销美妆和唇妆相关产品，注重风格多样性；越南消费者则更偏爱眼妆、眉笔、唇彩等韩妆产品。此外，由于宗教信仰，2021年东南亚占据了亚太地区清真化妆品市场的主导地位，约占市场份额的61.8%，各类天然护肤品、男性护肤品和清真化妆品十分热卖。

美妆个护相对3C家电来说，更具用户黏度强、复购率高等优势，因此孵化中心的跨境电商团队会将美妆个护作为重点类目，进行精细化运营。

（三）服务内容

**1. 人才培养**

中心提供一整套跨境电商系统培训课程，包含理论基础和实操训练两部分。其中，理论基础涵盖平台规则与注册、跨境选品与采购、产品定价与核算、跨境物流与通关、后台数据分析等内容；实操训练则采用真实账号、实际运营的方式，为社会培养更多“专业基础实、实践能力强、综合素质高”的应用型跨境电商产业人才。考核合格后，中心为跨境电商企业以及有意向搭建跨境电商平台的企业引荐并输送人才，表现优异者还有机会参与中心的培育孵化项目。

**2. 创业咨询**

孵化中心可提供或推荐人力资源、市场营销、财务税务、投资融资、成长管理、风险管理、法律事务和安全退出等全方位咨询服务。

**3. 培育孵化**

培育孵化主要是针对那些已具有良好的跨境电商运营能力且有志进行创业的人员，孵化中心的专家导师会把这些人员划分组团，为其制订相应的培育计划并严格实行，同时在运营平台、管理技术等方面提供有力支持。

**4. 投资扶助**

投资扶助是根据服务对象的需求，可由孵化中心直接注资共创企业，提供更为全面的经营帮扶、管理咨询、风险调控等服务；或引入第三方天使投融资公司，给予创业者更多的资金支持和更大的自主经营权。

**5. 社交生态**

(1)跨境电商大赛：定期举办各类跨境电商比赛，项目包含店铺运营、产品创新、创意营销等。一是营造更加浓厚的跨境电商氛围;二是为孵化中心和跨境企业筛选出更多的优秀人才。

(2)主题沙龙:由孵化中心每2月推出一期的品牌沙龙活动,每期会结合时下热门话题,邀请专家学者、创业人士来共同探讨虚拟现实、教育、金融以及“互联网+”等主题,为怀揣创业梦想的青年才俊提供无限可能。

(3)社交俱乐部:汇集各行各业的精英,尤其是跨境电商相关领域,孵化中心将定期邀请业界大咖帮助大家了解行业趋势,找寻同道中人,拓展商务人脉,一起探索创业之路。

### (四)商业模式

#### 1. 运营方

孵化中心通过实践、比赛等方式,跨学科跨专业对在校大学生进行人才选拔,根据学生的专业专长、能力水平划分团队,中心的团队带头人、校内指导老师,及行业创业导师为各个团队量体裁衣,订制培育计划并严格实施,通过一段时期的运营发展,利用关键绩效指标(key performance indicators, KPI)等方式对团队进行考核、评估、排名,位列前茅者将有机会与中心共同创建企业。为给予团队相对自主的企业运管权,中心秉承占股不超50%的原则,在资金支持、经营帮扶、管理咨询、风险调控等方面助推企业快速成长,同时企业又反哺孵化中心,提供人才保障:培养新的团队带头人和带来可观的经济收入,裂变互助效应由此产生。

#### 2. 盈利方式

孵化中心的盈利渠道主要来源于人才培养、管理咨询等服务,以及共同投资建立的电商企业的中后期经营收益,而且随着共建企业的数量增多,营业收入也会成倍增长。与此同时,在企业群聚、资源融合下,产品的采购/生产成本、企业管理、营销费用、物流支出等方面将产生规模效应,极大地提升收益率。

#### 3. 社会价值

依托政策红利,跨境电商创业孵化中心将政府、高校、学生、企业四方组成利益共同体:助推龙岩跨境电商综合试验区快速发展,实现四方共赢。

(1)政府:留住跨境电商专业人才,在当地进行创业,或服务本土企业,推动和发展地方经济。

(2)高校:为社会、为企业培养所需人才,提高学生的就业率,真正意义上办成一所高质量的应用型本科院校。

(3)学生:既能提升专业实操水平和创新创业能力,又可获得实实在在的经济收入,在一定程度上减轻家庭负担。

(4)企业:解决专业人才招聘难的问题,并在保障人才质量的基础上,有效降低人力成本。

### (五)发展计划

创业期(第 1 年):培育 10～15 支跨境电商团队,并至少扶助一半以上的团队注册公司,开展创业,夯实孵化中心的发展基础。

发展期(第 2～3 年):①服务对象社会化,不再仅限于在校大学生,并逐步对外开展人才培养、创业咨询、培育孵化、投资扶助等服务项目;②吸引更多有实力的企业融资合作、裂变孵化新企业;③根据跨境电商发展需求,进一步细化团队,衍生出乡村振兴农产品跨境电商团队、电商产品设计团队、跨境电商直播团队、跨境电商物流服务团队等相关团队;④着重建设跨境电商创业社交生态圈。

扩张期(第 4 年及以后):及时调整和更新培育计划,跨院校和多平台持续培养成熟的跨境电商团队;启动“优助”计划,从孵化企业中挑选出 15～20 家优秀企业作为重点扶助对象。

## 六、福州××教育科技有限公司

“××会”的前身是××高校××××就业公会,是由几名在校生于 2017 年自发成立的,致力于为高校意愿从事教育事业的大学生对接优质民办教育学校与教育机构就业的非营利性大学生公益团体。

2017 年 5 月,吴××实习时在“赶集网”××分公司担任主要负责××行业客户的实习客户经理,从中了解到民办教育行业不仅在 K12 段的教育培训行业,而且在音乐、舞蹈、美术、外语、幼儿教育等各板块的师资问题上都存在师资荒的痛点。原因是,一方面,前来培训的孩子越来越多;另一方面,机构教师越来越难招募,从而出现了严重的“产能”不足。

因工作上的接触,吴××女士拜访了××市民办教育协会、××省民办教育协会,在会长的引领下展开了一次针对教育机构的社会调查,发现××各类民办教育机构以及各类民办教育学校多达数百家,其中存在用人荒的机构达到 75%以上,累积师资缺口达数千人。后来她又深入数十家教育机构与学校调查走访,发现民办学校师资紧缺问题确实非常严重。

2017 年 7 月,吴××女士及其团队根据实习经历及社会调查总结教训后深刻思考,同时得到会长的肯定,由会长专门在协会下发起成立了××市民办教育协会师资专委会,并由吴××担任专委会的执行长。其后她又得到了全国也是全球第三大市值的××教育培训集团××教育××区总经理的支持和响应。经洽谈,××教育表示愿意在公司前期每年投入至少 20 万元运营资金用于××省高校端的在校师范生的师资实训,针对经过培训、实习考核的同学发放包含××省民办教育协会、学大教育、腾讯大闽教育三方盖章的证书,并由××教育每年提供至少 100 个省内的就业岗位。

2017 年 12 月,她又收到了作为××省内教育媒体行业的老大××××网教育频道抛来的橄榄枝。××××网教育频道的独家运营公司福建××文化传媒集团表示愿意在未来2年内进行天使投资，第一期入资用于新公司的注册成立，选址位于××大学城××××培训基地的装修建设，以及初始团队的建设。自此，公司正式定名为福建××××科技有限公司。

××创业团队自成立以来，积极参加各类创业培训，并参加各类创新创业比赛，先后参加中国"互联网+"大学生创新创业大赛、××省公益志愿服务大赛，均获得优异成绩，并在××省教育厅和××省发改委领导的共同见证下，创始人吴××在第四届"互联网+"创新创业大赛××总决赛"优秀项目对接会"上进行战略签约，当选××省青年志愿者协会第五届常务理事。

（一）服务介绍

企业是垂直于大学生就业能力培训与高校人才定向输送的B2B2C第三方服务平台，是一家以高校大数据为内核驱动的人才服务平台型企业。致力于高校职业教育与就业服务产业链的升级与整合，是架接高校专业人才与用人企业的精准定向输送或委培培养模式的桥梁。

服务模式一：定量输送——第二人力资源部保障企业稳定发展

企业作为××省最大的高校人才平台与校园活动承办公司，在短短2年内，累积了××省本科、大中专院校专业人才数据已超107万条，占全省在校生总数的82%以上，目前该数据还在不断增加中。通过对人才大数据的标签化管理与多维度解析，我们可实现人才精准分类、人才大数据报表，满足企业对对口人才数量、分布情况的掌握以及主动出击的可能。企业充当第二人力资源部角色，完成企业招人用人绩效指标，为企业定时定量输送人才，为企业持续、稳定、健康发展提供源源不断的动力。

服务模式二：人才委培——企业的人才储备决定企业的未来

企业已与××省89所高校、207所中职、技校中大部分达成就业型人才培养与输送合作，精准掌握各院校专业信息、毕业生数量与招聘会动态，通过在校期间的批量培养，好中择优，优中选稳，降低企业用人风险，让企业在人才竞争中快人一步，处于优势地位。同时，深入的校企合作对于企业也是无形的品牌增值，是扩大社会影响力的手段。

服务模式三：运营外包——社会专业分工下的降本增收手段

传统招聘网站同质化信息泛滥、价格高、用户针对性较弱、反馈量少，基于微信朋友圈的社交招聘信息主动分发模式，时效快、互动强、价格低、操作灵活。通过多年高校的运营积累，企业在××省拥有本科、大中专精准用户数据已突破百万，可在区分用户标签属性的基础上，像发短信一样，对其发送个性化交互文案，在减少了发送总量投入的同时，精准文案给予用户充分的身份代入感，保证了数据强有力的针对性，使有效投放点击率提升100位以上。

(二)产业背景

近年来民办教育机构的规模不断扩展,教培行业出现师资荒。一方面是前来培训的孩子越来越多,另一方面是机构教师越来越难招募,从而出现了严重的“产能”不足。不仅“K12段”的教育培训行业如此,在音乐、舞蹈、美术、外语、幼儿教育等各板块皆是如此,许多机构校长感叹:招师难!

我们在××市民办教育协会的引领下展开了一次针对教育机构的社会调查,发现××省民办教育机构多达2950家,××各类民办教育培训机构以及各类民办教育学校总数多达990家,其中存在用人荒的机构达到75%以上,××省民办教育培训机构师资需求量近59000人,其中××累积师资缺口可达19800人,市场收益空间可达1亿元。

**1. 民办教育机构的急速扩张**

2016—2017年是民办教育蓬勃发展的一年,被称为民办教育资本元年,各类社会资本大举进入民办教育领域,尤其是“K12段”教培行业呈现井喷态势,成为资本的宠儿。以福建为例,新××、××教育、××思、××教育等为首的全国性教育连锁机构,以及快乐××、××名补、××教育、××教育、××教育等本土教培机构疯狂扩张分校,跑马圈地,民办培训机构出现了严重的师资荒。

**2. 传统民办教育师资的急速萎缩**

《中华人民共和国民办教育促进法(2017年9月1日起施行)》与2018年年初的四部门联合发文专项治理校外培训机构中,明令禁止中小学老师校外参与补课兼职,让过去依靠打“名师”牌的小型教育机构难以为继。另外,民办教育对教师的准入门槛提高,民办教育教师同公办学校一样必须持《教师资格证》上岗,这也让许多从业多年但无证教学的民办老师或退出舞台,或重新考证。

民办教育师资的供消需涨,对民办教师的招募不得不瞄准那些初出茅庐的科班师范生身上,尤其是那些具备成熟的师资培育体系,用人量大的大型连锁教育机构,更是重兵押宝于此,使用高薪、平台、晋升机制等一系列组合拳争夺这一块稀缺资源。

**3. 全面放开二孩政策**

2016年我国全面放开二孩政策,《中共中央关于全面深化改革若干重大问题的决定》明确:坚持计划生育的基本国策、启动实施一方是独生子女的夫妇可生育两个孩子的政策,逐步调整完善生育政策,促进人口长期均衡发展。随着人民生活水平的不断提高,人民对孩子的教育质量越来越重视,同时国家教改也正在加速推进应试教育向素质教育转型,因此会有越来越多的教育机构在素质教育领域跑马圈地。

**4. 中产焦虑**

党的二十大报告指出,我国进入中国特色社会主义新时代,努力让每个孩子都能享有公平而有质量的教育是从教育维度解决社会主要矛盾的途径之一。同时由于中产焦虑,大多数中产阶层对孩子的未来有更多的期望,因此民办教育机构不断增加。

针对以上痛点，建立一个专业的服务于应届毕业师范生、有意向加入教师行业的非师范生、培训机构以及民办学校的教育机构相当必要且具有广阔的市场前景。

（三）市场分析

现阶段的市场主要可分为3个部分，分别为公立学校、私立学校和民办教育培训机构。其中公立学校的门槛最高，高校的教师准入最低门槛是知名大学研究生毕业。而在整个行业的市场中占比最大的是众多的民办教育培训机构，其面向的学生更多，对师资的需求更大，是我们的主要市场。

针对教育市场中不同群体的特性我们对不同的目标市场采取了相应的合作方式。对于公立、私立学校，针对其教师准入门槛高的特点，我们转换思路，不是向学校输送教师资源，而是将合作的重心放在学校中从事教师行业的学生群体上。我们通过为学校提供培训、教学实践等模式与学校达成合作。针对公立学校的痛点，即许多教育企业客户反馈，好的师范生资源十分匮乏，应届师范生不缺乏专业知识，但缺乏实战教学能力、问题处理能力、工作经验、良好心态等，应届生在入职后，需要长时间的实践磨合才能成为一名合格教师。

我们通过搭建高校和学大教育合作渠道，对接各大高校需求点，利用学大教育完善的师资培训体系，对师范生进行提前的职业技能培训。另外，对一些有教师从业意向的非师范生进行一定收费的专业培训以及教师资格证培训，最终实现与公立、私立学校和教培机构对接。对于民办教育培训机构，大多数机构没有与师范生和考取教师资格证的学生接触的有效途径，但又切实面临巨大的师资缺口。公司通过与其签约，进行教师的委培实践合作。

（四）发展规划

**1. 总体战略**

前期线下高校合作，组建“××”社团，打造优质师资库。福建××××科技有限公司旨在对接高校××生以及想加入××行业的非师范生与各大民办教育机构以及民办教育学校，打造优秀师资力量供给库——“××”。民办教育机构完善的师范师资培训体系，对高校师范生进行前期培养以及实践培训并提供实训和上岗机会，通过“××”一系列培训，持证的学生，可享受高薪就业的待遇，实现真正的“优秀师资供给库”。

后期线上平台搭建，扩展用户群体并在线下铺垫，逐渐清晰后，由福建××教育科技有限公司联合腾讯××教育频道技术组共同开发“××(线上模拟教学测评与招聘系统)BETA测试版”微信小程序，融合涉及“K12”教育学科共6大类别(学前、教辅、外语、音乐、美术、舞蹈体育)，下设30余专业科目，通过同学们上传的教学录播视频充实内容，民办教育机构通过线上视频筛选人才，内容与技术完美结合，实现线上线下共同运营。

**2. 发展战略**

2018 年，我们致力于打造完善、知名的“××”品牌，在与各大学签订民办××××师资培训与就业战略合作框架的基础上，大力发展省内各大高校，包括××学院、××××师范高等专科学校、××师范高等专科学校、××师范学院、××××高等师范专科学校、××师范大学、××师范学院等。在“优秀师资供给库”体系完善之后，我们结合“民办教育教师同公办学校一样必须持《教师资格证》上岗”的发文规定，在师范师资培训基础上，在各大高校开设“教师资格证培训班”，建立多个高校师范生输出基地。

我们立足××，打出“××”高校教师培训品牌，辐射××省内招聘需求大的各大民办教育机构及民办教育学校，除了“K12 段”的教育培训行业，包括音乐、舞蹈、美术、外语、幼儿教育等艺术培训机构，针对其招聘需求，制订招聘服务方案，以品牌宣传和招聘结果为导向，签订战略合作协议，覆盖全省重点教育培训机构；重点推出“××”微信小程序，通过学生上传的在线教学视频，逐渐完善××系统师资库，民办教育机构以会员注册的形式，通过年费制定会员机制，使之成为线上招聘＋应聘平台，不仅成为学生评测自身教学能力以及学习的地方，更给教育培训机构更加直观的招聘选择，省内宣传，全国推广，将教育与互联网相互结合。

**3. 其他战略**

复制模式，发散性推广。我们在××××教育频道的支持下，对接各大高校以及民办教育机构的需求点，在成功案例的基础上，修改细节，复制经营，扩大教育基地基数以及“××”微信小程序用户数，致力成为知名的教育招聘行业的新宠儿。

## 七、龙岩××电子商务有限公司

龙岩××电子商务有限公司成立于 2019 年，由一批优秀的大学生作为主力军，是一家年轻、充满朝气的公司，主要从事跨境商品贸易服务。公司主营彩妆护肤、母婴、保健品、日用百货、红酒等跨境产品的零售批发。旗下××小程序商城是公司着力打造的跨境进口商品购物平台，致力于为消费者提供全球优质的正品海量好物。公司自成立以来即入驻××省大学生创新创业基地（××）接受孵化，基地不定期举办一些活动、讲座等，促进公司更好地成长。

××小程序是由××与科技公司合作，开发的小程序购物平台，及时为我们解决技术相关问题，为我们带来效益。其中，×××××号子弹头唇膏和×××××××××水乳套装清爽、保湿、补水，作为彩妆护肤类主推的爆款，自上架以来在小程序的累计销量分别达到了 6000＋和 8000＋，为我们带来了超过 200 万元的营业额。

此外，公司还积极参加各类活动。例如，2019 年公司受邀参加第十届海峡两岸机械展览会暨第十二届××投资项目洽谈会，以及××市首届家用消费品展览会。活动期间公司不仅受到市领导的现场指导，还与广大同行互相交流学习，关注行业发展动向，进一步调整自身的市场对策。作为一家大学生创业企业，我们还积极参加各类赛事，并在2019年××省××市中小企业创新创业大赛中荣获二等奖。

公司将始终秉持“诚信务实、合作创新”的理念，为客户提供优质产品，提供极致用心的服务，力争成为一个让消费者信赖的品牌和让合作伙伴满意、员工满意的企业。

（一）市场分析

**1. 客户群体及特点**

公司主营产品以美妆护肤和保健品为主，其中，美妆护肤类产品：主要针对18～35岁的年轻女性客户。随着生活水平和女性自我认知的提高，很多年轻女孩和青年女士越来越注重对皮肤的保养和对美的追求。美妆护肤品消费群体呈现扩大的趋势，“享受生活，追求时尚”成为现代女性日常消费的明显特点。保健类产品：以中老年客户群体为主，逐步由老年化向年轻化过渡。过去，人们普遍认为保健品是老年人才会购买的，但随着人们工作压力的增大，越来越多的年轻人出现了亚健康的状态，于是我们将目光瞄准了这个新型市场。“保健品是老年人的专属”这个说法一去不复返，我们的保健品市场开始向年轻的一代开拓。

**2. 竞争者分析**

随着各大进口平台的高速发展，2019年一季度，××国际排名第一，份额为32.3%；××××排名第二，份额为24.8%；××××排名第三，份额为11.6%；××国际和×××海外购排在第四和第五，份额分别为9.4%和6.0%。以上前五大平台合计份额超过八成，合计达84.1%。

（二）销售分析

**1. 产品优势**

公司与××国际贸易有限公司合作，紧跟国家“一带一路”政策，依托自贸区跨境阳光通道的优势，凸显我们提供的产品的优势：

(1)产品种类丰富。我们的产品来自澳洲、泰国、美国、法国、丹麦、荷兰等地区和国家。

(2)产品种类齐全且质量优异。我们提供的跨境进口产品有××-Ⅱ、××之谜、××之钥、××堂、××、×××、×××、××等国际大牌，在产品的质量上能提供充分的保障。

由于靠近高校，创业初期我们从学生团体入手，提供的产品价格相对优惠。我们一直贯彻自买省钱、分享赚钱的理念，为消费者带来更加优惠的价格。

**2. 针对国内跨境电商市场解决的问题**

我们公司的产品通过正规的渠道从海外采购，消除了消费者在选购时无法辨别真伪的顾虑。

我们提供齐全的跨境产品，拥有多种品牌，为消费者购买时提供便捷。

**3. 产品的售后服务**

售后服务是售后最重要的环节。售后服务已经成为企业保持或扩大市场份额的要件。售后服务的优劣能影响消费者的满意程度。优质的售后服务是品牌经济的产物。我们拥有完善的售后体系,24 小时在线专属售后客服对接,用户订单及时处理。我们采取专人专项的服务,针对客户,有专人进行回访,随时解答客户的疑问,维护好客户的关系,进而促进多次消费。

**4. 营销策略**

(1)线上营销:通过与网红的合作,带来更多流量,进而达成更好的交易;通过与××广播电视总局合作,在广播与电视中进行广告传播,增强品牌的认知度;通过创建专属的自媒体账号,拍摄自己品牌的相关原创视频,获取爆炸性的流量,进而扩张自己的品牌,目前也在筹备直播带货的相关事宜;建立自己的企业店铺,在各大电商平台上进行推广,进而树立自己的品牌形象。

(2)线下营销:找定一个实验的小区,通过发传单、广告栏打广告、设点宣传等方式拿下一个小区的市场,进而以点带面,拿下××整个市场。针对客户相对聚集的活动地点,我们与周边进口港货店进行合作,在他们的店铺上架产品和粘贴宣传海报;通过与学校合作,利用学生群体帮我们进行推广;通过在活动相对密集的地方举办大型商演,扩大企业的知名度;举办公益活动,对跨境相关产品进行答疑解惑,取得他们的信任,建立良好的关系,后期进行产品的渗透。

(三)发展规划

(1)短期目标:①增加自营的线上商城的消费者数量,对跨境产品中的日用品、家用电器、家居用品、化妆品等商品链进行扩展增容,确保满足顾客需求,做到平台内易购品的种类与数量持续增长。平台推广以彩页、微信等工具为主,利用线上商城的各活动版块(秒杀、积分商品、节假日的特价活动等),增加产品的推广力度并增加相关的商品数量,确保能让消费者抢购到商品,体验线上购跨境好物。同时线上开设分销模式让消费者自购省钱、分享赚钱,促进线上商城良性循环发展。②每天运营若干个自媒体账号,保证粉丝量上涨并转换到线上商城中。③在淘宝开设企业店铺,增加商品的品类,同时积极参加淘宝活动,提升淘宝企业的权重。

(2)长期目标:每月定期完成相应计划,线上商城会员量每月至少增加 10000 名,每月销售额达到 50 万元左右并且稳步上升。淘宝企业店铺运营成为跨境店铺中前三名,每月销售额达到 50 万元以上,通过企业自有的资金和社会上的融资积累到一定程度,开始设置各地区的门店,扩大企业的知名度,增强在行业中的竞争力。

## 八、厦门×××文化传媒有限公司

厦门×××文化传媒有限公司是一家一站式的企业媒体服务公司,其中服务品类涵盖宣传片拍摄、短视频简历制作、MV 制作、MG 动画制作、3D 工程建模，新媒体广告投放、各类广告设计、制作代理及发布，舞美设计、活动策划、演艺对接、灯光音响设备、P3LED 屏设备等物料租赁项目，网站建设、营销推广等。其成员全部为在读和毕业的大学生。创始人及联合创始人 3 人（主要负责公司活动、影视、广告业务），公司核心骨干成员 11 人，签约演艺人员 10 人，并自主组建了一支专业化的视频制作团队，对接各大企业的影像需求。

目前公司聚焦于互联网新内容时代的消费需求，为大学生提供基于大数据的求职、留学和社交的短视频简历，以及以此为核心业务的一站式就业指导服务；为学生社交、就业、留学等需求提供自我展示的视觉形象表达。

企业宗旨：关注“人”的发展，塑造个性化美学。本公司的宗旨是在顺应互联网产业发展态势，不断提升自身专业性的同时，保持对“人”的关注，从各类人群不断变化发展的生活方式、消费模式和个性需求中发现市场机会，力求打造兼具用户个性需求和公司美学理念的个性化美学服务。

企业文化：言而有信、保持活力、脚踏实地、细节制胜。

（一）产业背景

(1)互联网消费模式升级：经过 24 年的发展，中国互联网已然迈入一个全新时代，人们的生活方式趋向高速智能化，消费模式也因依附于互联网与人工智能的普及发生了巨大的转变——支付宝、微信支付等线上交易手段成为主流，传统售卖与线下服务都陆续登录互联网平台，如×宝、×东等。

(2)新生代新的生活方式：时代发展使得生活方式更趋多元化，当前，“90 后”“00 后”人群，特别以高校大学生为主，他们人数众多，自我展示和表达的需求日益强烈。有资料显示，“90 后”追求内涵表达，“00 后”则追求真实生活与个性自由。作为新生一代，他们社交的主要阵地是移动互联网，表达方式不再拘泥于文字，而是更多地向表情包、短视频等影像表达过渡转变。

(3)短视频表达迎来风口：5G 时代即将到来，短视频形式迎来爆发的风口，各类短视频 app 与网站相继出现。××、××、××等直播平台“抢滩”短视频；中国互联网巨头×××更是不甘落后，重金砸向短视频领域；××、××等出台短视频扶持计划。在目前的市场中，传统的图文模式已不能很好地适应消费者获知和商家展示的需求，开始过渡到视频，特别是短视频。如××网中，各大商家已经开始使用 10 秒的短视频来辅助图文进行产品介绍。但目前短视频泛娱乐化，盲目跟风现象严重，优质内容缺失等问题也相应产生。专业化短视频制作市场尚未成熟，是蓝海。

(4)视频简历系市场刚需：在目前的就业市场中，随着网络招聘竞争白热化和各家人才服务网站同质化加重，视频招聘必将成为新时代网络招聘的新宠。海量候选人、异地面试及意外情况的困扰，不专业、刻板、无聊的面试与不断增长的面试组织费用，都让视频招聘和视频简历这种短时间内全方位展现人才、简化招聘流程的高效手段的优势得以凸显。

(5)未来导向:针对这一现象,公司组建数据团队和制作团队,对招聘市场进行数据抓取和分析,凭借专业化的视频制作技术以及对高校青年市场的高度了解,为高校学生打造专业化短视频简历制作服务,优化高校与社会人才的就业招聘模式,针对市场庞大的就业需求,引领大学生在就业市场上的消费结构升级。

(二)产品简介

**1. 产品**

短视频简历作为传统图文简历的升级形式,凭借客观动态的影音效果以及丰富的信息量,快速拉近求职者和用人单位的距离,使用人单位能在较短时间内全面、客观地了解求职者。相较于原先的图文简历,视频简历更加立体化、具象化,动态化展示求职者的特长与技能,达到展示自我、推销自我的目的。它也可与图文简历结合使用,一"静"一"动",相得益彰,使招聘单位能更直观地了解求职者的职业形象和职业能力。同时在互联网的帮助下,视频简历可以方便快捷地传递到招聘公司手中,突破地域、时间的局限性。

大数据抓取招聘市场的企业信息,进行分类、比对和分析,更为精准地把握行业信息,优化短视频内容服务,使用户个性的呈现更贴合企业需求。

个性化美学(self style)按照专业化的审美,为用户设计定制高品质的视频版本:在充分的素材中,选出 30 秒至 3 分钟的内容,从需求出发,用敏感的眼光准确定位用户的个性。

**2. 特色**

一是简历个性化。目前市场上出现的为数不多的视频简历,都是用户通过平台的模板滤镜完成第一人称的简单拍摄,内容仅为泛泛而谈的自我介绍,缺乏主题。而我们的制作团队本身就是大学生,对当前大学生的需求特点感同身受。制作前,我们还将通过与用户充分沟通,对客户特点进行个性化提炼,最终总结出最符合客户定位的 3 个关键词,并围绕这 3 个关键词为客户定制专属的视频内容,直观彰显客户的仪态仪表、个性特点和专业能力。

二是大数据精准化。我们会根据客户所意向的行业抓取数据,获得关键词,再与客户的自身资源匹配,拍出精准化的产品。比如,同样是××专业的学生,如果他求职的是贸易公司,我们的视频将着重展现其外语能力以及沟通能力;而如果他同时也有××的求职意向,我们还将注重展示其爱心与耐心。我们希望我们的产品能够通过客户简单的后期处理适应不同类型的求职意向。

三是制作专业化。专业性体现在视频制作上,我们不仅掌握更为专业的拍摄手法,而且具更独特的美学视角。团队深耕大数据分析结果,针对求职特点设计拍摄方案,邀请就业指导中心的专家、企业 HR 作为顾问，在视频制作中注重求职方法与技巧，让我们的视频简历不仅好看，而且实用。

**3. 优势**

当前，各式各样的视频制作公司充斥在市场中，但短视频作品的内容和质量良莠不齐，要想在众多竞争对手中脱颖而出，我们需要在项目内部体制、制作水平、创新理念、价格优势等方面下足功夫。投身专业化短视频简历制作项目的我们，在竞争中具有先发优势，应在后期产出和运营时做到把“护城河”拉高，形成技术和市场壁垒，保持创新活力，维持优势。目前来看，我们的优势主要表现在以下 5 个方面：

其一，市场优势：高校就业留学市场潜力巨大。目前专门从事个人视频简历制作的企业较少，项目管理者敏锐的“嗅觉”将有利于拓展更加广阔的市场空间。据××招聘一份针对 2016 届应届毕业生的调查，参与调查的应届毕业生中，选择就业的比例为 75.6%，而 2016 年高校毕业生总数约为 765 万，2017 年为 795 万，庞大的毕业生人数是市场需求的基础。同时，现在的毕业生是伴随互联网与多媒体长大的一代，相较于纸质版简历单调、统一的形式，必然更青睐这种视听结合、动感十足、个性化十足的视频简历。因此，可以相信个人视频简历制作将是一个亟待开发的市场。

其二，先发优势：精准分众市场蓝海。高校是短视频简历一大精准的分众市场，创业团队深耕其中，更贴近市场需求。同时，作为高校青年学生，公司拥有大量的校园资源可以投入后期产品的分发，并且作为开拓该分众市场的首家专业化短视频制作公司，在市场运营中具备先发优势。

其三，专业优势：美学观念打造职场简历。我们产品最大的一个优势就是拍摄团队均由编导、广电专业领域的大学生构成，专业性强，也更能了解大学生的需求。我们的产品不局限于固定化的场景，可以根据客户需求进行特殊的场景定制，针对客户的专业进行相应场景的拍摄或到用户指定的场景进行拍摄。在拍摄及后期处理方面，我们的产品不同于市面上目前多见的固定镜头的第一人称叙事模式，而是采用微电影式的拍摄手法和剪辑技巧，力求还原一个最优秀的求职者形象。

其四，技术优势：大数据精准把脉行业需求。在招聘信息良莠不齐、就业压力仍旧显著的今天，能拥有技术团队对招聘市场的数据进行抓取并进行科学分析，无疑会对本就具备先发优势的短视频简历服务有极大的增益，能更好地帮助用户锁定需求。

其五，价格优势：学生创业项目成本低廉。作为大学生的创业实践项目，原创视频简历项目的特色在于，拍摄团队均由大学生构成，降低了相对的劳动力成本，同时也降低了大学生消费群体制作自己的视频简历的成本，便于收集和推广。

（三）发展规划

起步阶段(第 1 年)：在公司总部所在地××以传媒服务为基础，增加营收，扩大资金储量，为项目孵化做准备。由于产品服务尚处于导入期阶段，消费者对“视频简历”的概念以及“××”团队的服务项目还不是十分了解，大部分顾客还是保留着对传统简历的印象。对此，本项目采取快速渗透策略。面对新的顾客群体，我们将重点强调产品的创新性，制定整合营销方案，提高产品的曝光度以及消费者对产品的认知度。目的在于先发制人，给企业带来最快的市场渗透率和市场占有率，利用服务质量优势在市场上吸引顾客眼球，带来最快的回报率。

成长阶段(第2年)：在这个阶段消费者已经对团队的视频简历服务有了一定的了解，项目业绩增长得很快。本项目对大学生群体视频简历的拍摄需求、风格都比较了解，但是也有大批竞争者加入，市场竞争激烈。对此，本项目营销策略的核心是尽可能地延长产品的成长期，拓宽服务的覆盖面，完善团队服务功能，根据顾客需求和市场的其他信息，不断提高服务质量，力求创新；加强促销，树立强有力的品牌形象；增加新的销售渠道，开拓新市场，尽可能进一步提高市场占有率。

发展阶段(第3～5年)：市场成熟以后，产品的销售量增长缓慢，逐步达到最高峰，然后缓慢下降；产品的销售利润也从成长期的最高点开始下降；市场竞争非常激烈，各式各样的同类短视频产品制作服务不断出现。公司将采取主动出击的策略，使成熟期延长，或使产品的生命周期出现再循环：发现产品的新用途，寻求新的用户，改变推销方式，开发新的产品市场，使产品销售量得以扩大；增加短视频服务项目，如增加婚恋个人形象、组织、团体、机构宣传定制短视频服务项目等；对视频简历、短视频服务的特色进行改进，更加体现服务的专业性，不断提升服务的定制化效果，不断收集、积累和整合用户的体验数据和需求，对服务进行有针对性的升级来满足顾客的不同需要，吸引有不同需求的顾客。

# 第六章　大学生创业访谈编录

## 一、成功源于不妥协

一件不被看好的事情受到阻挠是一定的，但重要的是我们不妥协。××××大学张××社交O2O项目×的联合创始人。

### （一）高考的坚持

高中时的张××有自己的偶像李小龙，喜欢双节棍，把几乎全部的希望都放在高考上，但突如其来的急性肝炎使他遭受了高考落榜的打击。复读向来不易，而他出于身体的原因，一年之内在肩膀上扎了300多针，用双节棍打了自己3万多棍。他通过俞××的演讲和李××的《醒思录》来激励自己。因为这份坚持，张××二次出发，成功考入了××××大学，一个不顶尖，却让张××爱上了的学校。

### （二）大学的自我改变

成功是需要条件的，需要我们不断克服自身的缺点，挖掘自己的潜力。从入学开始，之前孤僻内敛的张××通过帮助别人来改变自己，并逐渐爱上帮助别人时的那种成就感。乐于助人且吃苦耐劳、性格老实，张××成功地吸引了老师与同学的注意，于是军训时他成了队长，开学后成为班长，后来又加入学生会。张××记得自己的每一次辛劳，而这种奉献，不只塑造了他在同学们心中的良好形象，更为他积累了人脉，赢得了更多的机会。为此，他的团委老师曾对他说："张××，一个人能走多远不在于他多么聪明机灵，也不在于他多么能说会道，而在于由内而外散发出来的信任感，请你一直保持下去。"

### （三）做自己，不妥协

由于喜欢武术，大一时张××从机器人俱乐部的足球3D组转到了微软武术组，相比于未来一片光明的3D组，刚刚起步的武术组前途暗淡。一位学长好心劝说反而激起了张××的好胜心，想凭借这个大家都不看好的项目拿下全国大奖。结果武术组连续两年拿了全国大赛的季军，而张××本人受到《××晚报》的报道，获封"××达人"的称号。

张××由这件事情悟出：一件不被看好的事情受到阻挠是一定的，但重要的是我们不妥协。我们平时受到的思想灌输就是从众，以大众认可的方式行事就是优秀的，如果是特立独行的少数派，那一定会受到质疑。我们要做的就是突破思想的束缚，不迷失自我。

（四）创业的开始

张××所经历的事情都是对他的磨砺和丰富，但在即将迎来社会生活的时候，他像那些准毕业生一样因对社会的畏惧而产生了迷茫，不知该何去何从。但在床上浑浑噩噩地躺了20天以后，他找到了方向，决定创造一个纯净的大学生社交软件，继续帮助同学，留住美好。

创业在如今是个高大上的词，但张××不认为自己在创业，只是在做一件自己想要做的事。得到大家的特殊关注不是他的目的，他只想务实地为大学生做出好玩、有趣又实用的×，只希望在有生之年做他自己。

（2016年11月）

## 二、"80后"大学生的10年创业路

"80后"的方××，在校是"明星学生"。1999年，他被保送进入××大学×××学院工科混合班就读，2003年又被保送进入××大学×××专业读研究生，毕业时获评"××大学特优毕业生"。然而，他偏爱创业。2001年，他被选入只有60人的××创新与创业管理强化班，聆听MBA老师们的课程，在××科技园接受创新创业系统辅导，从此，创业不辍。

2005年，他开始第一次创业，做"手机××"，后来被××收购了；第二次创业做了"个信"，后来失败了；"个推"是他的第三次创业，做手机消息推送服务。

在经历了硬件开发商、软件开发商到技术提供商的几次定位之后，方××带领的团队将其定位在了"送水工"角色上——最终"个推"业务独立覆盖8亿手机终端，在第三方推送服务的部署上占据国内90%的市场份额。

2014年7月，"个推"宣布完成B轮数千万美元的融资，××赛富领投，原A轮投资方悉数跟投。"这可能是国内B2D行业迄今最大的创业公司单笔融资。"方××说。

2014年11月，"个推"获第三届中国创新创业大赛互联网及移动互联网行业全国总决赛第一名。

在互联网创业、科技型创业的江湖里，收益大，风险也大，被替代、被颠覆的事随时可能发生。在方××的创业道路上，资金链断裂、技术瓶颈、小伙伴跳槽的状况都发生过。最难过的时刻是裁员，团队从135人直接缩减到50多人。现在回头想想，没有裁过员的也许不能叫公司。但10年创业征途，他始终坚信自己的选择，"虽九死其犹未悔"。

方××很感激在创业路上帮助过他的“贵人”，也很愿意把自己的一部分时间留给和自己当年一样选择创业的年轻人。他每年会到母校××大学进行四五场的创业讲座，也会到本土创业圈子进行创业分享访谈。

在累积的多年互联网创业经验中，他拿出分享的内容常常是自己亲历的失败。对于创业者来说，失败的教训比夸夸其谈的成功学更实用。例如，说到自己的第一次创业，“当手机不停更新的时候，它就要不停地去适配。你会发现你的竞争对手不停地增加，不停地进化，你有限的生命都投入无限的适配中去了”。他告诫师弟师妹们：Find the Must-Win Battle，选对战场，才有必胜一役。又如，说到第二次创业，他告诉师弟师妹们说，“当竞争对手是一头大象，我是一只蚂蚁，大象腿踢过来的时候我可以用针扎，但是这只蚂蚁不幸处在了象群迁徙的道路上，画面太美就不敢看了。所以在创业过程中，大家可以很勇敢，但尽量不要选超级大鳄或者说过早地选在超级大鳄必经之路上”。

2014 年，方××和一些小伙伴共同发起了“××—××基金”，专注移动互联网行业的创投，希望能够帮助更多的初创企业孵化成长。

创业 10 年，方××的穿着依旧“校园风”，上下班走路，远一些骑自行车，办公场地是和百来人分享的 1000 平方米大开间里的一小格。他和他的创业伙伴有共识，比起舒适的办公条件，自由、开放这种创业的氛围更可贵。

“我们这一代的创业者，已经不需要通过穿什么、住在哪里等物质去证明，我们的内心已经足够丰富强大。”不过，2014 年，他购入了一辆红色的×××。在××，他是首批车主之一。这一行为代表了一家互联网创业公司对未来科技趋势所保有的好奇心，如果能从中得到一些灵感，价值就会远远超过车价本身。另外，这辆×××成了“个推”员工的一项福利——只要经过报备，每个人都有一天的使用权。

方××所带领的团队中，有来自×××大学的数学博士，有来自上市公司的数据专家，还有××、××、×的前员工，而更重要的是，这个年轻的团队，需要拥有符合他们价值观的企业文化。“对于这些年轻人来讲，可以接受同样的工资，但是工作环境需要更加良好一点，这个工作环境也包括所在公司在整个行业里的形象。希望同事们在使用的时候，能够感受到自豪感和归属感。”

有人问他：如果有一天他的公司发展到可以放手，他会选择一份什么样的职业。方××说：“创业教练。”

（2020 年 4 月）

## 三、校园里的“‘90 后’创业小男神”

一身短打，“polo 衫＋短裤”，大墨镜反戴在后脑勺，××××大学硕博连读生周××走进校门，作为嘉宾参加“创客沙龙”活动。

5 段创业经历，经营 2 家公司，46 天众筹 2000 多万元……这个“90 后”在读博士，却已成为校园里颇受追捧的“创业小男神”，学弟学妹们管他叫“阿××”。

三战“挑战杯”，那年，阿××在××捧起××××大学历史上第一座全国大学生创新创业“挑战杯”的金奖。领奖台上，阿××将奖杯举过头顶，努力想在台下黑压压的人群中找到自己的小伙伴，谁料一时百感交集，视线已随热泪模糊。多年前，正念大三的阿××，揣着创业计划首度参加“挑战杯”，市赛夺银，进军全国，最终收获全国银奖。第二年，阿××三赴北京，考察37个地级市，走遍180个县市，获得580份调查样本，以水资源保护项目再次参赛，却还是银奖。第三次挑战“挑战杯”，阿××组织了一支“复仇者联盟”，团队中除了他还有1名博士后、1名留学生、6名本科生。他们的科技项目——全×××××××××××传感器，用于测量高温高压仪器的工况，“相当于给脾气暴躁的汉子安上了监视器”。项目克服了市面上普通传感器不耐高温的缺点，在600 ℃下仍能正常工作，部分测定效率是普通传感器的60倍。阿××不仅为项目本身下足了功夫，对商业推广策划也铆足了气力。金奖梦终成真，同学送他一个绰号——“×××”。

（一）当创客“双企”创业

“为什么不把这个创业策划书落到实处呢?”赛后，阿××暗自思忖。经与“复仇者联盟”商议，大家心中有了“创客”萌芽。

上海××××科技有限公司正式成立，主打产品就是“挑战杯”摘金的传感器。它一经推向市场，就获专业好评，公司的承诺订单额已达300万元。

“双企”模式中的第二家公司，也是“挑战杯”的副产品。原来，阿××在首度“挑战杯”获奖后就成了校内“挑战杯”赛事的小导师，负责指导学弟学妹们参赛创业。当时，阿××应邀帮助朋友的项目与投资方面谈。万万没想到，他在多项赛事中积累的演讲经验，给投资方留下了深刻印象。最后，项目没谈成，投资方却来“挖墙脚”，希望阿××加入他们的团队。

又一番洽谈，阿××以联合创始人的身份，加入××××信息技术有限公司，任首席社交媒体官。公司主打一款带有远程控制功能的智能插座，只需用手机app操作，就能通过插座控制家中电器的运行。“这样，在回家的地铁上，就能打开家中电热水器或空调。”

（二）39元插座众筹2115万元

轻创业，众筹资。当时，阿××正和公司的工作人员一起，忙着为全国各地35万个客户发货。同年，4月底，这个售价仅39元的智能插座，刷新了国内网络众筹人数最多、金额最大的纪录。小插座众筹首秀的上线首日，便超额完成原定的100万元目标，达到300万元；上线46天内，累计筹得近2115万元意向资金。根据众筹网站的后台数据，参与众筹的“80后”“90后”占到七成。

那天创客沙龙结束，已近10点。阿××却还要“赶场子”，找他的小伙伴开会商讨公司事宜。“我有两个偶像，一个是曹操，一个是乔布斯，分别代表胜利的野心和完美的产品。”他笑中带着自信。

（2021 年 1 月）

## 四、音乐专业大学生回农村养羊创业

覃××一家生活在××市的一个小乡村，从小乡亲们都夸赞这个姑娘的歌声“比百灵鸟唱得还好听”。念高中时，音乐老师发现了她的天赋，让她进了兴趣班。中学几年的努力令她如愿考取了××××学院音乐系××教育专业。

### （一）钢琴女孩奏响创业“牧羊曲”

山头上，夕阳西下，26 岁的覃××扬起鞭子，赶着羊群返家。很少有人知道，这个牧羊姑娘其实是正儿八经的音乐专业本科毕业生。她已经很久没好好地唱过歌了，许久不曾弹奏的钢琴安静地摆放在堂屋，曾在黑白键盘上“跳舞”的手指也被茅草和锄头磨出了厚厚的茧子。

### （二）撑起音乐梦的羊羔

接过父亲手中的羊鞭，覃××选择在田间山头这个“更大的舞台”，弹奏属于自己的创业“牧羊曲”。

覃××一家生活在××市的一个小乡村，中学几年的努力令她如愿考取了××××学院音乐系××××专业。这是一个很“烧钱”的专业，可覃××的父亲决定养羊，供孩子读书。

“爸爸右手臂高位截肢，养羊很辛苦。”起初，覃××并不支持父亲。大学期间，她对那些“随地大小便的家伙——羊”始终提不起兴趣。“那时候觉得，羊圈实在太臭。”父亲心疼女儿，愣是不让覃××碰这些“粗活儿”，担心影响到她那双弹琴的手。

2010 年，大学毕业的覃××回××开了一间小琴行，过起了一边卖琴、一边办钢琴培训班的生活。最开始的时候，她常常顶着烈日在街上发传单，“一个人干所有的事情”。很快，她成功招收到一二十名学生。这个钢琴女孩有了自信。她甚至盘算着，请一些志同道合的音乐人一起，把自己喜欢的事业做大。就在这时，噩耗传来，覃××的父亲经医院检查确诊罹患肝癌且是晚期。覃××的母亲在她读高三时去世，当时，她忙于高考，没赶上看母亲最后一眼，这成了她的一块心病。“这一次，我一定要陪在爸爸身边。”覃××解散了培训班，带着积蓄回家照顾父亲。

可这次她还是没能来得及。父亲的病越发严重，临去世前，老人决定把家里的 50 头羊以 3 万多元的价格卖了。覃××不同意父亲卖羊，说自己可以养。“你一个女孩子，怎么放羊？还不安全。”父亲嘱咐她，“以后去城里找份体面的工作，再找户好人家。”父亲去世后，覃××总会时不时地想起父亲和那些羊。“我爸爸病重坐在轮椅上时，都不忘去羊圈看看。我知道，羊对他来说，不仅仅是为了维持生活。”

这个重庆姑娘麻利地买了十几只羊，返乡开始创业。

当地大部分人都外出打工或搬走了，村里的夜晚静得吓人，但她不害怕。“说真的，羊对我来说太重要了，现在如果不让我养羊，我就没法活了。”

（三）从门外汉变成养羊通

牧羊生活的劳累不言而喻。那么多的羊散落在山坡，撒着欢到处跑，覃××总是拿着鞭子在后面追得气喘吁吁。一天的“赛跑”结束后，她还得打扫羊圈，干各种农活儿，照顾圈养的鸡鸭。

这并非最大的压力，对半路出家的她而言，对养羊这件事自己压根儿“什么都不懂”。她通过网络搜索各种信息，到图书馆查阅各种资料，并尽量参加各种学习和培训。这个过程充满了波折。2013 年 10 月，羊痘病毒袭击了当地的羊群，一夜之间，覃××发现很多羊的身上都长了痘，痘会慢慢溃烂。这是让很多养羊人谈之色变的病毒，因为它能通过空气传播，所以防不胜防，而且羊感染后，死亡率相当高。其他的养羊人纷纷叫来羊贩子，低价把羊卖了，能赚一点算一点。

但覃××没有这么做，她不能允许自己养的病羊进入市场。她决定独自应战，因为她带了这群羊好几个月，有些还是她亲手接生的，不能无动于衷。

当时，有一只羊病情非常危重，已无治愈的可能。覃××平生第一次拿起刀杀羊，她想亲手解剖后，能对这种病的症状有更准确的认识。剖开羊肚，她证实了自己对病疫的判断。买回针药之后，她戴上手套，将羊身上的脓疮一个个挤掉，然后涂药治疗。挤脓的过程有些恶心，但她愣是每天从早上 6 点一直忙到深夜。深夜里，屋外一片黑暗，羊群也很安静，这个年轻的女大学生觉得生活很艰难，可她转念一想，不能放弃。

她和她的羊挺过来了，更重要的是，她在医治照顾病羊的过程中学到了很多知识。现在，羊的很多疾病，覃××大都能从容应对。

（四）放羊让自己站立得“格外坚实”

在农村，同学和朋友也很难聚到一起，繁重的体力劳动还常常让她腰酸背痛，特别忙时连弹琴的时间也没有。虽然生活如此，但覃××没有选择抱怨。找着空闲的时间，她就跑到山头上唱歌。她还招了两名学钢琴的学生，定期骑着电动车去为学生辅导。她和丈夫在城里买了房，但她“一点都不想搬过去住”，放羊让她觉得自己“格外坚实地站在地上”，能够“自由舒服地呼吸”，更让她有机会去畅想，构建一个属于自己的商业模式。

“食品安全是一个太重要的问题，我想走出一条让人们吃到新鲜、可靠、绿色羊肉的路子。”在她的构想里，自己的羊都不喂饲料，而是在外散养，靠吃草长大，所有的羊都接受防疫，有健康保障。这些让她觉得，自己能走出一条精品养殖业的道路来。“羊肉的品质有保证，我相信市场上有人愿意为它出更高的价格。”

她还计划打造高标准的屠宰、切割、消毒流程，自己配送，让消费者方便地吃到放心的羊肉,可以放心地直接下锅。“我已经收到了定金,有人希望在我这里买到高品质的羊肉。”她说,虽然已投入十来万元,且没有获得回报,但她相信,会有未来。

这个钢琴女孩如今还有更为宏伟的计划,流转更多的土地,让乡亲们一起,养出更多的健康羊,打造自己的品牌。

(2020 年 11 月)

## 五、用梦想起航电子商务的“90 后”

年轻人的选择没有正确与否,关键是敢不敢拼。一群“90 后”在校生搞起电子商务,靠的是梦想和闯劲。

张××,当年的××工业大学在读研究生。别看还没毕业,他已经是一位名副其实的创业者。他投身电子商务,把自己的网站命名为“××网”。说起张××,他学习成绩优异,同时也考了公务员,就业前景挺好。说起为何另辟蹊径搞创业,张××有自己的一套:“年轻人的选择没有正确与否,关键是敢不敢拼。”

### (一)电子商务牛刀小试

早在大学二年级的时候,张××就已经是个创业的苗子。那时候张××在××××上大学,在学校里做起了帮大学生求职的网站。到了大三下半学期,张××开始投身电子商务。“21 世纪要么电子商务,要么无商可务。”张××特别喜欢这句话。经过 3 个月的研究,张××发现,C2C 的市场早已被×宝垄断,新人在这条路上成功的概率不高;B2C 市场则需要前期的大量投入,对于仅靠奖学金和父母供给的张××来说,这条路过于“泥泞”。但最终 B2C 成了张××的选择,因为它更注重网络和用户体验,很适合年轻人施展拳脚。于是从那时候开始,也就有了××网的雏形。

“有了想法,还得有执行力!”张××说,大三下半学期的他还不具备直接把网站做起来的所有条件,他就先自学技术,靠自己的力量把网络的框架搭建起来,并开始试着小规模投放广告。张××来××读研究生也是早有“预谋”。他坦言说,来××的目的除了学位,更重要的是,要进到××这块更为广阔的商务天地里来。

### (二)脸皮厚闯闯就有路

张××说,年轻人怕的就是脸皮薄,被人家说两句就退缩。“其实说创业不如说‘闯’业啊。”

刚来××的时候,张××就想,现在做电子商务不比以前做的求职网站,凭一己之力难以打拼出一片天地,现在更需要的是一个团队,是一群志同道合的朋友。到了学校,眼望着宿舍楼里一张张陌生的面孔,谁是“关羽”,谁是“张飞”,谁是自己的合作伙伴,他需要一一沟通。他一间宿舍一间宿舍地找,还真有 3 名同学支持张××的想法,并和张××一起组建了团队。××网的“团队建设”工作渐成规模。

客户的积累更需要脚踏实地,既要动腿,更要动口,前提是还豁得出去。张××带着小伙伴们到很多写字楼谈合作，多次被当成推销人员拒之门外。张××没有因此而放弃，有一次，一家公司的工作人员指着玻璃窗上的字条告诉张××："这上面不是写了吗，禁止发广告、推销人员进入。""我不是发广告的，我是给贵公司带来生意的人！"张××的回答非常认真。看着眼前这个干劲十足又略带稚气的年轻人，公司的负责人反而有了兴趣，就这样，张××还真就有了生意。

除了实地跑，最艰难的时候，打电话联系商户也让人头疼，那真是一天能打上百个电话，被直接挂掉的、开口便回绝，甚至开骂的也有不少。但张××发现，跟他想象得不一样的是，他没有越来越沮丧，而是越来越精神，渐渐地，语速流畅了，经验丰富了，生意也就有了。

说起谈生意，还有个挺好玩的细节。张××如果不是西装革履的打扮，俨然还是个孩子，而张××的财务人员的年龄就更小了。每次去谈生意，张××和另一个"孩子"站在人家面前，虽然精心打扮，有时还是难免被轻视。"第一印象我只要求勉强过关，只要让我张嘴说话，对方就会知道眼前的孩子到底多有劲！"

(三)只为拿工资不叫创业

张××跟小伙伴们研究，做生意就必须得做出个性来。他们决定，在用户体验这方面下功夫，于是××网的一站式服务就这么诞生了。怎么利用新媒体帮用户宣传，怎么帮苗子企业贷款，说起这些，张××是一套一套的，俨然已经不是个在校生，而是个成熟的"中国合伙人"。对于张××来说，最幸运的是，身边能有几个志同道合的朋友，在经营上，目前大家都不求回报，要的是先把摊子撑起来。"只为拿工资来，不叫创业，那叫打工，我们每个人都是股东，我们都是创业者！"张××说着，把一张名片递给记者，尚未毕业的张××，头衔已经是总经理，他说他的公司马上就要注册下来了。

(2017 年 12 月)

## 六、不负韶华好时光　创新创业我先行

"大众创业，万众创新。"李克强同志曾在政府工作报告中多次谈及创业创新。新学期伊始，很多大学生又开始了艰辛的求职历程。陈××，××师范大学 2013 级××专业，曾参加大学生创业网举办的 2014CNCC 大学生创业奖暨第四届 CCF 青年互联网创业大赛，现为××××网络技术有限公司、××××文化传媒有限公司创始人。

春日里和煦的阳光洒在创意设计园中属于陈××的那间创业小天地里，办公室内窗明几净，桌上还放着待看的策划文案，很多时候陈××就是在这里和自己的团队一起合作讨论出一个个创意项目的。他的公司成立已有大半年，在学校和老师的支持下，这个才大二的"95 后"男生，带着自己的团队，不仅用实际行动打消了家人、身边朋友对自己创业的担忧，也在逐梦的路上展示了自己别样的青年"创客"风采。

几经考察他们决定代理一种白酒，可是经过多方了解，他们发现，代理白酒远非他们所想象的那样简单，最终只好放弃这个想法。随后，他们又听说××有一种出口的扣肉罐头销量很好，可是他们去了厂家一咨询才知道这种罐头出口后主要是给宠物食用，于是这个项目也被宣布搁浅。

经过几次“试水”，张××和他的团队冷静下来，分析和寻找失败的原因。他们发现问题的关键就是自己很盲目，没有明确的创业目标。找到问题后，他们就寻求老师的指导，并结合社会发展趋势，得出一个结论：走网络化道路。确定目标后，张××率领这支创业团队，利用一个月时间搭建了××狼创业网的整体框架。那时候，他们天天忙到半夜，搜集几千篇文章，设立栏目，借鉴其他网站的模式……2008 年 3 月 15 日，××狼创业网正式开通。

这是一个地道的公益性创业网站，包括创业指导、创业学堂、创业盘古等栏目，并免费发布招聘信息，为××高校本科生、研究生，尤其是即将毕业的学生提供创业咨询指导与就业服务。网站的开通立刻吸引了众多在校大学生的关注，很快就在×××高校中享有很高的知名度，并成为各高校合作开展创业实践活动、交流创业经验的平台。

（二）成功总是在不经意间出现

在张××看来，创业不只是为了赚钱，创业也是一种载体，最终目的是做对社会、对人有意义的事情。这就是张××不同于其他创业者的地方，也是他放弃较高收入的行业选择创业的原因。

可创办公益性网站，为团队提供了创业全过程的实践能力，却不能解决创业的资金。为解决这个棘手的难题，张××和创业团队开始尝试一些小的创业项目。“个性班服”就是其中之一，这个项目本来只是一个深入寝室的问卷调查，结果在调查中他们发现，很多同学都对个性化班服表现出了浓厚兴趣，于是，他们以班级为单位，根据班级的不同要求，由张××亲自设计，开始制售“个性班服”。当时，由张××设计的“个性班服”卖出了几千件。×××工程大学、××农业大学和××林业大学等高校的学生听说了“个性班服”后也慕名前来预订。最初由于经验不足，设计的衣服多次返工。“赔钱也得返工。”张××说，“团队在这个项目中的优势就是服务，以个性设计表达班级最真实的想法，保证质量。”也正是这些小的创业项目，为张××和创业团队积累了创业的基本素质与实践操作方法，解决了资金积累问题。

为了实现真正意义上的创业，2008 年 4 月，他们创立了“×××网”，这个网站被张××称为“大学生自己的买卖地摊”。网站刚开始的时候定位于网络超市，他们先与××超市合作，为其做代理。一个月之内，网站发展了 160 多个会员，取得了一定的业绩。但是，这种发展模式与团队的核心能力有冲突，本着“量体裁衣，量力而行”的原则，张××决定实现经营转型——为有创业意愿的大学生提供创业平台：在网上免费开店铺，进行二手货交易，于是才有了后来的“×××网”。

后来,越来越多的大学生到×××网开店,买卖二手货,×××网的影响力逐渐扩大,效益也很可观,月赢利在万元以上,同时也为其他创业者提供了创业的机会与实践的场所。

谈起"×××网"转型之初,张××说:"当时也没有想到将'×××网'变成一个以二手物品交易为主的网站,主要是看到了一些毕业的同学,在离校前处理自己曾经使用过的物品,他们大多采取摆地摊的方式。于是,我想到能不能将这些同学的二手物品挂到网上,让更多的人来买。结果这个方法的效果出奇好,很多同学的二手物品刚挂到网上就被买走了。后来一些大学生干脆开始在'×××网'上创业,他们批发来一些全新的商品,在'×××网'上出售。我要将'×××网'办成一个地域性的'×宝网'。"

(三)理想与现实之间的差距

在开展主项目的同时,张××也开展其他的创业项目,为主项目获得必要的支持。由张××等人发起,18所高校大学生参与的"××狼"大学生创业联盟在×××市成立。这个团队以公益性网站——"××狼创业网"为载体,以为大学生创业服务为宗旨,介绍创业知识、交流创业经验、解决创业困惑,还为大学生提供创业项目。张××说:"我们想发挥自己的最大能量,带动身边的同学自强不息,为更多的大学生解决创业上的困难,顺利实现就业。"

创业的道路有时也充斥着单调、乏味。张××和他的团队每天进行1个小时的团队文化建设,让大家充满动力,增强了团队的凝聚力与向心力。他们及时调整心态,吸收了更多做人做事的道理,并从历史中总结规律,指导自己的行为。

一路走来,有太多的感慨。回顾自己的创业经历,张××认为,创业是一个艰难曲折的过程,是不断完善自己的心志、意志、品质,实现自我升华的过程;创业更是一种生活,是学会做人与做事的过程,是一个不断发现问题、解决问题、实现自我价值的快乐过程。

对有志于创业的大学生,张××提出了几点建议:第一,要明确你要做哪一种人,要对自己进行客观分析,明确自己适合走哪一条路;第二,要明确创业目标,有勇气与决心,有经受诱惑的定力;第三,要培养自己的应变能力,学会选择与放弃,调整好心态,乐观地面对一切困难挫折,不断修正计划,自我完善,以适应不同阶段创业对团队能力的不同要求;第四,不同阶段要抓住不同的主要矛盾,专心致志地做好一件事。最后,他说:"盲目追求金钱不是正确的价值观,如何学会做人做事,做对社会有意义的事情才是最关键的。"

(2018年11月)

## 十六、创业三级跳成就大学生老板

这是一个普通的故事,却是一个让人难以置信的传奇。大学生,创业,两个关键词,足以让他成为社会关注的热点。大学生就业难，大学生创业更难，这是无可争议的事实。大学生从来没有放弃过对财富和事业的追求，他们也有着几乎让人误解为冲动的激情，但时间、资金、技术的缺乏，使得他们的创业之路倍感艰辛，圆梦创业的道路愈加曲折。但是，大学生创业并非空中楼阁，因为，有人能，有能人，游××就是能创造这一传奇的能人。

尽管凌晨两点多才睡，但天刚蒙蒙亮，"游总"就已经忙活儿开了。匆匆吃过早餐，"游总"把前一天的销售单据整理出来，把当天广告公司的工作分配好，接着拿出下发的关于游泳馆建设的材料看起来；10 点刚过，他"马不停蹄"地赶到游泳馆办公室，和职员商量新闻发布会等事宜；下午他要赶去上课；晚上学校有个学生创业的讲座邀请他做报告，他还要和几个客户洽谈业务……

"游总"名叫游××，是××大学××系 2006 级的学生。××联通分公司校园分区经理、××传媒广告公司老板、××大学游泳馆市场部主管，这就是"游总"目前的职务。在很多高校毕业生抱怨找不到工作时，这个大三学生是怎样在大一就成了"万元户"的呢？同学们为何称他"游总"？在这个人身上又发生过什么故事？

### （一）一级跳：为给父母减轻经济压力，扛水赚生活费

游××，是××大学××系大三的学生，来自××××一个贫困的家庭。"我家是当地贫困县贫困镇贫困村的贫困户，父母都是农民，姐姐刚大学毕业，弟弟高三，马上升入大学，家庭的负担非常重。"游××说。

在他领到大学通知书当晚，游××就听到父母在屋里为了借学费的事争吵。第二天，游××就离开家，到建筑工地搬砖头，可是辛苦一天却只能拿到 10 块钱，于是他又利用晚上到离工地不远的打火机厂干活，这样他每天就能挣近 20 元了。一个月后，他给父母带回了 500 块钱工资。

进了大学他才知道，自己辛苦一个月赚的 500 块钱连付两个月的生活费都不够。为了不给家里增加经济负担，游××大一时就通过各种方式寻找兼职机会。当同学睡午觉的时候，他得拼命扛着几十斤重的桶装纯净水上下楼。同学们上课去了，他只能拿个馒头边啃边跑，匆匆忙忙地赶去上课。

"当时就是想独立解决生活费问题，给父母减少点负担。我是特困生，学费也是借的，家里给我的生活费，也都是东拼西凑来的。"游××说。

真正让游××走上创业之路的是外卖生意。

### （二）二级跳：起步最困难，但回想起来很有幸福感

大一上学期期末，学校出现了外卖组织，几经打听，游××觉得外卖生意市场不错，于是开始了第一次创业。游××和学校外的饭店合伙，他的团队负责派送外卖。由于没有经验，一星期下来没有多少生意，游××选择了放弃。这次的失败让游××尝试到了创业的艰辛，自己从招人到发传单忙了那么久，到头来没得到任何回报，结束营业的

那晚他流下了进入大学后的第一滴眼泪。

“每次想到辛苦劳作的父母，我都不由得心酸，多少个夜晚不能睡着。白天我在同学面前说说笑笑，到了夜深人静的时候，我总是忍不住为年迈的父母伤心落泪。”这次以后，游××决心一定要自立。

经过半学期休整，游××决定背水一战。一次路过书店，看到不少同学嫌贵，只是翻看，买的不多。游××想，如果去寝室推销并且价格便宜应该有赚头。他瞅准机会，说干就干。他从朋友那儿借来2000块钱，招兵买马，组建团队，培训推销员，短短一个多月就净赚2000多块。

大一下学期伊始，游××与学校食堂合伙，召集旧部，再战“外卖”。有了第一次创业的经验，他这次做了更充足的准备。为了把生意做起来，他在宣传方面下了很大功夫，电话、短信订餐，QQ群等多渠道的订餐方式让他的外卖生意很快红火起来。到学期期末，他已占据了全校外卖市场的“半壁江山”。

每天6个小时的上班，让他没有时间吃午饭、睡午觉，忙完就要匆忙地赶去上课；下午，等到顾客吃完了，他才有时间吃退回来的冰冷的饭菜；晚上忙完回来要五毛五毛地算账，宿舍熄灯了他就跑到厕所的灯下去算。刚起步阶段最困难，但是现在回想起来很有幸福感。

大一还没结束，游××已经净赚了10000多元，成了学生中的“万元户”，“游总”的称呼也在同学中流传开来。一到大二，他就在学校与一些品牌店合作，然后又去附近的学校开拓市场，从中餐做到西餐，并最终组建了“×××”外卖机构。“游总”的创业之路终于逐步走上了正轨。

(三)三级跳：获得省十佳，对自己的未来充满信心

经历了大一的商海沉浮，游××期待着一个全新的开始。大二开学前，一个偶然的机会，他在电线杆上看到一个招聘××售卡员的广告，就打了个电话过去。当时面试官听了他的创业故事后，破格录取他担任××县学生客户经理。这是一个非常重要的机会，于是他组建起了自己的手机卡销售团队。“当时想法就是散财聚人，先把人聚起来。当时招了10多个主管，500多名员工。”短短半个月时间，他就卖了1200张卡。因为业绩突出，他被评为××省十大客户经理，获得1500元的奖金。“领到××省十佳证书时，我对自己的未来充满了信心。”

这次获奖让游××有了名气，很多业务培训都以他为榜样。后来他晋升为片区经理，业务覆盖整个××高校。2008年秋季，游××再次带领团队创造了卖出3000多张卡的业绩，位居××省团队成员第一名，他也成了业绩排名第一的校园分区经理。随着业务领域的扩展，成立广告公司的想法出现在他脑海里。2008年11月，游××成立了自己的“××××广告公司”，公司员工不多，主要是大学同学和朋友。关于广告公司，游××说，计划向兼顾3G广告和传统广告方向发展。

这学期初，游××又被××大学游泳馆总经理“相中”，聘他为总经理助理，担任市场部主任，负责俱乐部、市场推广的工作。“这里的专职员工必须是本科学历，我是唯一没有本科毕业的正式员工，突然被抬得这么高，压力很大。”“游总”谦虚地说。

回忆过去，游总幽默地说：“大一时，我面试了10个社团，结果没有一个要我，要么嫌我普通话不标准，要么嫌我穿得太土，社团不要我，我只能自己努力。现在我做到了，创业让我的能力得到了提升，也让家里的生活得到了改善，上个月我就寄回了3万块钱。广告公司、联通公司、游泳馆我都会坚持做下去，我相信自己能处理好这些，如果毕业后有机会，我想去尝试下真正的创业。”

说到创业心得，游××说：“就业不要眼高手低，想找一份好工作确实不容易，即使是国企，工资可能也不高，只能脚踏实地地从基层做起。大学生在学校时要有就业意识，从入学开始就要准备就业。”

（2017年5月）

## 十七、单车迷

郭××的大学4年就被打上了“单车迷”的烙印——2012年开自行车租车行，2014年转向创办自行车××××网站。投资3000元开自行车租车行盈利60万元，××工业大学的郭××俨然成为大学生创业“神话”，毕业季启幕，校园里的每一场创业分享会都不想错过他。主管学院创业工作的谭老师笑言，“他已是声名远扬”。实现200倍收益的创业故事在大学校园里的确够“传奇”，只因在人海中多关注了一眼“单车”，郭××的大学4年就被打上了“单车迷”的烙印。

相比拥有自行车固定资产的租车行，创办网站简直“烧钱”——从线上研发、线下活动到公司大小事宜、员工薪水，流水的花销，一旦不成功都将化为乌有的风险让郭××“没有退路，只能一路向前”。历经艰辛，郭××更愿意说：“这一次，才终于开始了真正意义上的创业。”

### （一）3000元起步的创业神话

郭××出生于××××一个商人之家，父亲开了一家当地最大的面粉厂。从小耳濡目染，郭××一直心怀创业梦。跨入大学校园，他暗暗给自己定下了目标：首先要顺利毕业，其次是在大学里开家公司，毕业前开上一辆比亚迪“F0”。这款车当时的售价是2.99万元，他说：“不想依靠家里，为了凑足这笔钱我总得干点什么。”

学习艺术设计的郭××最早也动过开家广告公司或装修公司的念头，但思前想后，有太多类似的公司了，打开市场不太容易。对创业的关注让他把握了先机。大一到××××写生时，喜欢户外骑行的他注意到一个现象：当地提供自行车租赁的店很少，而且租金很高。回到××，郭××开始在学校周边转悠，“高校密集的××有广阔的自行车租赁市场，却缺少好的租车服务公司。”他为自己的发现欣喜不已。

“我们开一家租车行吧。”郭××在寝室“卧谈会”上说出了自己的想法。室友们纷纷叫好，可最后敢于筹钱实干的只有郭××一个人。他从家里借了3000元，买了10辆普通自行车，在学校附近租了一间小店面，通过张贴小广告吸引顾客前来，每辆车每天租金15元。最初，他每天早上6点钟就匆忙赶去车行，晚上小店关门再回宿舍，往往已经到了门禁时间。就这样，仅仅1个月时间，他就把3000元的本金全部挣了回来。

“这个生意可做!”摸到门道的郭××开始雇同学帮忙，除去工资和房租，他把其他的钱全部用来扩大车行规模。处于上升期的市场给了郭××一个成长的空间，自行车数量从20辆到100辆，再到300辆，档次也从最初的一两百元一辆提高到后来几千元一辆。

自行车被盗的现象在高校校园里屡见不鲜，更何况是几千元一辆的高档自行车。“再好的防盗措施也挡不住偷车贼的惦记。”郭××想到了一个两全其美的方法。“我把所有自行车的锁都下掉了，这样做不仅节约了给自行车安防盗锁的成本，而且因为没有锁，租车人就会做到车不离人，也防止了被盗现象。”从此，郭××再也没有丢过一辆车。

为了提高租车行的知名度，郭××积极和各高校的社团开展合作，为社团的户外活动免费提供自行车。郭××的业务渐渐越做越大，还增添了露营设备租赁等业务，除去人力成本和车辆维修、清洗费用等，他不仅还清了家里支持的费用，还拥有了一批固定资产。在老师眼中，这是校园里一位难得的“眼界开阔者”：“他和其他学生创业者不同的是，他不是为了玩玩票，赚点零花钱换个苹果手机，是把创业当作事业在做。”

单纯的租车盈利模式的脆弱性逐渐显露，易被复制的租车模式让郭××开始思考后续的发展。后来，他尝试向更专业的户外骑行业务发展，提供帐篷等露营设备租赁，把盈利重心放到专业爱好者的身上。大三那年，郭××已拥有了150辆山地车，附带出租的帐篷等露营设备达30套，他在××、××等10余所高校设立了租车点。2013年租赁业务带来的销售收入超过30万元。

(二)长途骑行带来的创意与释放

张××是郭××的班长，也是他在班上最好的朋友。在张××眼里，郭××积极向上，具有掌控能力。实际上，创业的每一天，郭××都身处高压状态，但无论如何他总能给身边人带来“积极、乐观、好脾气”的印象。

掌控情绪，郭××有自己的一套方法：“来一段长途骑行，一路上静到只能和自己对话。”每逢不堪重负时，他都会投入一段长途骑行，在释放压力中思考未来。从武汉到咸宁、宜昌、长沙甚至老家河北，他在一路的骑行中迸发了关键的创意，比如在单车租赁之外增加露营的项目，还有创办“单车迷”网站。

武汉的租车市场渐渐趋于饱和，租车行如何发展成为困扰郭××的一道难题。2014年春节，郭××选择从武汉骑行回几百公里之外的河北老家。在路上，他想起从武汉骑行到长沙的经历，那是他第一次骑长途，带了很多东西，但等到车胎爆了的时候才发现，真正需要的东西都没有准备。创建一个平台，打造服务于“单车迷”的网络之家的想法随之而生。受互联网汽车营销平台“汽车之家”的启发，他决定办一家专业的××××××××网站。

郭××说，在普通人眼里，自行车只是代步工具，而在骑行爱好者眼中，自行车从品牌到配件，从保养到维修，有很多值得分享交流的话题，单车迷们“迷”的就是这些。“比如，有人打算从武汉骑车到拉萨，他需要准备备胎、打气筒等备用工具，还要提前计划好路线和露营地点，如果把相关的整车、配件销售植入进来，就能达到宣传和推广的目的。”通过在北京风投公司工作的姐姐，郭××认识了一位同样爱好骑行的天使投资人。递交商业策划书，几轮交流下来，他获得了200万元的风投资金。有了这200万元，加上个人投资的60多万元，郭××心里有底了。他和计算机学院的朋友冯××认真研究“××之家”的商业模式，通过分析自行车用户群体的兴趣热点，规划网站构架及调试更新后，2014年11月，郭××的“××迷”网站正式上线，网站定位是提供买车、用车、养车信息以及与之相关的全程服务的营销平台。

（三）只要坚持，办法总比困难多

早在高中阶段，为了自己的艺术梦，郭××曾三度高考，仍与八大美院失之交臂，但他始终没有忘记自己的“笔头功夫”。至今，他的出租房里一直放着画板，没事儿的时候他最喜欢“涂涂画画”。这背后，是他对自己“梦想”的坚持和追求。

因为创业，郭××成了大学课堂的稀客，每个月仅在月初和月末才现身课堂，但平时他会准时上交作业。他没忘记要在工作中学习，在创业中运用艺术设计的知识。

在租车行的时候，他利用专业优势，设计了一份“××菜单”，学生们可以根据菜单选择车型和时间。后来，在“××迷”的发展过程中，公司名片、网站广告、宣传广告等各方面，郭××都发挥了自身的优势。创办网站之初，缺乏市场考察与技术能力的郭××一度将网站外包给专业公司，却常遇到后台维护的难题。最终他下决心把网站收回来自己做，重新组建技术团队，因为资金问题聘请以学生为主的技术团队，又让网站摸黑走了一阵子。他说：“学生没经验，流动性大，给网站的技术造成了很大的困扰。后期聘请专业人员，又因为公司规模等，很多人面试完就走了。”

面对“××迷”一路走来的弯路，郭××第一次真正意识到创业的风险与艰辛。技术遭遇难关、网站至今未达投资标准、技术人才难以招募……每一样都牵动着郭××的心。为了留住难得的技术人才，郭××为每个技术员工分了公司的虚拟股份。他觉得，只有这样，大家才能拧成一股绳。随着公司的不断发展，公司拥有一支14人的队伍，每个人各司其职、加班加点守护着“××迷”一路成长。让“××迷”网站发展为中国的“××之家”是郭××最大的心愿。

（2018年10月）

## 十八、闲置物品 C2C 打开思路

仅两年半，福建××学院 2009 级××××专业的杨××就有过 4 次创业经历。虽然还没有获得真正意义上的成功，但杨××并不气馁。他说："无论是什么事情，如果做，就不要顾虑太多，因为不管结果是成是败，你从中都会收获很多。"

### （一）首次创业问题多多

2010 年 4 月，尽管舍友们踌躇满志，但首次创业没能取得预想的效果。从军训到现在，近 7 个月创业过程中的点点滴滴依然历历在目。

军训期间，我们 6 个舍友聊得最多的居然是怎么做生意赚钱。大家讨论来讨论去，觉得不具备做买卖的条件：因为投资小的，一般很难有市场；而有好的项目，又没有足够的资金。

机会终于来了。远在××代理某品牌洗浴用品的阿姨为了支持我们创业，答应先免费为我们低价提供 2000 元价值的产品，而且是卖完后再付款。这简直就是"空手套白狼"的买卖，把我们乐坏了。我们花时间讨论了个自以为得意的团队名称——"××"：出门把路走好，出手把事做好，出口把话说好。至于风险、营销计划、如何分工、团队制度，我们却没有过多的考虑，只是大致说了下最后按贡献大小来分配利润，因为大家都觉得这是稳赚不赔的生意。

前期因为商品性价比高，大伙儿干劲儿足，"地毯式"的上门推销让进价 2000 元的产品不出一个星期就销售一空。接着一次比一次种类更多、金额更大的进货，使得原本就存在的问题逐渐暴露出来：一是理财不清；二是团队人员管理混乱；三是产品质量不稳定，难以让消费者二次消费和长久消费；四是未做市场调查导致的盲目性。后来产品大量滞销，看不到"钱"景，大伙儿就散伙了。

这次创业除了留给我和舍友们估计需要半年才能用完的"免费"洗浴品，我还在销售产品过程中认识了很多朋友。这也让我明白了一个道理：要想创业成功，光有热情是不够的，还需要理性，注重细节，并懂得规划。

### （二）二次创业再度失败

2010 年 10 月，我长假过得异常郁闷，因为二次创业再度失败。

带着经验上路，我和自己的新团队开始销售养颜茶饮料，不料，一开始在校内就受到冷遇，一位女生直截了当地拒绝："我宁愿去超市买大包装的菊花茶泡着喝，更实惠。"更多的同学则是对茶饮料的疗效表示怀疑。

于是，我将目标人群重新定位为中青年白领女性，走出校园是唯一的出路。通过争取，我拿下了这款名为"都市翡翠"产品的××地区代理权，这个"筹码"不仅让团队成员异常兴奋，甚至还吸引了一些社会人员辞去工作前来"投奔"。然而，当学校的管理制度和向外开拓市场需要走读发生矛盾时，我不得不放弃创业。面对再次失败的现实，我开始有些动摇。

(三)"一窍不通"做网站

2011年9月,我把用了5年的网名"××××"换做"×"。这么做是为了提醒自己对目前所做的网站——学生××网要有坚持并一直认真负责地走到最后的态度。这是我为了纪念自己第三次创业而在QQ上留的言。说起这次创业,我自己都觉得挺不可思议:和专业风马牛不相及、与之前的创业尝试毫无关联。

第二次创业失败后,我一边做家教以积攒资金,一边认真反思前两次失败的原因。一次偶然的机会,我在报纸上看到××一位大学生通过网络创业成功的故事,想到自己所在的××××高教区还没有一个属于不同学校学生的共同网络交流平台。虽然没有计算机专业知识背景和足够的资金,但综合考虑了IT行业的前景和创业的原动力,还有自己"天马行空"的特点,我觉得再适合不过了。难得的是,几个同学也有相同的思路,不谋而合的几个人说干就干:分配资金投入、考虑如何制作网站、选择网站定位……但不谋而合毕竟不是志同道合,在热闹过一阵之后,大家又纷纷以时间有限、怕耽误学业、社团活动太多、找个稳定的工作更要紧等理由相继退出,最终只剩下我一个人。

从对网页制作一窍不通到利用Discuz平台开发出属于自己的网站;从网站不为人所知到在百度、搜狗等知名门户上一搜必应,甚至居首显示;从完全没人青睐到逐渐有商家找上门来商谈合作事宜,我感受到了成功的喜悦,但离网站盈利其实还有很长的路要走。"屋漏偏逢连夜雨",在为网站如何实现盈利而绞尽脑汁之际,我得到消息,"××"的第六次网站域名备案申请被拒绝了,这让我焦急万分。无奈,我只能再次申请。

(四)团收网打开思路

2012年1月,××××网的域名终于通过备案,最大的后顾之忧解除了,悬着的心终于落下了,更让我对网站创业信心十足的是,我不再"孤军奋战"。

这也开启了我第三次与第四次创业融合。

我和两位合作伙伴一起筹备设立了"××闲置物品处理中心",回收学生的闲置物品,通过清洁、整理、加工、包装等途径,再出售给需要的同学;此外还代售寄卖、销售毕业纪念品。我的最终目标是将实体的生意和虚拟的网站结合在一起,搭建一个以二手货为载体的C2C,甚至开发C2B模式的网络平台。我想,有××网,为什么不可以有××网呢?

目前这个阶段要先把闲置物品处理的生意做好,它是网站更好发展的"奶牛"。实现利润的方式,就是赚取中间的价格差,一般而言,10元收来的东西,可以卖到100元左右,而且这种生意既实现了资源循环利用,又帮助同学们节约了一些产品的使用成本。

有前两次失败的教训,这次我做了充分的准备,事先在本系范围内做了问卷调查。结果显示,90%以上的同学拥有"闲置物品丢了可惜,但又占用空间"这样的心理,70%则希望有一个交易平台,另外25%表示不清楚,只有5%的同学明确反对。从2021年11月到寒假前,我们已收购书本近万斤,耳麦、球拍、棉被等不同类型的闲置物品数百件。校方对我们的创业举动很支持，无偿提供场地给我们堆放回收来的闲置品。一位教过我的老师还拿出 3000 元给我做启动资金，表示“无所谓盈亏，希望你好好珍惜自己的梦想”。

让我备受鼓舞的是，我将“××××网”和“闲置××××”两个创业项目方案一并提交给中国青年创业国际计划（YBC）福建办事处，受到了主办方的青睐，有望被列入“千名大学生创业扶持计划”帮扶的对象。

我需要的不仅仅是资金支持，而是通过 YBC 的平台让我获得更多创业方面的指导和启发。未来，我们还在继续，成功正向我们走来。

（2017 年 5 月）

# 参考文献


［1］ 徐小洲，梅伟惠，倪好．大学生创业困境与制度创新［J］．中国高教研究，2015（1）：45-48．

［2］ 孙文琦，蒙长玉，王文剑．应用型高校大学生创新创业能力培养课程体系研究［J］．现代教育管理，2020（7）：75-81．

［3］ 周冬梅，陈雪琳，杨俊，等．创业研究回顾与展望［J］．管理世界，2020，36（1）：206-225．

［4］ 刘树安．大学生互联网创业 SWOT 分析［J］．北华大学学报（社会科学版），2015，16（3）：27-30．

［5］ 曾骊，张中秋，刘燕楠．高校创新创业教育服务"双创"战略需要协同发展［J］．教育研究，2017，38（1）：70-76．

［6］ 唐瑶．刍议大学生创新创业能力现状及培养途径［J］．长春教育学院学报，2015（9）：37-38．

［7］ 郑馨，周先波，张麟．社会规范与创业——基于 62 个国家创业数据的分析［J］．经济研究，2017，52（11）：59-73．

［8］ 陈建．高校创业教育课程体系的建设与研究［J］．教育评论，2015（6）：17-20．

［9］ 万力勇，康翠萍．互联网＋创客教育：构建高校创新创业教育新生态［J］．教育发展研究，2016（7）：59-65．

［10］ 马永斌，柏喆．大学创新创业教育的实践模式研究与探索［J］．清华大学教育研究，2015（6）：99-103．

［11］ 韩健文，何美娜．提升大学生创新创业能力的实践探索［J］．学校党建与思想教育，2020，3：69-71．

［12］ 余展洪．创新创业教育导向下高校思政课教学整体设计改革刍议［J］．高教学刊，2015（13）：13-15．

［13］ 赵军，杨克岩．"互联网＋"环境下创新创业信息平台构建研究——以大学生创新创业教育为例［J］．情报科学，2016，34（5）：59-63．

［14］ 胡金焱．创新创业教育：理念，制度与平台［J］．中国高教研究，2018，7：7-11．

［15］ 张倩，邬丽群．基于协同培养的高校创新创业教育生态系统的构建［J］．民族高等教育研究，2015（4）：30-35．

［16］ 丁俊苗．以创新创业教育引领高等教育改革与发展——创新创业教育的三个阶段与高校新的历史使命［J］．创新与创业教育，2016，7（1）：1-6．

［17］ 张兵，盛洋虹．数字金融对家庭创业的影响［J］．金融与经济，2021（1）：40-47．

［18］ 杨晓慧．我国高校创业教育与创新型人才培养研究［J］．中国高教研究，2015（1）：39-44．

［19］ 雷玉梅．高职大学生创新创业教育浅析［J］．学周刊（中旬），2016（2）：200．

[20] 黄兆信,罗志敏.多元理论视角下高校创业教育的发展策略研究[J].教育研究,2016,37(11):58-64.

[21] 张捷.大学生创新创业能力培养的策略研究[J].中国商论,2021,6:90-91.

[22] 李慧清.创业环境约束视角下创新创业教育课程体系构建——基于GEM和百森商学院创业教育的协同研究[J].高教探索,2015(11):83-87.

[23] 王焰新.高校创新创业教育的反思与模式构建[J].中国大学教学,2015,4:4-7.

[24] 董保宝,曹琦,罗均梅.元分析方法在国内外创业研究中的应用述评[J].管理学报,2020,17(6):937-948.

[25] 于晓宇,李雅洁,陶向明.创业拼凑研究综述与未来展望[J].管理学报,2017,14(2):306-316.

[26] 邵月花.高职院校创新创业教育与专业教育有效融合路径研究[J].中国职业技术教育,2016(10):76-79.

[27] 李华晶,张艺璇,张玉利,等.高校创业师资的教学特点、问题和对策研究——基于高校创业师资训练营的分析[J].扬州大学学报(高教研究版),2021,25(1):69-78.

[28] 游磊,孙荣华.经济下行趋势下大学生"就业—创业"互动性研究[J].四川理工学院学报(社会科学版),2015(5):94-105.

[29] 王乙杰,杨大利.性别角色观念对创业行为性别差异的影响[J].人口与经济,2021,4:126-142.

[30] 胡鸾雷,姚卫浩,濮润,等.美国创新创业生态系统中生物技术孵化器的作用[J].中国生物工程杂志,2020,39(12):103-109.

[31] 陈春晓,张剑,李精精.创业激情:研究现状及未来展望[J].中国人力资源开发,2020,37(10):109-125.

[32] 张光伏.大学生创新创业能力培育策略探讨[J].产业与科技论坛,2021,21(1):120-121.

[33] 张建平,刘善仕,李焕荣.资质过剩感知与员工内部创业的曲线关系及作用机制研究[J].管理学报,2020,17(6):861-870.

[34] 赵亮.创新创业教育与专业教育深度融合的高校课程体系重构——基于理论与实践角度的分析[J].江苏高教,2020,6:83-88.

[35] 王季,耿健男,肖宇佳.从意愿到行为:基于计划行为理论的学术创业行为整合模型[J].外国经济与管理,2020,42(7):64-81.

[36] 彭华涛,李冰冰,周灵玥.环境动态性视角下创业企业的创新策略选择比较[J].科学学研究,2021,39(2):347-355.

[37] 张学艳,周小虎,包佳妮.动态能力视角下的科技型创业者政治技能与创业绩效[J].管理学报,2020,8:1179-1187.

[38] 许礼刚,徐美娟,关景文."众创空间"视域下区域创业环境对大学生创业行为的影响[J].实验技术与管理,2020,37(4):32-38.

[39] 周烁,金星晔,伏霖,等.幸福经济学视角下的居民创业行为——来自中国的经验发现[J].世界经济,2020,43(3):26-45.

[40] 姚凯,李思志,王姣姣.高校创业型人才培养模式研究——以复旦大学为例[J].现代教育管

理,2020(4):40-46.

[41] 杨伟明,粟麟,王明伟.数字普惠金融与城乡居民收入——基于经济增长与创业行为的中介效应分析[J].上海财经大学学报(哲学社会科学版),2020,22(4):83-94.

[42] 王扬眉,梁果,王海波.家族企业继承人创业图式生成与迭代:基于烙印理论的多案例研究[J].管理世界,2021,37(4):198-216.

[43] 冯大威,高梦桃,周利.数字普惠金融与居民创业——来自中国劳动力动态调查的证据[J].金融经济学研究,2020,35(1):91-103.

[44] 邹建良.探索大学生创新创业教育途径[J].中国高等教育,2015(5):56-58.

[45] 刘广.大学生创新创业支撑体系建设研究[J].科技进步与对策,2015,32(23):151-155.

[46] 崔连广,闫旭,张玉利.心理因素联动对创业者决策逻辑的影响——一个基于 QCA 方法的研究[J].科学学与科学技术管理,2020,41(9):123.

[47] 米银俊,许泽浩.协同育人推进地方高校创新创业人才培养[J].中国高等教育,2015(11):30-32.

[48] 鞠志宇,陈新华,贾晓红,等.应用型本科高校创新创业教育课程体系的构建[J].创新与创业教育,2015,6(1):74-76.

[49] 佘子骞.乡村振兴战略背景下大学生创新创业实践探讨[J].山西农经,2021,11:174-175.

[50] 严毛新.从社会创业生态系统角度看高校创业教育的发展[J].教育研究,2015,36(5):48-55.

[51] 毛一敬.乡村振兴背景下青年返乡创业的基础、类型与功能[J].农林经济管理学报,2021,1:122-130.

[52] 于斌,颜贤斌."大学生创新创业训练计划"项目管理探索与实践[J].实验技术与管理,2015,32(9):30-33.

[53] 周景坤,叶伟巍,刘洪.创业组织权力与知识的耦合机制研究[J].科学学研究,2020,38(7):1277.

[54] 尚大军.大学生创新创业教育的课程体系构建[J].教育探索,2015(9):86-90.

[55] 黄兆信,杜金宸.双创升级背景下大学生公益创业学习的机制研究[J].中国电化教育,2020(8):41-47.

[56] 何婧,李庆海.数字金融使用与农户创业行为[J].中国农村经济,2019,1:112-126.

[57] 韩军,方惠军,喻岳钰,等.煤炭地下气化产业与技术发展的主要问题及对策[J].石油科技论坛,2020,39(3):50-59.

[58] 祝振铎.创业导向,创业拼凑与新企业绩效:一个调节效应模型的实证研究[J].管理评论,2015,27(11):57.

[59] 王世强,张金山.金融发展水平对区域创新创业能力提升的影响研究[J].经济纵横,2020,12:109-117.

[60] 姜慧,殷惠光,徐孝昶.高校个性化创新创业人才培养模式研究[J].国家教育行政学院学报,2015(3):27-31.

[61] 齐皓月.创新创业教育探究——基于大学素质教育的核心内容[J].黑龙江科学,2020,11(1):70-71.

[62] 张天华,刘艳良.高校创业教育研究综述及问题对策分析[J].中国职业技术教育,2015(19):57-60.

[63] 任金恒，徐永涛，霍宁宁.大学生创新创业教育现状与路径研究[J].科技风，2020，6：52-53.

[64] 张媛.新时代大学生创新创业观培育的四维向度[J].河北青年管理干部学院学报，2020，32(1)：23-28.

[65] 刘树春.基于第二课堂建设推动创新创业教育有效开展[J].江苏高教，2015(3)：119-120.

[66] 兰天舒，郑筱敏，伊雪，等.以创新创业为导向的基础医学实验教学改革[J].高教学刊，2020，24：126-130.

[67] 李志刚，杜鑫，张敬伟.裂变创业视角下核心企业商业生态系统重塑机理——基于"蒙牛系"创业活动的嵌入式单案例研究[J].管理世界，2020，11：80-96.

[68] 黄英杰.中国大学创新创业教育的哲学之思[J].高校教育管理，2016，10(1)：74-79.

[69] 苏岚岚，孔荣.互联网使用促进农户创业增益了吗？——基于内生转换回归模型的实证分析[J].中国农村经济，2020(2)：62-80.

[70] 黄兆信，黄扬杰.创新创业教育质量评价探析——来自全国1231所高等学校的实证研究[J].教育研究，2019，7：91-101.

[71] 韩佳颖，张墨贵.基于OBE理念的创新创业项目教学模式研究[J].实验技术与管理，2020，37(2)：209-211.

[72] 王扬眉，梁果，李爱君，等.家族企业海归继承人创业学习过程研究——基于文化框架转换的多案例分析[J].管理世界，2020，3：120-142.

[73] 王建华.创新创业的挑战与大学发展范式的变革[J].大学教育科学，2020(3)：57-63.

[74] 刘振，胡爽.破局：以社会创业为"双创拐点"[J].清华管理评论，2020(6)：44-49.

[75] 马永霞，窦亚飞.欧盟EntreComp创业能力模型：理念，实践与启示[J].高校教育管理，2020，14(2)：44-53.

[76] 张猷星，谭颖.信息渠道与个体创业决策——基于CFPS的实证研究[J].金融与经济，2020(11)：36-43.

[77] 张要要.数字鸿沟与农户家庭创业[J].山西财经大学学报，2022，2：103-114.

[78] 董人菘.创业政策支持对大学生再创业意向的影响机制及优化路径研究[J].学术探索，2020，3：147-156.

[79] 张思阳，赵敏娟，应新安，等.社会资本对农民工返乡创业意愿的影响效应分析——基于互联网嵌入视角[J].农业现代化研究，2020，10：1-10.

[80] 许涛，刘丽红.新时代高校劳动教育与创新创业教育融合机制探析[J].创新与创业教育，2020，11(3)：27-32.

[81] 鞠伟，周小虎，于竞.推动学术创业的意义及现实困境与对策[J].中国高校科技，2020(3)：20-23.

[82] 魏国江.大学生创业资本及其对创业意愿的影响——基于心理资本的中介效应模型分析[J].教育研究，2020，1：111-124.

[83] 刘志阳，邱振宇，王思婧.社会创业的经济学分析和转型比较——基于乡村振兴的实践[J].福建论坛(人文社会科学版)，2020，3：92-104.

[84] 汪伟，咸金坤.人口老龄化与家庭创业决策[J].中国人口科学，2020(1)：113-125.

[85] 高卫国.高校创新创业教育接受路径研究[J].江苏高教,2020,3:92-95.

[86] 黄紫微,黄杜鹃,胡登峰.众创空间协同硬件创业的过程控制机理研究[J].科学学研究,2020,38(12):2236.

[87] 全艳.高校创新创业教育与职业生涯规划协同模式研究[J].课程教育研究,2020,4:243-244.

[88] 楼智慧.乡村振兴背景下浙江新农人创业素质培育与提升研究[J].科学咨询(科技·管理),2020,5:64-65.

[89] 王建华.大学的范式危机与转变:创新创业的视角[J].中国高教研究,2020,1:70-77.

[90] 陈景信,代明.中国创业绩效的时空演变与测度分析[J].经济经纬,2020,2:1-8.

[91] 江新.商业画布视角下的高校图书馆创新创业教育服务策略研究[J].常州信息职业技术学院学报,2021,20(1):78-82.